本书系山东省本科教学改革研究重大专项"黄河文化、黄河精神……（项目编号：D2022001）的成果

黄河文化概论

吴衍涛　滕培圣　主编

山东人民出版社·济南

国家一级出版社　全国百佳图书出版单位

图书在版编目（CIP）数据

黄河文化概论 / 吴衍涛 , 滕培圣主编 . -- 济南：
山东人民出版社 , 2024. 11. -- ISBN 978-7-209-15402
-4

Ⅰ . K292-49

中国国家版本馆 CIP 数据核字第 2024L23V01 号

黄河文化概论
HUANGHE WENHUA GAILUN

吴衍涛　滕培圣　主编

主管单位　山东出版传媒股份有限公司
出版发行　山东人民出版社
出 版 人　胡长青
社　　址　济南市市中区舜耕路 517 号
邮　　编　250003
电　　话　总编室（0531）82098914
　　　　　市场部（0531）82098027
网　　址　http://www.sd-book.com.cn
印　　装　山东新华印务有限公司
经　　销　新华书店

规　　格　16 开（170mm×240mm）
印　　张　17.25
字　　数　270 千字
版　　次　2024 年 11 月第 1 版
印　　次　2024 年 11 月第 1 次
ISBN 978-7-209-15402-4
定　　价　49.80 元
　　　　　如有印装质量问题，请与出版社总编室联系调换。

编 委 会

前　言

　　黄河是一条自然之河，从青藏高原奔腾而下，九曲十八弯，流经内蒙古高原、黄土高原、华北平原，呈"几"字形，汇入茫茫大海。黄河流域是中华民族和中华文明的重要发祥地，早在上古时期，黄河流域就是华夏先民繁衍生息的家园。黄河流域适宜的气候、水土等自然条件，孕育了灿烂辉煌的中华文明。

　　黄河是一条历史之河，它不仅自身经历了漫长的发育过程，也见证了中华民族悠久的发展历程。科学研究表明，现代黄河水系的格局形成于125万年前。从考古发现看，黄河流域是中华大地最早进入农耕文明的区域。黄河上游地区有马家窑文化、齐家文化，中游地区有裴李岗文化、仰韶文化，下游海岱地区有后李文化、北辛文化、大汶口文化，还有遍布中下游的龙山文化，传承脉络清晰，影响范围广泛。从公元前21世纪的夏朝开始，迄今4000多年中，大部分王朝都在黄河流域建都。

　　黄河是一条文化之河，在不同时代、不同地域的背景下，形成了中华优秀传统文化、革命文化和社会主义先进文化。中华文明的起源犹如满天星斗，但就中华文明的实质内蕴而言，中华民族文化基因的重要组成部分，如文字、"大一统"观念、礼乐文明与理性人文基因等，均孕育、形成于黄河流域。近代以来，为挽救民族危亡，在中国共产党的领导下，中华儿女奋起拼搏、勇毅向前，谱写了黄河文化的新篇章，为实现中华民族的伟大复兴注入了不竭动力。

黄河是一条桀骜之河，是全世界泥沙含量最高、治理难度最大、水害最严重的河流之一，素来"多淤、多决、多徙"。从春秋战国到新中国成立前的2500多年间，黄河下游共决溢1500多次、改道26次，给沿岸百姓带来了深重的苦难。因此，治理黄河一直是治国安邦的大事，确保黄河安澜也一直是全体中华儿女的共同心愿。

党的十八大以来，习近平总书记走遍黄河上中下游，围绕黄河流域生态保护和高质量发展这一重大国家战略，分别在2019年于郑州、2021年于济南、2024年于兰州，三次主持召开座谈会，谋划母亲河的未来。2021年10月，中共中央、国务院印发《黄河流域生态保护和高质量发展规划纲要》；2022年10月，第十三届全国人民代表大会常务委员会通过《中华人民共和国黄河保护法》。一系列方针政策、法律法规陆续出台，黄河流域生态保护和高质量发展迎来一个崭新的历史时期。

为深入贯彻落实习近平总书记关于黄河文化的一系列重要讲话精神，挖掘黄河文化的育人资源，搭建黄河文化的育人机制，创新黄河文化的育人形式，着力做好黄河文化传承发展工作，我们编写了《黄河文化概论》。本教材共分为引论、上编、下编三大部分。引论主要介绍黄河的由来和地理风貌，厘清黄河文化的概念，提炼黄河文化的特征，总结黄河文化蕴含的时代价值。上编共四章。第一章梳理黄河文化的发展脉络。第二章着重介绍黄河流域的主要思想学说，以儒家思想为主，辅之以道家、法家、兵家等学派的思想，纵向对发展脉络作了梳理、对重点内容作了提炼，并论述了这些思想与黄河的密切关系。第三章聚焦黄河流域的特色文化，首先从地方戏曲切入，然后从衣食住行、民谣民俗等方面展示黄河所孕育的特色文化。第四章主要介绍近代以来，特别是新民主主义革命以来黄河流域中华儿女在中国共产党的领导下，不屈不挠、拼搏奋斗所创造的革命文化和社会主义先进文化，为黄河文化注入了新鲜的血液。下编共三章。第五章分析了黄河水患的类型及成因，系统梳理了中国古代黄河治理的过程，重点关注比较重要的治河实践，提炼总结其中的经验与智慧。第六章主要介绍党的十八大以前中国共产党领导人民治理黄河的成功实践，总结其中的宝贵经验和精神品质。第七章聚焦党的十八大以来黄河治理的伟大成就与发展蓝图，重点阐述黄河文化与中华民族伟大复兴的关系，最后落脚到黄河文化的育人价值。

黄河是中华民族的母亲河，黄河文化是中华民族的根和魂。我们要深入挖掘黄河文化蕴含的时代价值，讲好"黄河故事"，传承好历史文脉和民族根脉，努力做黄河流域生态保护和高质量发展的践行者、推动者和共享者，真正让黄河文化世代传承，让九曲黄河永续流淌，让中华民族生生不息。

目　录

第二章　百花齐放：黄河流域的思想争鸣

下　编

第五章　兴利除害：古人的治河智慧

第六章　治河有方：共产党人的治河探索

第七章　继往开来：新时代黄河发展蓝图

引　论

　　黄河是中华民族的母亲河，黄河文化是中华民族的根和魂。九曲十八弯的黄河流经青藏高原、内蒙古高原、黄土高原、华北平原，最终注入渤海。史前时期，黄河流域因其适宜的气候、水土等条件，成为先民最早的家园之一，并由此创造出灿烂辉煌的黄河文化。黄河文化具有根源性、正统性、连续性等鲜明特征，内蕴家国天下、自强不息、敬天保民等思想。

第一节　中华民族的母亲河——黄河

黄河，是中华民族的母亲河。它发源于青藏高原巴颜喀拉山北麓海拔4500米的约古宗列盆地，呈"几"字形，流经青海、四川、甘肃、宁夏、内蒙古、山西、陕西、河南、山东9个省（区），于山东省东营市垦利区注入渤海，全长5464千米，落差4480米。黄河流域西接昆仑、北抵阴山、南至秦岭、东临渤海，横跨青藏高原、内蒙古高原、黄土高原、华北平原等地貌单元，流域面积79.5万平方千米（包括内流区面积4.2万平方千米）。

一、黄河的由来

黄河既是一条自然之河，又是一条人文之河。作为自然之河，黄河经历了孕育、成长、形成的发育过程；作为人文之河，其名字也经历了从"河"到"黄河"的演变过程。

（一）黄河名字的由来

黄河在我国古代地位很高。在传统人文地理中，长江、黄河、淮河和济水被称为"四渎"。东汉班固编著的《汉书·沟洫志》中对黄河倍加推崇，认为："中国川原以百数，莫著于四渎，而河为宗。"由此确立了黄河"四渎之宗"的地位，而民间以更接地气的"母亲河"来称呼黄河。

历史上很长一段时期，黄河是不叫黄河的。它有一个很霸道的名字，叫做"河"，也称"大河"。最古老的地理学著作《山海经》中称"河水"，《尚书》中称为"九河"，《史记》中则称为"大河"，《汉书》中称它为"中国河"，《说文解字》中称黄河为"河"，《水经注》中称它为"上河"。《诗·魏风·伐檀》中这样描写："坎坎伐檀兮，置之河之干兮，河水清且涟猗。"意指在黄河之滨，伐木声声，河水清清，泛着涟漪。这一描述说明，当时黄河的水质相当澄澈。而到了战国时期，河水已经开始浑浊了。《左传·襄公八年》中记载："俟河之清，人寿几何！"意思是在人有限的生命之中，等到黄河变清，几乎是不可能的事情。这反映了古人渴求黄河水变清而又无可奈何的心情。由此可见，这个时期河水已不再清澈，但还达不到被称为"黄河"的严重程度。到了西汉，由于河水中泥沙含量增多，有人开始称它为"浊河"或"黄河"。从唐朝开始，"黄河"这一名称被广泛使用。

总之，战国时期河水开始变浑浊，西汉时期出现"黄河"的叫法，唐朝时"黄河"这个称呼开始被广泛使用。

（二）黄河的形成发育史

社会存在决定社会意识。自然地理环境是人类社会生存和发展永恒的条件。人类文化和文明的产生也是以一定的外部地理环境为必要前提的，而且越是在人类的初始阶段、生产力水平越是落后，受外部地理环境的制约也就越大。因此，自然地理环境的形成和演变中包含着孕育人类社会的条件和可能性。

纵观中国的地质史，可以看到有两个重大地质事件与中国地形、地势的形成密切相关。一个是大约中生代侏罗纪到白垩纪之间的燕山运动，这场运动使得中国大陆的轮廓基本形成。另一个是新生代的喜马拉雅运动，简称"喜山运动"。喜山运动构造出中国自西向东三大阶梯的地貌格局。黄河的形成与发展就与三大阶梯的地质、地貌条件紧密相关。

在三大阶梯中，第一阶梯的平均海拔在4000米以上，主要是青藏高原，以昆仑山脉、祁连山脉、横断山脉为界与第二阶梯分割开来；第二阶梯的平均海拔为1000至2000米，主要包括内蒙古高原、黄土高原、云贵高原、准噶尔盆地、四川盆地、塔里木盆地等，大兴安岭、太行、巫山、雪峰山等将其与第三阶梯分割开来；第三阶梯的平均海拔在500米以下，主要包括东北平原、华北平原、长江中下游平原以及东南丘陵等。水往低处流，随着三大阶梯的地质、地形、地貌的变化和成型，黄河也随之孕育而生。

青藏高原形成之后，积聚了大量冰川，而冰川在温度升高时会融化，形成大量的河流，其中就包括黄河。不过，当时的黄河并没有从西向东流入大海，而是一条内陆河。但在冰河世纪结束时，大量冰川融化，汇聚了很多来水，当水量足够大的时候就会冲破阻隔，使黄河和下游的湖泊连通，最终流入到太平洋，形成真正意义上的黄河。

黄河的形成发育史研究一直是学术界的热点。随着科技的进步和研究的不断深入，一些新的研究成果不断涌现，目前主要有两种观点。

1. 黄河约有150万年的形成发育史

这种观点比较传统，认为黄河约有150万年的形成发育史，先后经历了若干内陆湖盆水系各自独立的孕育期和各湖盆水系逐渐贯通的成长期，最后形成一统的海洋水系。

（1）古黄河胚胎孕育期

在第三纪和第四纪的早更新世（距今150万—115万年），华北—塔里木古陆块上有许多古湖盆，在现在黄河所在的区域内，自西而东有共和、西宁、陇西、宁南、银川、河套、陕北、晋西、陇东、汾渭、洛阳、沁阳及华北等古湖盆。直到晚早更新世，西部又增添了古扎陵、鄂陵湖和古若尔盖湖。今天的渤海，在当时也是湖。由于西高东低梯形台地的形成，每个湖盆都是当地河流的归宿。这些湖盆水系互不连通，是各自独立的内陆水系，如拉加寺以下的共和湖盆水系，刘家峡以下的银川湖盆水系，河曲以下一系列小型湖泊汇入的汾渭湖盆水系，以及华北湖盆水系。这些湖盆以及流入湖盆的河流，孕育着黄河。

（2）古黄河诞生成长期

在中更新世（距今115万—10万年），地壳产生明显的差异性构造运动，湖盆之间的隆起带上升剧烈，引起河流急剧下切，不仅使早期已具雏形的古河道继续加深增宽，而且开始出现区域性水文网络，某些地段由于水流强烈的溯源侵蚀逐步连通，形成大河，有的湖盆萎缩甚至干涸。大体上在早中更新世（距今115万—50万年）阿尼玛卿山以东地区地壳出现大面积抬升，隆起段的河流负向侵蚀强烈，首先是共和湖和汾渭湖被拉开，湖泊渐次消亡，从龙羊峡至小浪底，所有的河谷地段普遍发育着最高一级阶地[①]——第四级基座阶地，记下了古黄河的发育里程。又经过大约40万年的地质过程，除共和盆地以西和沁阳盆地以东仍为独立湖盆水系外，其余地段的古黄河已相互连通，古黄河流域中已出现统一的古水文网系统，河道也基本定型。

综上所述，长达105万年的中更新世是黄河发育史上一个极为重要的历史阶段，是由多元的独立湖盆水系逐步发展成为一条统一的古黄河的过渡时期。

（3）海洋水系的形成

距今10万年至1万年间的晚更新世，是流域内古水文网发育的历史性转折期。在此期间，古水文网系统发育的特点是：大部分古湖盆已淤积消亡，少数存留的水域面积也大为缩小，如扎陵、鄂陵、若尔盖、临河、冀中及天津等古湖泊。其中，古冀中湖因泥沙淤积，湖区面积大大缩小，其东侧断隆上升，将古湖一分为二，位于北部者仍称冀中湖，展布于南部者称古长垣湖。今天津以东水域为海水所侵占，被称为古渤海，古黄河经天津湖入海。古黄河中、上游段，不论干流还是支流，普遍发育有第二级阶地，峡谷与宽谷段为基座型，只有东部裂谷盆地段为堆积型，且以上叠式为主。阶地的成因，除银川、临河两处为湖成外，其他均为河流阶地，这说明当时河流的侵蚀比较强烈。各河段的沉积厚度很不一致，隆起段比较薄，一般不超过30米；盆地段较厚，15—400米不等。由此可知，晚更新世时裂谷盆地下降幅度大，隆起上升幅度也很大。所以，高原古黄土沟谷切割非常厉害，并且形成了完整的古沟道系统。

古黄河贯通古湖盆入海后，成为海洋水系，海平面是全河统一的侵蚀基准面，河床纵剖面在海平面的升降控制下进行调整，并向统一的均衡曲线方向发展。从此，黄河河床进入统一的调整阶段。上升段的河流作用以负向侵蚀为主，而急剧下沉的裂谷段则大量淤积，产生削高填低的夷平过程。

在距今10000年至3000年的早、中全新世时期，河水上下贯通，古湖盆大

---

① 阶地指由于地壳上升、河流下切形成的阶梯状地貌。

都干涸、消亡，沟系发育迅猛，尤其是黄土高原出现了千沟万壑的地貌，是古黄河水系的大发展时期。随之，土壤侵蚀严重，河水泥沙剧增。在这一时期，古渤海曾两次西侵，而以中全新世入侵的范围最大，西部边界大体达今运河附近，并在此地带留下古贝壳堤的遗迹。由于泥沙增加和海平面升高，河水排泄受阻，因而出现了远古的洪荒时代，留下了大禹治水的传说。①

2. 现代黄河水系形成于125万年前

这种观点比较新。兰州大学地貌演化与新生代环境研究团队认为，黄河"几"字湾的形成和贯通三门峡东流入海是现代黄河水系形成的重要标志。该团队历时10余年，通过对黄河中上游沿程多达9个盆地以及17个关键河段河流阶地、夷平面等的地貌记录的系统研究，利用古地磁、宇生核素、释光、碳十四等测年方法，提出了较精准的河谷发育年代学框架。他们研究发现，黄河的形成经历了四个阶段：（1）在大约370万—180万年前，伴随青藏高原东北缘平坦地形（主夷平面）的抬升和解体，地势出现强烈反差，为河湖水系袭夺重组注入强大能量，兰州至河套段黄河最先出现；（2）在120万年前，黄土高原南部和崤山东麓的局地河流也开始分别向北和向西溯源，这些河湖水系最终形成串联，连接河套盆地、汾渭盆地和华北平原的现代黄河东流水系格局形成；（3）距今120万年以后的时期，黄河进一步向青藏高原内部延伸，袭夺了高原东北部系列河湖系统，黄河中上游水系格局逐渐形成；（4）1万多年前，若尔盖以上河段被纳入黄河水系，这才基本形成了现今看到的黄河全貌。他们得出研究结果：自125万年前开始，三门峡盆地河流沉积物开始大规模发育，上游鄂尔多斯地体的碎屑物质大量涌入，沉积环境经历了从封闭型咸水—微咸水湖环境到开放型河流环境的显著转变。这一研究结果明确了现代黄河水系的形成时代，即现代黄河水系于125万年前开始形成。在现代黄河水系形成的原因方面，该团队认为，海平面加速降低可引起华北平原河流侵蚀能力的显著加强，进而导致河流切穿三门峡。②

---

① 张中海著：《黄河传》，山东人民出版社2021年版，第42—44页。

② Xin Wang, et al. Did the Modern Yellow River Form at the Mid-Pleistocene Transition?. *Science Bulletin*, 2022, 67(15)1603–1610.

中国科学院地质与地球物理研究所研究员庞忠和的研究团队通过地下水精细定年测定，也得出了"现代黄河水系格局的形成时代为125万年前"的结论。[①]

二、黄河的地理风貌

地质、地形、地貌不仅影响了黄河的形成，也对黄河的分段及后期的开发、保护等产生了深刻影响。黄河流域在地势上西高东低。其中，西部水源区平均海拔在4000米以上，由高原和系列高山组成，常年积雪，冰川发育；中部地区海拔在1000—2000米，属黄土地质地貌，塬、梁、峁、沟是黄土高原的地貌主体，水土流失严重，导致河中泥沙俱下；东部主要由冲击平原组成，绝大部分海拔低于100米，水流平缓，但河床有不断抬高之势，出现了悬河。由此，黄河主干道也被相应地划分为上游、中游和下游。黄河自河源至内蒙古托克托县河口镇为上游，河道长3471.6千米，流域面积42.8万平方千米，占总流域面积的53.8%；内蒙古托克托县河口镇至河南桃花峪为中游，河道长1206.4千米，流域面积34.4万平方千米，占总流域面积的43.3%；河南桃花峪至山东入海口为下游，河道长约786千米，流域面积2.3万平方千米，约占总流域面积的3%。[②]

（一）黄河为什么这样划分上中下游？

黄河上中游的分界点是内蒙古托克托县河口镇，也就是几字"一横"的末端附近；中下游的分界点是河南郑州桃花峪。九曲黄河，为何恰恰是这些地方成为上中下游的分界标志？

一是地形地貌。黄河上游穿行于青藏高原、内蒙古高原，峡谷多、河道落差大、水力资源丰富，流至河口附近急转南下，以此为上游。接着，黄河

---

① 赵广立：《黄河有了准确生日》，《中国科学报》2023年10月15日。

② 王保庆、李希腾：《黄河流域论》，载民生网2020年6月19日，http://www.msweekly.com/show.html?id=120481。

"遇到"了吕梁山等山脉，自北向南穿行于晋陕大峡谷间，河谷深切、河道弯窄、水流湍急，造就了壶口瀑布之奇景。加之流经沟壑纵横的黄土高原，大量泥沙入河，以此为中游。自桃花峪以下，黄河进入华北平原，河道宽浅、水流散乱、泥沙淤积，河床逐年抬高，形成地上悬河，成为淮河、海河的分水岭，以此为下游。由此可见，黄河上中下游的分段基本上与三大阶梯的地貌结构一致。

二是水文特征。黄河上游区的来水量占黄河总水量的五成以上，是黄河径流水量的主要来源区。上游区降雨具有面积大、历时长、强度较小等特点，河水清澈、径流稳定、含沙量小。黄河中游区来水量占黄河总水量的四成左右，但来沙量却占全河含沙量的九成以上，是黄河泥沙的主要来源区。中游区局部暴雨多发，强度大、历时短，一旦形成洪水，卷泥裹沙，含沙量很高。黄河流经桃花峪进入华北平原，下游河床高，四周河流难以汇入。此外，上中下游洪水皆汇集于此，河道排洪输沙任务繁重，防洪压力大。

三是人文地理特征。从人文地理上来看，上游地处高原地区，以游牧生产方式为主，中游地处黄土高原，是原始先民最初活动的地方，是农业生产的发源地之一，也是中华文明的重要发祥地。下游地处平原，河沙多年淤积形成地上河，水患较多，需各地协同形成合力才能有效治理，因此彼此交流较多，更易形成一个共同区域。

依据明确的地理分段，可以对黄河的保护和治理进行追根溯源、精准把脉。黄河上游涵养水源、中游保持水土、下游保护湿地，下游河道游荡，又是地上悬河，需要重点防御水旱灾害。分区分类才能对症下药。可见，黄河上中下游的划分，既是地形、地貌、水文等自然因素决定的，也是科学保护治理的需要。①

（二）黄河为什么会如此曲折？

中国的三大阶梯落差如此悬殊，黄河本应该顺流而下，一路奔赴大海，

① 张留柱：《黄河上中下游为啥这样分？》，《人民日报》2022年3月22日。

但事实并非如此。从黄河发源处到大海的直线距离是2160千米，但是黄河的实际长度是5464千米，也就是走了2倍多的路，这充分说明了黄河的蜿蜒曲折。如果打开世界水系地图，你会发现，像黄河这样蜿蜒曲折的河流在全世界也很少见，黄河干流的主要大湾有6个，其中180度的大湾3个，90度的大湾2个，45度的大湾1个，小的弯曲就更多了。据《中国国家地理》，黄河的弯曲系数是2.6，在世界长度排名前6的大河中是最弯曲的。[1]

虽然黄河是一条从西向东流的河，但受地壳构造运动所造成高山、高原的夹持、阻隔，黄河在地壳断裂带前行。先是在巴颜喀拉山与阿尼玛卿山之间顺流而下，遇到松潘高原的阻拦后拐了个大弯转道北上。在走出兰州时，黄河遭遇了"打击"，原因是兰州以东的地势较高，属于黄土高原，黄河无法翻越。但兰州以北地区海拔较低，有许多小型的盆地、平原，比如银川地堑、河套平原等。由于这里的山脉多呈南北走向，形成的地堑与平原也大致呈南北分布，所以黄河抵达兰州后没有继续向东，而是向北沿着贺兰山东侧山麓流经宁夏平原到达狼山以南。黄河向北流淌时，遇到呈东西走向的阴山山脉，从西向东流去，后受到大青山的阻拦转向南流，在吕梁山和黄土高原之间从北向南流淌。直到遇到东西走向的秦岭，又再次改变流向，从西向东流淌，穿越晋豫峡谷后，摆脱了高山的束缚，进入华北平原，最终汇入大海。

黄河的流向流势根据我国地形的变化而变化，正因如此，黄河才会形成"几"字形河道。这个巨大的"几"字，像一个套子把一方土地三面包围，这就是赫赫有名的"河套"。黄河像一位勇往直前的拓荒者，在"几"字形的上半部分遇到的是一片缺水的土地，附近有乌兰布和沙漠、库布齐沙漠、毛乌素沙地，在这些沙漠沙地中，黄河造就了肥沃的河套平原。所以，后世人们以"黄河百害，唯富一套"来形容这块弥足珍贵的土地。"几"字如同中华民族的脊梁，黄河北上带来的宝贵水源造就了绿洲，又裹挟着泥沙造就了华北大平原，极大地拓展了中华民族的生存空间。

---

[1] 单之蔷：《黄河日记》，《中国国家地理》2017年第10期。

唐克湾，是九曲黄河第一湾，位于四川省阿坝藏族羌族自治州若尔盖县唐克镇，黄河来到四川、青海、甘肃三省交界的若尔盖大草原，黄河水绕过阿尼玛卿山，形成了180度的大湾。河套湾，黄河先北流穿越银川盆地，再向东流过河套盆地，最后至托克托南折进入晋陕峡谷，形成了黄河上下最大的"几"字形河套河湾。黄河在中游流经黄土高原，裹挟着泥沙，如同黄色的巨龙，由北向南奔腾于晋陕大峡谷，到潼关附近受到东西走向的秦岭阻挡，急转90度，东流直奔三门峡，形成著名的潼关湾。黄河还有很多大湾，尤其是在中上游。这些弯曲多是受地形地势阻隔而成，因此，三级阶梯的地形地貌从根本上决定了黄河的蜿蜒曲折。

（三）黄河上、中、下游的具体情况

根据流域形成发育的地理、地质条件及水文情况，黄河干流河道可分为上、中、下游和11个河段。

1. 上游

河源至内蒙古托克托县的河口镇为上游，河道长约3472千米，流域面积42.8万平方千米。上游河段流经区域虽然气候干旱，降雨稀少，但有雪山、冰川的补给，河流水径流量不少，且水多沙少，是黄河主要清水来源区。

黄河上游玛多县多石峡以上为河源区。当地称河源为"玛曲"，"玛"即"玛夏"，藏语意为"孔雀"，"曲"是"河"，"玛曲"即为"孔雀河"。孔雀河起始于约古宗列盆地西南隅卡日扎穷山的玛曲曲果日（意即黄河源头山），山坡前有众多的泉群，泉群汇集成东、中、西三股泉流，东股最大，冬季不结冰不断流，当地藏族群众称它是玛曲曲果（意即黄河源头）。三股泉流汇合后，串联起许多大小水泊，逐渐形成了一条6—9米宽的小河，向东北方向，缓缓流入约古宗列。约古宗列是一个海拔4500米左右的盆地，东西长20余千米，南北宽约13千米，盆地内散布着众多的水泊，水泊间为水草丰美的沼泽草甸，历来是当地牧民的冬季牧场。每当春回大地，盆地里碧草如茵，百花吐艳，景色非常绚丽，所以，藏族同胞亲切地称这个盆地为约古宗列，意即"炒青稞的浅锅"。

穿行在约古宗列盆地的河段，又称约古宗列曲，它串联起大小水泊，蜿蜒东北行，穿过第一个峡谷——茫尕峡（长18千米）进入玛涌。玛涌即黄河滩，自茫尕峡出口至扎陵湖，东西长40千米，南北宽约20千米。黄河滩的西半部分就是著名的星宿海。星宿海实际上并不是海，而是一片辽阔的草滩和沼泽，东西长20多千米，南北宽10多千米，滩面海拔4350米左右。滩内密布大小各异的水泊，大的数千平方米，小的只有几平方米，水深一般为1米左右，四周生长着茂密的杂草，夏秋百花盛开，藏语称它为"错岔"，意即"花海子"，水泊在夕阳的照耀下灿若群星，星宿海即由此得名。

黄河流经星宿海，先后接纳西北方向流来的扎曲和西南方向流来的卡日曲，水量大增，继续东行约20千米，穿过一段低矮的谷地和沼泽草甸，进入扎陵湖和鄂陵湖。这两个湖泊海拔在4260米以上，蓄水量分别为47亿立方米和108亿立方米，是中国两个最大的高原淡水湖。黄河出鄂陵湖东行65千米，流经黄河上游第一座县城玛多，干流上的第一座水文站黄河沿水文站即设于此地。黄河沿以上流域面积2万多平方千米，年水量5亿立方米，平时河面宽30—40米，俨然已是一条大河了。

玛多至下河沿河段，河道长2211.4千米，水面落差2985米，平均比降约为1.35‰，是黄河水力资源的富矿区。黄河流经青藏高原与黄土高原交接地带，地质条件复杂。龙羊峡以上，大部位于青藏"歹"字型构造体系的首部，龙羊峡以下受祁吕贺"山"字型构造体系的控制，地壳扭曲，褶皱发育，形成了一系列走向北西或近乎东西的大山。黄河流经的这些山谷部分沿着较大断裂发育，其水流方向多与山地走向正交或斜交，河谷忽宽忽窄，出现川峡相间的河谷形态。

沿河川地大小不一，川地河段一般长数十千米，短的有7—8千米，长的可达200—300千米。川地周围高山环绕，构成一个个小盆地，气候较山地温暖，土地肥沃，引黄河水灌溉方便，生产条件较好，大都是当地工农业生产基地。很多县城，如达日、贵德、尖扎、循化、靖远等，都设在川地中。西北名城兰州市也位于皋兰川上。

峡谷河段长短不一，险峻不同，短的仅数千米，长的可达200千米，峡谷总长约占该河段的40%。峡谷两岸通常是陡峭的山崖，高出河面百余米至六七百米不等，河面宽仅30—50米，下段河谷稍宽，约200—300米。最长的峡谷是拉加峡，位于青海、甘肃交界的玛曲、玛沁、同德县境，由许多连续的峡谷组成，全长216千米，上下口落差588米，蕴藏的水力资源十分丰富。最窄的野狐峡，长33千米，左岸为40—50米高的石梁，右岸为峭壁，高达100米，两岸岸距很小，河宽仅10余米，从峡底仰视，仅见青天一线。比降最陡的峡谷是龙羊峡，位于青海省共和、贵德县境，峡长38千米，落差235米，纵比降6.1‰。河段内已建成龙羊峡、刘家峡、盐锅峡、八盘峡等水电站及水利枢纽，对促进西北地区的工农业发展起到了重要作用。

下河沿至河口镇河段，河道长约990千米，区间流域面积17.4万平方千米（含内流区），水面落差246米，河道比降2.5‰，是宽浅的平原型冲积河道。本河段一开始由南向北，至三盛公逐渐折向东流，到河口镇则又转向南流，构成著名的"黄河河套"。下河沿至石嘴山一段，黄河流经富饶的宁夏平原，河道长317千米，河宽400—3000米，比降4.5‰，河床由砂卵石组成。从石嘴山至磴口，黄河穿行于乌兰布和沙漠与鄂尔多斯台地之间，河长88千米，比降2.9‰，河床缩窄，局部地段有砾石基岩出露，水面宽300—700米，河道两岸沙丘起伏，一望无际。从磴口至河口镇，黄河蜿蜒于内蒙古河套平原之上，河长585千米，河宽500—2500米，比降1.3‰，水流缓慢，是弯曲型的平原河道。河段内已建成青铜峡、三盛公两座水利枢纽，宁夏青铜峡灌区、内蒙古三盛公灌区是荒漠中的两大绿洲，也是重要的农业基地。河段内右岸高地为地形稍有起伏的平缓荒漠和干旱草原，有丰富的后备土地资源。

本河段支流汇入较少，河道微有淤积，洪水主要来自兰州以上。为了保护平原免受洪凌灾害，宁夏、内蒙古境内均修有堤防。

2. 中游

黄河自河口镇至河南省郑州市的桃花峪为中游。中游河段长1206.4千米，流域面积34.4万平方千米，占全流域面积的43.3%，落差890米，平均比降7.4‰。

黄河自河口镇急转南下，直至禹门口，飞流直下725千米，水面跌落607米，比降为8.4‰。滚滚黄流，奔腾不息，将黄土高原分割成两半，构成峡谷型河道。以河为界，左岸是山西省，右岸是陕西省，因之称为晋陕峡谷。

晋陕峡谷位于鄂尔多斯地台向斜与山西地台背斜交界，构造较简单。河谷出露的基岩，除上段万家寨至天桥和下段禹门口附近为寒武、奥陶系灰岩外，其余多为二叠、三叠系砂页岩。这段河道与上游弯曲的川峡相间型河道相比，有很大不同。本河段河道比较顺直，河谷谷底宽，绝大部分都在400—600米，宽谷但无大的盆地。峡谷两岸是广阔的黄土高原，土质疏松，水土流失严重。支流水系特别发达，流域面积大于100平方千米的支流有56条。本峡谷段流域面积11万平方千米，占全河集流面积的15%。区间内支流平均每年向干流输送泥沙9亿吨，占全河年输沙量的56%，是黄河流域泥沙来源最多的地区。

晋陕峡谷河段碛流较多，下段的壶口瀑布是黄河干流唯一的瀑布。壶口瀑布左岸位于山西省临汾市吉县，右岸位于陕西省延安市宜川县。黄河水面由250—300米宽骤然束窄，从17米的高处，跌入30—50米宽的石槽里，像一把巨壶注水，故有"壶口"之名。洪流奔腾澎湃，景色极为壮观。壶口瀑布是由于地壳运动，河谷抬升而形成的。河水经年累月对河床下切，溯源侵蚀使瀑布跌坎由龙门附近不断向上游后退，现在瀑布距龙门65千米。

晋陕峡谷的末端是龙门。这里形势险要，两岸断崖绝壁，犹如刀劈斧削。左岸的龙门山与右岸的梁山隔河对峙，使河宽缩至100米左右。滚滚河水夺门冲出，气势磅礴，李白诗中有"黄河西来决昆仑，咆哮万里触龙门"的描述。龙门，相传是大禹所凿，《水经注》载"梁山北有龙门山，大禹所凿，通孟津河口"，所以龙门又称禹门口。禹门口下游有一座石岛横卧河中，名曰"水面石舟"，上面刻有"龙门"二字，字大如斗，遒劲有力。水面石舟左边为黄河流路,右边为黄河洪水漫流时的分流处,宽约50米,名曰"骆驼巷"。元代在这里建有禹王庙,后代屡有修葺,庙宇、楼阁、栈道等组成了宏伟的禹王庙建筑群,可惜这些珍贵的建筑在日军侵华期间被破坏殆尽。龙门是连接晋陕交通的古道渡口,古人在此用木船摆渡出行。新中国成立前建有铁索桥,新中国成立后,西安—侯马的铁路和公路都在此通过,建设了现代化的桥梁,其面貌发生了翻天覆地的变化。

黄河出晋陕峡谷,河面豁然开阔,水流平缓。从禹门口至潼关,河道长125千米,落差52米,比降4‰。河谷宽3—15千米,平均宽8.5千米。河道滩槽明显,滩面宽阔,滩地面积达600平方千米。滩面高出水面0.5—2.0米。本段河道冲淤变化剧烈,主流摆动频繁,有"三十年河东,三十年河西"之说,属游荡型河道。禹门口至潼关区间流域面积18.5万平方千米,汇入的大支流有渭河和汾河。

黄河过潼关折向东流356千米至河南省郑州市桃花峪,落差231米,平均比降6‰。其中,三门峡以上113千米的黄土峡谷,较为开阔。三门峡以下至孟津151千米,河道穿行于中条山与崤山之间,是黄河最后一个峡谷段,介于河南、山西之间,故称晋豫峡谷。谷底宽200—800米,出露基岩除三门峡为闪长玢岩、八里胡同为石灰岩外,其余多为三叠、二叠系砂页岩层。三门峡至桃花峪区间大支流有洛河及沁河,区间流域面积4.2万平方千米,是黄河流域常见的暴雨中心。暴雨强度大,汇流迅速集中,产生的洪水来势猛、洪峰高,是黄河下游洪水的主要来源之一。孟津以下,是黄河由山区进入平原的过渡河段。

3. 下游

桃花峪至入海口为黄河下游。流域面积2.3万平方千米,仅占全流域面积的3%,河道长785.6千米,落差94米,平均比降1.11‰。下游河道横贯华北平原,河道总面积4240平方千米,绝大部分河段靠堤防约束。由于大量泥沙淤积,河道逐年抬高,目前河床高出背河地面3—5米,部分河段如河南封丘曹岗附近高出10米,是世界上著名的"地上悬河",成为淮河、海河水系的分水岭。

受历史条件的限制，黄河下游现行河道上宽下窄。桃花峪至兰考东坝头河段长136千米，系明清河道，两岸堤防已有300—500年的历史。东坝头至陶城铺河段长236千米，1855年黄河决口改道，泛流了20多年后才逐渐修筑堤防。陶城铺以下系大清河故道。

桃花峪—高村河段长206.5千米，两岸堤距一般为5—14千米，最宽达20千米，河道宽浅，河心多沙洲，水流散乱，冲淤变化剧烈，主流游荡不定，是典型的游荡型河道。由于水流受胶泥嘴、险工和高滩崖的制约，河道形成若干节点，对河势有一定的控导作用。过去，主槽摆动易造成严重的滩地坍塌。据调查，1949—1958年郑州至孙口河段每年平均塌失滩地53平方千米，其中绝大部分在高村以上。

高村至陶城铺河段，长165千米。堤距1.5—8.5千米，主槽摆幅及速率较游荡型河道小，一般在3—4千米，属于游荡型河道与弯曲型河道之间的过渡性河段。经过整治，河槽已渐趋稳定。陶城铺至利津河段，长310多千米，堤距0.4—5千米，两岸险工、控导工程鳞次栉比，防护段长度占河长的70%，河势已得到基本控制，平面变化不大，属于弯曲型河道。

利津以下是黄河的河口段。黄河河口位于渤海湾与莱州湾之间，滨海区海洋动力较弱，潮差一般1米左右，属弱潮多沙、摆动频繁的陆相河口。由于黄河将大量泥沙输送到河口地区，大部分淤积在滨海地带，填海造陆，从而塑造了黄河三角洲。随着黄河入海口的淤积——延伸——摆动，入海流路随之改道变迁。历史上，利津以下河道多次改道，1949年后曾有三次有计划的人工改道，河口段河道长度也不断变化。20世纪90年代的黄河河口段入海流路，是1976年人工改道流经清水沟后逐步淤积塑造的新河道。"多年以来，黄河平均输沙量在16亿吨左右。这是世界上含沙量最大、最难治理的河流。"①一方面黄河入海河道淤积延伸，造成黄河溯源淤积，其影响可上溯到济南以上，是下游河道淤积抬高的一个重要因素；另一方面，

---

① 焦点访谈：《美丽黄河　生态蝶变》，载央视网2024年11月8日，https://news.cctv.com/2024/11/08/ARTIcZov3ITYYidGdpewHcvE241108.shtml。

黄河泥沙填海造陆，使三角洲土地面积逐渐扩展，并为滨海石油开采创造了有利条件。[①]

一方水土养育一方人。正是黄河和黄河流域独特的自然地理环境，哺育了中华民族，孕育了独特而又源远流长的黄河文化。

第二节　中华民族的根和魂——黄河文化

文化的本质意蕴是自然的人化，是人通过有目的的实践活动将原始的自然改造加工为属人的自然的过程与结果，是人与其他动物的本质区别之一。文化通常有广义和狭义之分，广义的文化是指人类的社会实践活动及产物，即人类在物质、精神和制度等方面的创造性活动及结果，包括人们在实践中创造的物质文明、政治文明和精神文明等。狭义的文化是指人类的精神生产活动及结果，是与经济、政治相对应的观念形态的文化，是对社会经济、政治的反映。

一、黄河文化的内涵与底蕴

由于所处的自然地理环境不同，人类利用改造自然以维持自身生存的方式也有差异，由此便形成了不同类型的文化，黄河文化便是其中之一。顾名思义，黄河文化是因黄河而产生的文化，也有广义和狭义之分。

（一）黄河文化的内涵

"黄河文化"中的"黄河"是地域概念，包括黄河流域所涉及的广阔地

---

① 黄河水利委员会黄河志总编辑室编：《黄河流域综述》，河南人民出版社2017年版，第24—32页。

带。黄河从它的源头算起，流经青海、四川、甘肃、宁夏、内蒙古、陕西、山西、河南、山东9个省（区），注入渤海。但是黄河文化的地域空间，还不能这样简单地界定，因为黄河，尤其是下游，在历史上曾多次改道，其流域范围必须根据具体情况分析。李学勤认为，就整个历史时期而言，黄河流域还应包括25万平方千米的黄淮海平原的绝大部分，面积大约为100万平方千米。[①]同时，我们还要看到，黄河文化在黄河流域内并不是按照同一个模式形成、发展的，上游、中游、下游的文化各有特色，其中黄河中下游的文化影响较大。

鉴于黄河文化的概念过于笼统，国内学者相继从不同的角度提出了"黄河文化核心"的概念。一是"黄河文化符号"说，认为黄河文化符号是黄河文化的精华和核心内容。二是"农耕文化"或"农业文化"说，认为黄河文化的核心是农耕文化或者农业文化。三是"关中文化、中原文化和齐鲁文化"或"中原文化"说。四是"黄河治理文化"说，认为黄河文化是流域内劳动人民以及广大治河工作者在长期的治河实践中所形成的物质财富与精神财富的总和。五是将黄河文化归于"精神财富综合"说，主张在精神领域界定黄河文化概念的内涵与外延，如此等等。[②]

综上所述，黄河文化是黄河（包括历史上的干流和支流）流域的人民群众在长期的社会实践中创造的物质财富和精神财富的总和。在物质层面，包括历史文物、考古遗址、古建筑群等；在精神层面，包括黄河历史上凝练的民族精神、价值理念、思维方式等。

（二）黄河文化的底蕴

经济基础决定上层建筑。从经济特征看，黄河文化是一种典型的农耕文化，农耕文化是黄河文化的深厚底蕴。农业，养育了中华民族；农耕文化，孕育了中华文明。正是有了农耕文化这个本体和基座，才筑就了中华文明的大厦。

---

① 李学勤、徐吉军主编：《黄河文化史》（上），江西教育出版社1999年版，第1页。
② 朱海风：《论黄河文化的概念界定与核心内容》，《华北水利水电大学学报》2023年3月31日。

由于地理环境、气候等自然禀赋的差异，农业的起源在不同地域呈现出不同的特点。根据农业考古研究发现，西辽河流域地区（赤峰地区）和黄河上游地区（西北地区）属于典型的古代中国北方旱作农业传统，以种植粟和黍这两种小米为主。长江下游地区（环太湖区域）和长江中游地区（江汉平原等地区）是典型的古代中国南方稻作农业传统，以种植水稻为主。黄河下游地区（海岱地区）在龙山时代表现出稻旱混作农业生产特点，即水稻与粟、黍都是当地农作物布局中的主体农作物。黄河中游地区（中原地区）的农业生产呈现出由单品种农作物种植制度逐渐向多品种农作物种植制度转化的特点，包括粟、黍、水稻、小麦和大豆五个不同的农作物品种。①

与其他农业起源地区相比，黄河流域，尤其是黄河中下游的农业起源具有两个明显的特点：

一是较早进入以农业生产为主导经济的社会发展阶段。农业考古研究证明，"到距今6000年前后的仰韶文化中期，通过采集野生植物获取食物资源的必要性已经微不足道了，以种植粟和黍两种小米为代表的旱作农业生产，终于取代采集狩猎活动成为仰韶文化的经济主体，从此，以仰韶文化为代表的中国北方地区正式进入了以农业生产为主导经济的社会发展阶段"②。"距今6000年前后，北方旱作农业率先完成了由采集狩猎经济向农耕经济的转变过程。迟至距今5000年前后，长江中下游地区才相继完成了向稻作农业的转变。"③也就是说，黄河流域比长江中下游地区要早1000年进入以农业生产为主导经济的社会发展阶段，黄河流域的生业经济率先由攫取经济进入生产经济，这为黄河流域孕育更为先进的文化奠定了基础。

二是黄河流域的农业作物种类多样，更具有可持续性。在中华文明形成时期，除了黄河中游地区外，其余地区都是单品种农作物种植模式，而黄河中游地区的农业经济则呈现出一种特殊的发展模式，即逐步由单品种农作物

---

① 赵志军：《中华文明形成时期的农业经济发展特点》，《中国国家博物馆馆刊》2011年第1期。

② 赵志军：《中国农业起源概述》，《遗产与保护研究》2019年第1期。

③ 赵志军：《中国农业起源概述》，《遗产与保护研究》2019年第1期。

种植制度向多品种农作物种植制度转变。具体地讲，在公元前3000年至公元前1500年期间，黄河中游的农业经济由前期的单纯依赖小米逐步演变成为后期"五谷丰登"式的农耕特点。特别是在距今4000年前后，起源于西亚的小麦传入中国，凭借其优良、高产的品质，外来的小麦对本土的粟和黍两种作物产生冲击，并逐步取代粟和黍，成为北方旱作农业的主体农作物。相较于单品种农作物种植制度，多品种农作物种植制度可以提高一定区域的农业生产总值，减轻各种自然灾害对农业经济的影响，也为引进新农作物品种提供了先决条件。

社会存在决定社会意识。黄河中游地区农业经济的发展模式深刻影响了黄河文化以及中华文明的形成过程。中华早期文明基本上是以黄河中下游地区农耕文化为基础而形成的，这一基础确立了中华文明的主体特征与基本内涵，是中华优秀传统文化的主干成分，也是构建中华民族核心价值观的重要精神文化资源。因此，农耕文化是黄河文化的深厚底蕴。

几千年来，农耕文化影响着中国的历史进程，影响着世界文明的发展。农耕生活的平实性与和谐性，使中华民族爱好和平，并且重视"和合"。中国的农耕文化连绵不断，是宝贵的民族财富。它铸就了中华民族"自强不息"的精神，使中华民族历经磨难而不倒；铸就了形式多样的民俗文化，使人民的生活丰富多彩；特别是铸就了中华民族"以和为贵"的精神价值，孕育了中华民族"天人合一"的思想和崇尚"人与自然和谐、人与社会和谐、人与人和谐"的精神追求。和谐理念塑造了中华民族的价值趋向、行为规范，支撑着中华民族不断在可持续发展的道路上前进。"应时、取宜、守则、和谐"是农耕文化的核心理念，本质就是在天、地、人之间建立一种和谐共生的关系。时至今日，农耕文化仍是黄河文化的深厚精神底蕴。

二、黄河文化的形成条件

黄河的历史要远远长于我们这个民族的文明史，先有黄河，后有中华民族和中华文明，是我们的先人选择了在黄河流域这个区域繁衍生息，才孕育了我们伟大的民族和文明。

如果将考古学家尹达编制的中国新石器时代遗址分布图和中国地质科学院地质研究所编制的中国大地构造分区略图进行对比，不难看出，黄河文化早期的仰韶文化与龙山文化的分布范围，与地质学家划分出来的华北地台的疆界惊人的相似，这些相似不是偶然的巧合，而是说明地理条件与文明的发生发展有着密切的关系。

马克思主义唯物史观揭示了社会存在决定社会意识的基本原理，其中地理环境是人类社会存在的必要前提条件，而且越是在人类生产力水平低下的时期，水、土地、气候等自然环境要素就越是重要。每一种文化都是某一特定的人类群体在一个特定的时间和空间范围内选择特定的生产生活方式所创造的物质财富和精神财富的总和。但在文明产生和形成过程中的初始阶段，获取物质财富以满足基本生存需要是更重要的决定性条件。人类只有首先创造出必要的、足够的物质财富才能生存下来，然后在此基础上创造出精神财富。就此而言，黄河流域的自然地理环境所具备的几个重要条件是孕育黄河文化的重要因素。

一是水资源利用的条件。水是生命之源，人类要生存，就需要基本的水量，如果不能摄入最低限度的水，生命就无法维持。在人类的初始阶段，人只能通过采集或渔猎等方式来获取食物，而采集、渔猎所获取的这些动植物同样也离不开水，所以人类维持生存所需的水量远远超过他们自己的饮水量。正因如此，在探索文明的源流时，谁也不能无视河流的作用。这种作用在人类文明之初往往是决定性的、无可替代的。尼罗河、幼发拉底河、底格里斯河、恒河、黄河、长江都孕育过伟大的文明，都是今天世界文明的重要源头。

除了水量，还要看水的利用条件，在完全依靠人工取水、灌溉的情况下，河水能否被有效利用往往取决于流经地区的一些自然因素，如有没有稳定而高差小的河岸、流量是否稳定并在安全的范围内、河水离需要水的区域的距离远近、用水区域的蒸发量和渗漏量等。最理想的条件是能够实现天然的自流灌溉，或者利用比较简单的工具、花费不多的人力就能够做到自流灌溉。此外，相对于河流的灌溉功能，我们认为河流的排水功能在原始农业的发展初期可能更加重要。在新石器时代初期，人类虽已初步掌握了利用水资源进行农业生产的技能，但受限于当时的技术水平与工具条件，大规模的人工灌溉尚难以实现。与此同时，那时的气候相对温和，降雨量适中，可满足大部分农作物的水分需求，因此灌溉并非农业生产的迫切需求。在黄河流域这样的旱作农业区，由于降雨分布不均，河流的排水功能就显得尤为重要。河流的排水功能，不仅能够有效防止农田积水导致的作物淹涝，还能调节土壤湿度，为作物生长提供更为适宜的环境。可见，良好的排水系统是保障农业生产稳定的关键因素。这一点在考古资料中得到了印证：黄河的众多支流，如湟水、白河、黑河等，它们不仅为流域内的农业生产提供了必要的水源，更重要的是，这些支流通过自然的排水网络，有效保护了农田免受水患，从而促进了农业文明的孕育与发展。考古发现表明，这些大河的支流流域正是早期人类文化遗址的集中分布区。因此，我们可以推断，在农业发展的初始阶段，河流的排水功能相较于灌溉功能，对于文明的起源与发展具有更为重要的意义。

河流不仅为人类提供了生活和生产所必需的水源和物资，而且是人类迁移的主要通道。高山密林将人类阻隔，但河流能穿越峡谷或荒漠，进入另一个谷地，帮助人们找到新的开拓空间。特别是在生产力水平低下、地理知识匮乏的年代，要穿越崇山峻岭或荒无人烟、寸草不生的陆地进行长途迁移，是相当困难的，顺河流而下就方便得多，并且不会迷失方向，也便于与原地保持联系，是人类开拓生存空间的一种有效手段。[1]2024年8月，山东大学考古研究团队通过对地处黄河下游的山东章丘焦家遗址出土的大汶口文化人骨的古基因组研究，发现山东地区新石器化过程伴随了黄河中游中原地区粟黍农业人群的遗传影响。通过古DNA分析，发现焦家先民带有大量来自中原地区仰韶文化相关人群的遗传成分，有60%左右来自黄河中游仰韶文化粟黍农业人群，有40%左右来自山东本地人群，这说明仰韶文化农业人群从黄河

---

① 葛剑雄著：《黄河与中华文明》，商务印书馆2023年版，第9页。

中游向东迁徙,参与了黄河下游大汶口文化的新石器化过程。①这一发现进一步证明了黄河及其支流的通道作用。

二是气候条件。气候是对某一地区的气温、降水等气象要素进行长期统计的结果(平均值、方差、极值概率等)所表现出来的特征,是各种天气状况的综合。在人类所处的生态系统中,气候是决定性因素。②在尚未能用人工手段实现有效的保暖、防寒、去湿时,人的生存环境,如气温、湿度、风力、降水量等,都不能超出人体适应的上限和下限。所以,在地球上最适合人类生存发展的区域只有温带,寒带和热带地区由于过冷或过热都不适合人类生存。因此,处于寒带和热带的河流或者一条大河流经寒带和热带的河段对人类的早期文明起不了什么作用,更不可能孕育文明。

黄河刚好处于北纬32—42度之间,处在中纬度地区,这决定了它在早期农业发展中的地位和作用。尤其是在史前时期,黄河流域特别是黄河中下游地区的气候环境比现在更适合人类生存。王巍认为,"距今8000—6000年为全球范围的气候大暖期。古环境研究表明,当时黄河流域的气候类似现今的长江流域"③。侯仁之认为,根据已有的研究,可以对人类历史时期黄河流域的气候变化描绘出一个基本轮廓。在1万年以前,地球上原来覆盖着的面积广大的冰川已后退很多,冰川覆盖面积逐渐变小。从距今1万年开始到现在这一时期,被称为"冰后期",又称"全新世",是地球发展历史上的全新时期。人类社会在这一时期得到很大发展。8000年前地球上的气候又进一步变暖,黄河流域的气候条件更为优越。从这时起,黄河流域进入新石器时代,农业在黄河流域也广泛出现。这里是我国最先进入新石器时期和最先出现农业的地区。直到距今3000年左右,黄河流域基本上都处在温暖湿润的环境中,这种环境有利于多种植物和农作物生长。④

---

① 王睿:《考古学院王芬教授团队发表研究论文解析焦家先民的遗传形成历史》,载山东大学网2024年8月20日,https://www.view.sdu.edu.cn/info/1021/194388.htm。

② 《考古学概论》编写组编:《考古学概论》(第二版),高等教育出版社2018年版,第226页。

③ 王巍:《中华文明探源研究主要成果及启示》,《求是》2022年第14期。

④ 侯仁之主编:《黄河文化》,华艺出版社1994年版,第43页。

正是这样的气候条件和其他因素共同作用，使得黄河中下游成为中华文明的发祥地之一。目前在中国境内已发现的旧石器时代的遗址大约有2000处，其中近一半分布在黄河流域。[①]早在中更新世早期，蓝田人就在黄河流域生活，大荔人、丁村人、河套人等也在黄河流域繁衍生息。裴李岗文化、仰韶文化、马家窑文化、大汶口文化、龙山文化等古文化遗址都分布在大河上下。这些古文化遗址不仅数量多、类型全，而且是由远至近延续发展的，系统地展现了中国远古文明的发展过程。特别是在距今4300年前，地处黄河流域的中原地区开始崛起，使黄河文化成为中华主体文化，这与当时的气候、环境变化是密不可分的。[②]

三是土地等初级资源。农业是文明的象征。人类踏进文明门槛的前提是生产出能够养活自己的食物。这就意味着人类的生业经济形态需要从以采集、捕捞和狩猎为主的攫取经济转向以动物驯化与植物栽培为主的生产经济，于是农业和畜牧业的产生就成为必然。但无论是农业还是畜牧业，都需要一定的土地。并不是所有的土地都适宜农业或牧业生产，尤其是在只有简单生产工具的条件下。沙漠无法辟为农田，黏性土壤、盐碱土壤、贫瘠土壤也无法为早期人类所开发利用。在没有金属工具的时代，高大茂密的植被无法被清除，它们所占据的土地也不能被用作农耕。以此为标准，纵观全球，黄河中下游这片黄土高原和黄土冲击平原面积最大，开发利用条件相对来说要好得多。[③]

黄河流域的土壤多是原生黄土和次生黄土，黄土颗粒细，以粒径0.005—0.05毫米的粉砂为主，所占比例为58%—75%，土质松散，富含氮、磷、钾等养分，自然肥力高，适于耕作，易于垦殖，"原始的掘土木棒比较容易入土"[④]。黄土本身富含的各种营养元素，在空中充分搅拌、筛选，层层堆积，形成厚达几十米甚至几百米的土层，尽管历经各种侵蚀，依旧肥力不减、优

---

① 葛剑雄著：《黄河与中华文明》，商务印书馆2023年版，第74页。

② 王巍：《中华文明探源成果如何"见众生"》，《探索与争鸣》2023年第6期。

③ 葛剑雄著：《黄河与中华文明》，商务印书馆2023年版，第4、5页。

④ 高燮初主编：《吴文化资源研究与开发》，江苏大学出版社1995年版，第172页。

势不变。与长江流域相比，黄河流域的地下水位较低，且黄土具有多孔性，土壤透水性好，排水能力强，养分和水分易上升，方便灌溉，也不易形成长时间的洪涝。同时，黄土的另一个特点是垂直节理发育，直立性很强，深厚的黄土层常形成陡峻的崖壁，土崖可以维持百年而不崩坠。这又为当地居民凿窑洞而居提供了便利条件。

优良的自然地理环境是社会发展的必要前提，但并非决定性因素，"地理环境提供了文化创造所必需的物质基础，在大多数情况下，地理环境并不直接决定文化走势，它对文化的影响，主要是通过人类利用地理环境提供的条件、从事的生产实践及产品分配、交换，也即经济活动这一中介得以实现的"[①]。物质资料的生产方式，特别是生产力的发展水平，才是决定文化、文明发展程度的根本性因素。黄河流域之所以成为中华民族的重要发祥地，黄河文化之所以成为中华民族的根和魂，关键是当时黄河流域的先民掌握了较为先进的生产方式，率先进入农业经济时代。尧舜时期，黄河流域开放包容、兼收并蓄，"经中亚和中国西北传入的黄牛、绵羊、小麦、冶金术等，都汇集于中原，这为夏王朝后中原呈引领之势的格局奠定了基础"[②]。由此可见，黄河流域尤其是中原地区掌握了当时最先进的生产力，奠定了黄河文化的主体地位。

三、黄河文化的鲜明特征

习近平总书记在黄河流域生态保护和高质量发展座谈会上强调，"黄河文化是中华文明的重要组成部分，是中华民族的根和魂"，这是对黄河文化的科学定位。"顾名思义，所谓根，就是说中华文明起源于黄河文化；所谓魂，就是说中华文明的基本内核、价值观念和黄河文化一脉相承。"[③]黄河文化作为一种基于黄河而产生的文化，与其他地域文化相比，具有以下鲜明特征。

---

① 冯天瑜、杨华、任放编著：《中国文化史》，高等教育出版社2005年版，第15页。
② 王巍：《中华文明探源成果如何"见众生"》，《探索与争鸣》2023年第6期。
③ 田学斌：《黄河文化：中华民族的根和魂》，《学习时报》2021年2月5日。

（一）黄河文化的根源性与连续性

黄河文化具有根源性的特征。尽管现代考古研究成果表明，中华文明的起源和发展是多元的，如满天星斗，黄河流域并非中华文明的唯一摇篮，但在中国古代文明的多元发展中，黄河文化的主体地位和主导作用是不可否认的。"在这里孕育和不断升华的黄河文化，在中华文明体系形成发展过程中，始终是一条主干主轴主线，演化为中华民族的根和魂。"[①] 从距今115万年到65万年的陕西蓝田人到距今约70万年到23万年的北京猿人，再到距今10万年到6万年的山西丁村人、陕西大荔人，最后到距今18000年的山顶洞人，遗址分布面广、内容丰富、持续时间长，而且具有连续性。"黄河流域之外……除了元谋猿人外，其他的都晚于蓝田人和北京人，数量和延续性方面还不能与黄河流域相比。"[②] 除了人类起源时间的先后外，就中华文明的实质内蕴而言，中华民族文化基因的几个重要组成部分，如文字、"大一统"观念、礼乐文明与理性人文基因等，均孕育、形成于黄河流域。"中原农耕文明最早孕育了成熟的文字和政治制度，最早建立了'天下'秩序，最早构建了天道民本的政治理念，最早形成了连续不断的历史叙事，最早开创了兼收并蓄的多族群共同体。"[③] 特别是诞生于黄河流域的炎黄二帝，对华夏民族的形成、文化印记的构成、文化记忆的塑造发挥了关键作用，是中国文化的标志性人物。可见，中华民族发源于此、中华文明发祥于此。

黄河文化具有连续性的特征。习近平总书记在《在文化传承发展座谈会上的讲话》中指出，"中华文明具有突出的连续性。中华文明是世界上唯一绵延不断且以国家形态发展至今的伟大文明"[④]。连续性就是绵延不断，这是中华文明区别于世界其他古老文明最突出的特征。"世界上其他古代原生

---

① 侯全亮：《黄河塑造中华民族根与魂》，《黄河　黄土　黄种人》2023年第19期。

② 葛剑雄著：《黄河与中华文明》，商务印书馆2023年版，第75页。

③ 《中华民族共同体概论》编写组编：《中华民族共同体概论》，高等教育出版社、民族出版社2023年版，第22页。

④ 习近平：《在文化传承发展座谈会上的讲话》，《求是》2023年第17期。

文化因各种原由，大都相继夭折，而中国文化则是罕见的古今绵延的文化类型。"①古埃及文明、两河流域文明、印度河流域文明以及玛雅文明、印加文明虽然都盛极一时，但这些古老文明最终都没能摆脱夭折的命运。在中华大地上，文明的发祥地如满天星斗，但就连续性而言，黄河文化是数一数二的。王巍指出："距今4300—4100年，气候发生较大变化，气温异常，降雨不均，洪水频发，各地区文明的进程受到较大影响。这一时期长江中下游地区文明衰落，黄河中游地区文明进程加速发展。距今4300年前，黄河中游的势力集团在与周围其他集团的力量对比中逐渐占据优势。"②从此，黄河流域特别是中原地区的主体地位得到进一步巩固，中华文明的主要脉络在黄河流域绵延发展。在这个漫长的发展过程中，裴李岗文化、仰韶文化、北辛文化、大汶口文化、龙山文化连绵不断，都城、文字、青铜器、农业、畜牧养殖、宫室、宗庙等文明要素熠熠生辉，夏商周三代文明礼仪承袭并不曾断绝。

（二）黄河文化的开放性与包容性

黄河文化具有开放性的特征。古代中国作为一个巨大的地理单元，东部的大海、西北部的沙漠、西部和西南部的高山等自然屏障使其与外部世界处于一种相对隔离或半隔离的状态，而黄河流域恰恰位于这个地理单元的中间地带，介于北方草原和南方的长江流域之间。这种特殊的地理位置决定了黄河文化的开放性，使得沿黄地区特别是黄河中游地区自古以来就是多民族和多文化的交流、交融之地。如距今4300—4100年，山西襄汾陶寺等黄河中游地区积极吸收周围地区先进的文化因素，包括南方的稻作、黄河下游地区大汶口文化的木质棺椁制度和陶制酒器、长江下游良渚文化的玉琮和玉璧、长江中游特色玉饰……中原地区如此大量地吸收各地文化因素的现象，生动反映了其文化的开放性。与此同时，这种特殊的自然地理环境也使得黄河流

---

① 冯天瑜、杨华、任放编著：《中国文化史》，高等教育出版社2005年版，第23页。
② 王巍：《中华文明探源研究主要成果及启示》，《求是》2022年第14期。

域成为当时对外交流的中心，比如从西亚地区经中亚地区和中国的西北地区引进了小麦的栽培技术和黄牛、绵羊等。[1]

黄河文化具有包容性的特征。"中华文化认同超越地域乡土、血缘世系、宗教信仰等，把内部差异极大的广土巨族整合成多元一体的中华民族。"[2]黄河文化作为中国古代主体文化，其本身就是综合周边各种文化而形成的。如新石器时代的龙山文化，就是综合大汶口文化和仰韶文化的产物，而大汶口文化又综合了青莲岗文化和东夷土著文化；仰韶文化则是河南裴李岗文化、河北磁山文化和陕甘大地湾文化结合的结果。后经过夏、商、周三代的因革损益，最终形成了以周文化为核心、以黄河流域为中心的华夏文化。春秋战国的政治割据，为黄河流域各地域性文化的发展提供了契机，秦文化、三晋文化、齐文化、鲁文化各放异彩，其结果是齐鲁文化取得了主导地位，而齐鲁文化本身也是周文化与当地东夷文化以及夏商文化相融合的产物。至秦汉，综合各地域性文化的黄河主体文化，既有秦晋文化务实际、重法制的特点，又保持了齐鲁文化富理想、重伦理的特征。在以后漫长的岁月里，黄河文化不断吸收主要来自西方和北方的少数民族文化，如羌、匈奴、羯、氐、鲜卑、乌桓、柔然、高车、突厥、回纥、契丹、女真、蒙古等，又南下与江南的百越、巴蜀、楚文化相结合。这种博大精深的包容性，使之成为中华古代文化当之无愧的代表。[3]

（三）黄河文化的典型性与正统性

黄河文化具有典型性的特征。中华文明作为以农耕文明为底蕴的文明复合体，发达的农业经济是黄河流域始终处于中心地位的重要支撑。[4]农业的出现标志着人类的生业经济模式从攫取经济迈向生产经济，使人类不再简单依

---

[1] 王巍：《深刻把握中华文明的突出特性——以考古学为中心的考察》，《光明日报》2023年7月3日。

[2] 习近平：《在文化传承发展座谈会上的讲话》，《求是》2023年第17期。

[3] 安作璋、王克奇：《黄河文化与中华文明》，《文史哲》1992年第4期。

[4] 张冬宁：《黄河文化的核心特征与时代价值》，《中国民族博览》2022年第11期。

附于自然，有了稳定的食物来源，过上了定居生活，进而促进社会分工，手工业技术也不断进步，人们的精神生活日益丰富。"中国是世界上的农业起源中心之一，长期以来形成了独具特色的农业传统，并影响着人类文化的前进与发展。""黄河流域和长江中下游是中国史前农业相当发达的两个地区。这里发现的农耕文化遗存，至少可以上溯到公元前五六千年，并且相当丰富，而农业的起源当可追溯得更早。"①确凿的考古证据已经证明，黄河流域和长江中下游是中国农耕文化两个最重要的源头，而且二者分别开启了旱作农业和稻作农业的不同类型。但气候变化使得长江中下游文明走向衰落，黄河流域的农耕文化便成了中国农耕文化乃至传统文化的典型代表。

黄河文化具有一种正统性的特征。依托先进的生产力，黄河流域在南宋以前一直是我国经济、政治、文化的中心，黄河文化也代表了当时中国最先进的物质文化水平和精神文化水平。"从黄帝开始，直至北宋，沿黄地区的经济、文化发展一直走在中华民族的前列，华夏文明的政治、经济、文化中心也一直在沿黄地区。"②"龙山时代，华夏大地上满天星斗般的文明初曙汇集到黄河中下游。"③"中原正统观是中国历史上一个传统观念。中原正统观始自夏王朝，历经夏商周三代而奠定根基。通过历史地理考据可知，无论是夏朝还是商朝乃至周朝，其王都均在黄河中游地区。"④无论是考古发现可能是黄帝之都的双槐树遗址、尧都的临汾陶寺遗址、大禹之都的登封王城岗遗址，还是二里头夏都遗址、偃师商城、郑州商城、安阳殷墟、丰镐、洛邑，都说明自传说时代到夏商周，统治中心都居于黄河中下游，证实了黄河文化长时间占据中华文明发展的正统地位。

（四）黄河文化的创新性与象征性

黄河文化具有创新性的特征。黄河文化在数千年绵延发展的过程中，

① 安志敏：《中国的史前农业》，《考古学报》1988年第4期。
② 田学斌：《黄河文化：中华民族的根和魂》，《学习时报》2021年2月5日。
③ 王志民主编：《黄河文化通览》（上），中华书局2022年版，第53页。
④ 王震中：《黄河文化内涵与中国历史根脉》，《人生与伴侣》2021年第36期。

注重不断吸收各地先进的文化和生产经验，并加以转化、创新。以科技进步为例，黄河流域在不同历史阶段产生的农业科技、天文历法、传统医药等，往往代表着当时世界的最高水平，特别是影响世界的四大发明——火药、造纸术、印刷术、指南针均产生于此，还出现了《考工记》《禹贡》《水经注》《齐民要术》《梦溪笔谈》等反映我国工、农业及地理学等方面技术成就的作品，展现出极强的创新创造精神。而反映在古代遗址方面，无论是襄汾陶寺古城的古观象台，还是登封王城岗、新密古城寨的城壕布局和版筑技术，以及之后偃师二里头的"井"字形道路布局、都城规划、绿松石龙形器和青铜冶炼技术，这些重要考古发现都力证黄河文化是在不断创新中赓续着中华文明的旺盛生命力。[①]

黄河文化具有象征性的特征。黄河文化作为中华文明的主体，影响着中华文明的第一印象。以文字的发明发展为例，裴李岗文化时期的舞阳贾湖遗址中就出现了最早的契刻符号，之后商代的甲骨文已经有了非常成熟的文字体系，从商周金文到大篆再到秦始皇时期小篆的出现，以及世界上首部字典许慎的《说文解字》的横空出世和宋代活字印刷术的发明，可以说汉字文明每一个最具象征意义的历史节点几乎都产生于黄河流域，孕育自伟大的黄河文化。可见，黄河文化不仅是不断吸收外部优秀文化融合创新的产物，也是不断更新自我、求新图变的具象表征。

黄河文化是中华民族的根与魂，事关中华文脉的绵延赓续，是坚定中国特色社会主义道路自信、理论自信、制度自信、文化自信的坚实基础。加强对黄河文化的保护、传承与弘扬，是实现中华优秀传统文化创造性转化和创新性发展的重要举措。充分发掘黄河文化蕴含的巨大价值是中华民族增强文化自信心和民族自豪感、彰显中华文明、增进民族团结的时代需要。

---

① 张冬宁：《黄河文化的核心特征与时代价值》，《中国民族博览》2022年第11期。

四、深入挖掘黄河文化的时代价值

黄河文化蕴含着宝贵的精神财富和丰富的育人元素。深入挖掘黄河文化的时代价值，让宝贵精神和文化遗产代代传承、历久弥新，是我们必须肩负起的神圣使命。新时代新征程上，坚定文化自信，讲好新时代"黄河故事"，就要不断激活黄河文化的时代价值，激扬自强不息、百折不挠的奋斗精神，挖掘黄河文化深蕴的家国情怀、历史传统、人本精神以及崇德尚义、自强不息、勤劳节俭、兼收并蓄等育人元素，为全面推动黄河流域生态保护和高质量发展提供有力支撑，为实现强国建设、民族复兴伟业凝聚磅礴力量。

黄河文化的时代价值表现在以下几个方面。

一是家国天下的爱国情怀。黄河流域源远流长的农业经济和宗法制是家国情怀产生的经济和社会基础。黄河流域早在距今8000年前后的裴李岗时代就已经形成了"家庭—家族—氏族—部落"多层结构的社会组织体系，后期父系家族在氏族中出现并变得日益重要，最终瓦解了氏族，进入到"家庭—家族—宗族—姓族"的阶段。西周时期，统治者以宗法制管理家族，又把宗法制和分封制结合起来治理国家，从此确立了家国同构、家国一体的社会秩序，将人们对故土的情感与对国家的情感融为一体。基于黄河文化所孕育形成的家国情怀，蕴涵了"大道之行，天下为公""胸怀天下"等丰富的精神价值，并以"家国天下"为纽带，将个人、家族与国家、民族紧密相连，将个人利益与国家利益、民族利益紧密融合在一起，使家国情怀成为印刻在中国人心灵深处的精神基因。当民族和国家处于危难之时，无数仁人志士怀着强烈的家国情怀毅然奋起，保卫家园、维护国家统一，延续中华民族血脉。

二是大一统的历史传统。大一统观念是中华民族精神的核心内容，中华民族共同体在数千年的历史演进中不断发展壮大，根源就在于大一统观念及其制度实践。中华民族大一统的历史实践起源于黄河流域的中原地区。

史前时期，黄帝打败蚩尤、炎帝，平定各部落的战乱，初步实现了中原统一。大禹治水，划定九州，奠定了地理版图的基础。秦朝建立了中国历史上第一个中央集权大一统政制的王朝，西汉时期把儒家思想确立为官方主导的意识形态，进一步夯实了大一统的思想文化基础。"大一统理念及其制度实践，从此成为中华大地各区域性政权的共同政治追求和古代中华民族的集体共识。"①习近平总书记指出，"中华文明的统一性，从根本上决定了中华民族各民族文化融为一体、即使遭遇重大挫折也牢固凝聚，决定了国土不可分、国家不可乱、民族不可散、文明不可断的共同信念，决定了国家统一永远是中国核心利益的核心，决定了一个坚强统一的国家是各族人民的命运所系"②。大一统观念是各民族和平时期和平共处的凝聚力，也是国家山河破碎时收复疆土、完成民族统一大业的强大精神动力。

三是敬天保民的人本主义。农耕文化是黄河文化的深厚底蕴，农业生产依赖于对天时的精准把握，是一种根据节气、物候、气象等条件而进行的具有强烈季节性特征的劳作活动。因此，顺天应时是几千年来人们恪守的准则。长期生活在黄河流域的人们，在与自然相处的过程中，通过观象授时总结出春种、夏耘、秋收、冬藏的自然变化规律，产生了敬天、祀天的理念。黄河流域农耕社会的人们依照时令进行农业生产，追求天、地、人三者合一。周代将敬天与敬德保民联系在一起，主张天人合一，以人为本。这种"天人合一"观，承认天道与人事、自然界与人类社会存在密切的联系，注意调节人类社会与自然界的关系。同时，农业生产的正常进行、社会的正常运转又依赖于以农民为主体的民众的安居乐业，民为邦本的人本主义随之产生。秦汉以后，天人合一、敬天保民、重人事的传统一直绵延传承，这是黄河文化的一大优秀传统。

四是崇德尚义的伦理旨趣。黄河流域较早进入以农业生产为主的生业经济形态，意味着更早进入稳定的定居生活。农业自然经济的物质生产方式和

---

① 《中华民族共同体概论》编写组编：《中华民族共同体概论》，高等教育出版社、民族出版社2023年版，第12页。

② 习近平：《在文化传承发展座谈会上的讲话》，《求是》2023年第17期。

宗法—家族式的社会组织形式需要与之相适应的管理方式和思想观念，这就使得中国一向高度重视伦常规范和道德教化，从而形成以"求善重德"为旨趣的伦理型文化。诞生于黄河下游的儒家思想是中华传统文化的主干，也代表了黄河文化的这一旨趣追求。伦理型文化不讲或少讲脱离伦常的智慧，"齐家、治国、平天下"皆以"修身"为本，伦理成为出发点和落脚点。儒家以仁和礼为核心，以仁释礼，仁、义、礼、智、信、温、良、恭、俭、让、忠、勇、孝、悌、廉等道德理念深入人心，尚仁重德、知礼好学、宽厚大度、豁达坦诚的情操品格格外鲜明。"君子义以为上""道之以德，齐之以礼""不义而富且贵，于我如浮云"等思想，"曾子杀彘""鸡黍之约""管鲍之交"等动人事迹，无不体现着崇德尚义的伦理旨趣。

五是自强不息的斗争精神。"黄河宁，天下平"，只有黄河治理好了，老百姓才能够安居乐业，天下才能太平。黄河具有善淤、善决、善徙的复杂特性，这也导致华夏先民们无法一劳永逸，要始终做好与黄河水患抗争的准备。中国历朝历代的统治者都将治理黄河作为安邦定国的重大政治任务。面对频发的黄河水灾，广大人民百折不挠、愈挫愈勇，从最初的"择丘陵而处之"到疏通为主、围堵为辅，再到"束水攻沙"，充分体现了中华民族在与黄河水患进行抗争时积累了宝贵经验，也孕育了黄河文化中坚韧不拔、自强不息的品格内涵。后羿射日、愚公移山、精卫填海等神话故事也都产生于黄河流域，皆体现了中华先民自强不息的精神。"天行健，君子以自强不息。"历史上，中华民族曾多次面临亡国灭种的危险，但是每在危急关头都会涌现出无数仁人志士自强不息、发愤图强，自觉探索救国救民的道路，也正是在这种精神的引领下，中华民族才得以在经历近代以来的重重磨难后重新走向伟大复兴。

六是勤劳节俭的朴实作风。中国是世界两大自然灾害带——北半球中纬度自然灾害带和环太平洋自然灾害带的交汇点。作为这两大灾害带交汇点的中国，是世界上自然灾难发生频率最高、受灾最为严重的地区。几千年来，我们的祖先不断地探索如何应对复杂多变的自然灾害，并繁衍生息。同时，作为农耕文明最早发源地之一的黄河中游地区是旱作农业，在缺少人力灌溉的条件下，只能靠天吃饭，农业生产水平较低，且缺少森林、河湖等自然条件以提供更多采集、渔猎的选择。这就导致黄河流域的先人始终生活在一种相对匮乏的生活环境中，养成了中华民族勤劳节俭的朴实作风。在中华民族5000多年文明史中，勤劳节俭有着极其重要的地位。勤劳节俭也是我们党的优良传统，100多年来，一代又一代中国共产党人发扬勤劳节俭的精神，带领中国人民书写了国家和民族发展的壮丽史诗。

七是兼收并蓄的包容精神。习近平总书记指出，"中华文明的包容性，从根本上决定了中华民族交往交流交融的历史取向，决定了中国各宗教信仰多元并存的和谐格局，决定了中华文化对世界文明兼收并蓄的开放胸怀"[1]。黄河流域是农耕文明与游牧文明、中原文化与草原文化融汇交流的地方，不同族群和生产方式的反复交流、碰撞、融合，使黄河文化逐渐形成了兼收并蓄、开放包容的特质。在悠久的历史长河中，黄河文化的兴旺发展，不仅在于其源远流长的文化脉络，更在于它积极与周边民族及地区进行文化交流与借鉴。黄河流域以开放包容的姿态，吸收着不同地区、不同民族的文化精华，在相互交流、融合中形成了博大精深的黄河文化。春秋战国时代，黄河文化与中华大地上出现的游牧文化、吴越文化、荆楚文化等交流互融。唐代，黄河文化在对中亚、南亚等地区的多种文化进行兼收并蓄中获得发展的强大动力。可以说，黄河文化在其发展过程中，自始至终以博大的胸襟包容万有，在兼收并蓄中历久弥新。[2]

结　语

习近平总书记高度重视中华优秀传统文化的传承与发展，党的二十大报告中着重论述了"两个结合"的重要思想，提出"把马克思主义思想精

---

[1]　习近平：《在文化传承发展座谈会上的讲话》，《求是》2023年第17期。
[2]　袁红英：《弘扬黄河文化　铸牢中华民族的根和魂》，《光明日报》2023年3月30日。

髓同中华优秀传统文化精华贯通起来、同人民群众日用而不觉的共同价值观念融通起来，不断赋予科学理论鲜明的中国特色，不断夯实马克思主义中国化时代化的历史基础和群众基础，让马克思主义在中国牢牢扎根"[①]。2023年6月2日，在文化传承发展座谈会上，习近平总书记指出了中华文明的突出特性，并强调"在新的起点上继续推动文化繁荣、建设文化强国、建设中华民族现代文明，是我们在新时代新的文化使命"[②]。黄河是中华民族的母亲河，黄河文化是中华文明的重要组成部分，是中华民族的根和魂。深入挖掘黄河文化蕴含的时代价值，讲好"黄河故事"，延续历史文脉，是我们神圣的使命，也是每一个中华儿女的责任。

思考题

1. 黄河为什么从"河"变成"黄河"？
2. 黄河流域为什么成为中华民族重要的发祥地？
3. 黄河文化的鲜明特征是什么？
4. 黄河文化为什么是中华民族的根和魂？

---

① 《党的二十大报告学习辅导百问》编写组编著：《党的二十大报告学习辅导百问》，学习出版社2022年版，第14页。

② 习近平：《在文化传承发展座谈会上的讲话》，《求是》2023年第17期。

上

编

| 第 一 章 |

源远流长：黄河文化的历史脉络

 本 章 导 读

　　黄河文化源远流长，生生不息。根植于黄河流域的黄河文化是中华文明中最具代表性、最具影响力的主体文化，是中华民族的根和魂，在中华文明体系形成和发展过程中具有强大的凝聚力和向心力。历史上，黄河流域作为全国政治、经济、文化中心长达3000多年，为中华民族几千年的繁衍生息提供了不竭的能量。从黄河流域灿烂的远古文化，到礼乐文明与人文养成，无不展示出黄河文化的丰富内涵及重大意义。本章将通过梳理黄河文化的历史脉络，透视黄河文化在华夏文明起源和形成、发展中的地位。

第一节　史前时期黄河文化的孕育与形成

　　黄河流域是中华民族先民早期活动最主要的区域，也是中国早期文化形态的主要诞生地。在旧石器时期，黄河流域出现了山西西侯度猿人、陕西蓝田猿人、陕西大荔猿人、山西襄汾丁村早期智人、内蒙古乌审旗大沟湾晚期智人的活动。到新石器时代，在黄河流域形成了马家窑文化、齐家文化、裴李岗文化、老官台文化、仰韶文化、龙山文化、大汶口文化等。这些局域文化是黄河文化发展伊始的主要形态，也是中华文明的源头之一。

一、裴李岗文化

　　裴李岗文化是一种分布于黄河中游的新石器时代文化，是中原地区发现的最早的新石器时代文化之一，因1977年首次发掘的河南省新郑县裴李岗遗址而得名。裴李岗文化是仰韶文化的源头之一，也就是华夏文明的来源之一。其分布范围以新郑为中心，东至河南东部，西至河南西部，南至大别山，北至太行山，重要的遗址有临汝中山寨遗址、长葛石固遗址等。

裴李岗遗址

裴李岗文化距今约8000—7000年，属早期新石器时代文化。那时，先民们已开始在中原地区定居，从事原始农业、手工业、家畜饲养和渔猎。裴李岗遗址的发掘，填补了我国新石器时代早期的历史空白。

　　裴李岗文化的主要生产活动是农业生产，主要农作物是粟。裴李岗文化时期的农具主要有石磨盘、石磨棒与石铲、石镰。裴李岗文化是我国目前发现的年代较早的农业文化之一，并具有一定的发展水平。在我国农业发展史上，中原地区农业发展进程较快，可以说，黄河流域是我国农耕文明的摇篮。

　　适应农业生产的需要，裴李岗人已经进入了中华文化进程中的定居时代。考古发现，裴李岗遗址的文化层有的地方厚达1米以上，是人们长期在此居住的力证。裴李岗遗址的主要建筑是房屋、贮藏坑和陶窑。大部分房屋面积在5—10平方米，可以满足3—5人的日常居住，这或许是最小个体家庭生活需要的面积。①定居生活减少了频繁迁徙造成的人力和物力浪费，也意味着人们对居住点的选择更加重视。裴李岗人过着群居和定居生活，减少了个体直面的自然风险，也使人们对血缘关系的认知成为可能。

　　原始农业、定居和血缘概念的出现，深化了人类对客观世界的认知，在长期的生产生活实践中，各种新工艺不断诞生。裴李岗人开始制作磨制石器、制陶、纺织，其中陶器以泥制红陶为主，在一定程度上提高了裴李岗人的生活质量。

　　裴李岗文化强盛时，其影响扩展至渭河流域、汉水上游和黄河中游以北地区；衰败时，又东向迁徙，其文化因素深深渗透到黄河下游和淮北地区。正是由于地处中原核心的裴李岗文化的强大作用，才使黄河流域文化紧密联结在一起，从而于公元前第九千纪形成新石器时代的"黄河流域文化区"；才使黄河下游、汉水上游、淮北甚至长江中游地区文化也与中原

扫码观看视频"裴李岗：探源八千年中华文明"

---

　　①　寇玉海、郝红星：《探寻裴李岗》，《大众考古》2016年第9期。

文化区产生较多联系，从而形成"早期中国文化圈"的雏形。[①]裴李岗文化的发现，使中原新石器考古获得突破，填补了中原早期新石器文化的一段空白，把中原新石器文化的年代从7000—5000年前的仰韶文化上推至8000—7000年前的裴李岗文化，是中华文明源远流长的体现。

二、仰韶文化

继裴李岗文化之后，黄河中游地区迎来了仰韶文化的繁荣。仰韶文化大约出现在公元前5000年至公元前3000年，持续时长2000年左右，以陕西渭河流域、山西西南和河南西部的狭长地带为中心，东至河北中部，南达汉水中上游，西及甘肃洮河流域，北抵内蒙古河套地区，已发掘出5000多处文化遗址，所出土的文物均反映了同一文化特征。1921年4月，瑞典考古学家安特生在河南省渑池县县城北9千米处的仰韶村调查时，发现了彩陶片和石器，由此揭开了仰韶文化的面纱。

仰韶文化最主要的特征是有绚丽的彩陶，一些研究者直接将仰韶文化称为"彩陶文化"。仰韶文化以种植粟、黍为主，在中原地区一些仰韶文化遗址还发现了数量不多的水稻，这表明随着稻作农业的北传，仰韶文化的农业经济体系中已经出现混作的特征。但粟作农业对中国北方地区的影响深远，直到汉代，粟仍然是黄河流域主要的粮食作物。仰韶文化的动物利用模式也基本固定下来。

仰韶文化的生产工具以较发达的磨制石器为主，常见的有刀、斧、锛、凿、箭头以及纺织用的石纺轮等，骨器也相当精致。饲养的家畜主要是猪和狗，此外仰韶人还从事狩猎、捕鱼和采集。日用陶器有甑、灶、鼎、碗、杯、盆、罐、瓮。这些陶器以细泥红陶和夹砂红褐陶为主，呈红色，手工制作方法是用泥条盘成器形，然后将器壁拍平。红陶器上常有彩绘的几何

---

① 韩建业：《裴李岗文化的迁徙影响与早期中国文化圈的雏形》，《中原文物》2009年第2期。

形图案或动物形花纹，是仰韶文化的
明显特征。图案以鱼类、鸟类、人面
等为主要题材，典型器类有小口尖底
瓶、细颈壶、罐、瓮、钵、盆等。彩
色陶器造型优美，表面用红彩或黑彩
画出绚丽多彩的几何形图案和动物形
花纹，不少出土的彩陶器被视为艺术
珍品，如水鸟啄鱼纹船形壶、人面纹
彩陶盆、鱼蛙纹彩陶盆、鹳衔鱼纹彩
陶缸等。陶器上装饰的各种动物塑像

仰韶文化小口尖底瓶

栩栩如生，有隼形饰、羊头器钮、鸟形盖把、人面头像、壁虎、老鹰等。
在半坡等地的彩陶钵口沿黑宽带纹上，还发现50多种刻划符号，可能具
有原始文字的性质。在濮阳西水坡发现的用蚌壳摆塑的龙虎图案，是中
国迄今所知最完整的原始时代龙虎形象。①

　　仰韶彩陶以人面、鱼、鸟、獠牙神祇为主体，形成了稳定、系统的组合
主题，这种主题不仅仅是一种陶器装饰图案，还反映了仰韶文化的神祇与巫
祝信仰体系，是仰韶文化信仰体系和世界秩序的理想构型。这样的神祇题材
影响了龙山时代礼器图案的题材，应该是青铜时代信仰系统的重要源头。②

　　仰韶文化是中国文明起源和发展的关键时期，是奠定中华文明优秀基
因的重要文化。学者们普遍认为，仰韶文化是我国史前影响最深远的主干
性文化③，"是中华文明早期的主根主脉"④。以汉族为主体、多民族共存的中
国，根基于遥远的史前时期，是统一性与多样性兼有的史前文化长期演化的
结果。在史前文化格局中，最著名的是中原文化区，中原文化区周围则有甘

　　①　孟祥柱：《浅谈仰韶文化》，《大众文艺（理论）》2009年第4期。
　　②　张盖伦：《仰韶文化：孕育华夏文明核心基因》，《科技日报》2021年10月22日。
　　③　魏兴涛：《从文化到文明化——仰韶文化百年历程及其文明化成就》，《华夏考古》
2021年第4期。
　　④　温小娟、张体义：《文明探源　河南大有可为》，《河南日报》2023年3月9日。

青、山东、燕辽、长江中游和江浙文化区，更外层还有福建、台湾、广东、云南、西藏、黑龙江、内蒙古、新疆等文化区，整个中国的新石器文化就像一个巨大的重瓣花朵，中原居于核心位置，而中原文化区的主体就是仰韶文化。正是由于仰韶文化东庄—庙底沟类型的强力扩张，中国大部分地区文化融合成文化共同体，为后来统一王朝的建立奠定了基础，因此在仰韶文化庙底沟时代，文化意义上的"早期中国"正式形成。[①]

仰韶文化是中国第一个通过考古发现认识到的史前文化，成为研究史前社会的重要线索，它证明了华夏文明的源远流长，填补了当时对新石器时代的认知空白，为探讨中华文明的起源提供了依据。

三、大汶口文化

大约与仰韶文化同时期或略晚一些，黄河下游出现了大汶口文化，1959年首次发现于山东宁阳堡头村。大汶口文化是中国史前文明光辉灿烂的证明。

大汶口文化的手工业生产石器、玉器、骨牙器和陶器，其中最突出的是陶器，其制作技术较仰韶文化有很大的提高。大汶口文化的陶器制品有红陶、灰陶、黑陶和白陶四类，其中白陶的出现为后期瓷器的诞生奠定了技术基础。陶器是人类社会进入新石器时代的重要标志之一，经过数千年的探索，到大汶口文化时期，陶器的制作工艺和技术达到了新的高度，艺术水准很高。

人们在大汶口文化的陶器上发现了陶刻文，虽然这些文字具有浓厚的象形意味和图画性，但也开始出现符号化倾向，可以视为一种较早的文字，可能表达了某种意义。文字的创制是文明在一定发展阶段的产物，是文明社会的重要标志之一。

---

① 韩建业：《最早中国：多元一体早期中国的形成》，《中原文物》2019年第5期。文章认为：最早中国形成于公元前4000年左右的庙底沟时代，涵盖中国大部分地区，具备有中心有主体的三层次的多元一体结构，是夏商周乃至秦汉以后文化中国的前身和政治中国的基础，其最基本的特质是以农为本，最核心的观念是祖先崇拜。

随着生产的发展，到大汶口文化晚期，私有制已经出现。家猪是大汶口氏族家族的一种重要财产，有一些大汶口墓葬里随葬有很多猪头和猪的下颌骨，这些应是墓主人生前的私有财产。此外，随葬的私有财产还有陶器、生产工具和各种装饰品等。

私有制的产生和发展必然导致贫富两极分化，在氏族内部出现富有者和贫穷者，大汶口文化晚期的墓葬清楚地反映了这种演变，随葬品差别极大，呈现出明显的等级差异。

不同区域之间的文化交流与互动在大汶口文化时期达到高潮。随着自身实力的增长，大汶口文化的影响力、传播力逐渐增强。在早期，大汶口文化还局限于京杭大运河一线的西侧。中期开始，大汶口人掀起了一个发展浪潮，占据了皖北和鲁西南地区，并迅速推进到豫东的商丘和周口地区，极大地拓展了大汶口文化的分布区域。在豫西陕东、晋中南、豫南和鄂西北等广大地区，也有它的文化因子。不同文化之间的交流和借鉴，共同促进了区域文化的融合，最终形成了中华文明。①

大汶口文化全面系统地展示了原始社会向奴隶社会、母系氏族社会向父系氏族社会、原始公有制向私有制、由无文字历史的史前文明向有文字历史的文明社会的转变。

大汶口文化的发现将黄河下游的史前文化向前推了2000多年，为龙山文化找到了渊源。故宫博物院原院长单霁翔指出，大汶口文化时期是重要的时间节点，继夏商周断代史研究证明中华文明3000年后，大汶口遗址的发现，为中华文明发展历程提供了实物证据，将中华文明起源向前推进了两三千年。②

大汶口文化是中华文明的主导文化之一，它的产生、发展和延续，为泰山封禅祭祀文化和曲阜孔孟儒学文化奠定了坚实的基础。先秦时期，东夷文化和中原文化互相交流、互相融合，在文化互动中逐渐产生了新的因素。春

① 栾丰实：《大汶口文化：黄河下游考古的重要收获》，《人民日报》2021年3月20日。
② 张向阳：《大汶口遗址，开启了文明的曙光》，《齐鲁晚报》2021年10月21日。

秋战国时代，以东夷文化为基础的孔孟文化等再次创造辉煌，汉代汉武帝"罢黜百家，独尊儒术"后，儒家文化成为中华传统文化的主体和正统。中国传统政治和伦理道德的理论基础是儒学，而儒学是黄河文化的一个重要内容。可以说，以黄河文化为基础的政治制度和伦理道德，是我们民族和国家融合统一的重要因素。

四、龙山文化

1928年4月，清华大学的吴金鼎到山东章丘的平陵城遗址考察，偶然发现了城子崖遗址，在随后的发掘中发现了一种新的史前文化类型，因地处龙山镇，遂命名为"龙山文化"。龙山文化是黄河中下游地区新石器时代晚期的文化遗存，铜器和石器并用，以灰黑陶为主要特征，年代为公元前2500年至公元前2000年，主要分布在黄河中下游的山东、河南、山西等地。早期铜器的出现、快轮制陶的发展、打井技术的使用、房屋建筑技术的发展和早期城市防御设施的完善等，使龙山时代成为中国史前社会变革的重大历史时期和探索中国文明起源的关键时段。

龙山文化时期，手工艺的突出成就是陶器的制作。这一时期的陶器不仅数量多而且很精美，甚至出现了薄如蛋壳的器物，俗称"蛋壳陶"。蛋壳陶

龙山文化博物馆

中，以山东龙山文化时期的薄壁黑陶最为典型，出土的蛋壳黑陶杯以口大为特征，由杯体、杯柄、底座等部分组成，器形端正圆润。该类陶杯器壁的平均厚度仅有0.3至0.5毫米，其口沿部分最薄，为0.2毫米，杯柄是器物的承重部分，稍厚，但也不过1至2毫米。蛋壳陶杯一般高15厘米左右，重50至70克，最轻者在40克以下，是山东史前时代最具特点的器物之一，代表了当时中国制陶技术的最高水平。

随着龙山时代社会生产力的大发展，黄河中下游地区的聚落数量和聚落面积都急剧扩大，人口规模增加，成为社会复杂化的基础力量。与此相对应的是，各地普遍出现了区域性的中心聚落。在一些中心聚落，如山西襄汾陶寺、陕西神木石峁、河南登封王城岗、山东日照两城镇等地还出现了由高耸的城墙和宽阔的城壕组成的防御设施，由此进一步发展出了早期的城市。这些城市的规模宏大，面积少则数十万平方米，多则几百万平方米，其中位于山西省襄汾县陶寺乡的陶寺遗址，是中原地区龙山文化遗址中规模最大的一处，总面积达280万平方米。在金石并用的时代，修筑规模如此庞大的城市，要动用大量人力和物力，没有一个强大统一的权力中心是不可想象的。

龙山时代可以看作中国早期城市化的第一个高峰，在中国文明起源与早期发展史上具有重要意义。龙山时代的城市，既是人口集中的地方，也是多元文化交汇融合的中心。这里往往居住着来自不同地区的外来人口，多元文化人口的集中也带来了新技术和新资源。人口集中使得城市管理变得非常重要，城市规划严整代表城市管理阶层的存在。随着龙山时代大范围的人口流动，跨区域贸易得到了长足的发展，这在客观上促进了商品经济的发展，使得龙山时代的新兴城市同时成为重要的经济中心。早期城市也演化成了重要的跨区域交流的文化中心。[①]

龙山文化与中国文明起源的研究紧密相联，从根本上推翻了"中国文化西来"说，具有里程碑式的意义。龙山文化是社会文明发展的衔接点，有了龙山文化的各种机制和制度积淀，才有后来国家的形成。在龙山文化时代，

---

① 张海：《"龙山时代"：探索中华文明起源的关键时段》，《学习时报》2021年1月1日。

社会生产力发展、专业手工业者分工、贫富等级差距逐步分化，从氏族社会走向奴隶制社会，这些是出现国家制度的必然因素。龙山文化为黄河流域大大小小、密布林立的城邦提供了一个较为统一的文化形态。之后的夏商周开始了人类文明的新时代。

第二节　夏商周黄河文化的早期发展

黄河流域是中华民族的重要发祥地之一，我们勤劳勇敢的祖先在这片广阔的土地上披荆斩棘，从事生产活动，繁衍生息。夏、商、周三朝先后建都于黄河流域，创造了璀璨夺目的三代文明。

一、夏商西周黄河文化的早期发展

新石器时代晚期发生了一个前所未有的新变化，即在黄河流域出现了中国历史上第一个奴隶制王朝——夏朝（约前2070—前1600）。夏王朝的中心区域，大致在今山西省的南部和河南省的西部，这里地跨黄河两岸，土地肥沃，气候温和，适宜发展农业生产。约公元前1600年，商汤灭夏建商。由于多种原因，商人屡次迁都，是我国历史上迁都次数最多的王朝之一。约在公元前1046年，武王灭商建周，周朝分为西周和东周两个时期。

（一）夏王朝与二里头文化

二里头遗址是1959年历史学家徐旭生在豫西调查时发现的古代文化遗存。遗址地处洛阳盆地东部，背依邙山、南望嵩岳，沿着古洛河北岸呈西北—东南分布，包括偃师区翟镇镇二里头、圪垱头、四角楼和北许四个村，东西最长约2400米，南北最宽约1900米，现存面积约3平方千米。遗址上最为丰富的遗存属于二里头文化，其年代约为公元前18—公元前16世纪。

经考古学与历史学的研究考证，这里可能是夏朝都城的遗址，是同时期规模最大的都城遗址。以二里头遗址为代表的二里头文化是中国乃至东亚地区最早的"核心文化"、最早的广域王权国家。二里头遗址被誉为"最早的中国"，是中华文明总进程的核心与引领者，具有诸多方面的重要价值，对研究华夏文明的渊源、国家的兴起、城市的起源、王都建设、王宫定制等重大问题具有重要的参考价值。

二里头遗址发掘了主干道路网络、宫殿区、宫城城墙、大型夯土建筑群、围垣作坊区、铸铜作坊、绿松石器制造作坊、贵族居住区、贵族墓葬区、青铜礼器、玉质礼器、绿松石礼器等高规格遗存，这些遗存构成了二里头都城的主体要素，其中又以主干道路网络最为重要，它分割出不同的功能区，形成了"九宫格"式的宏大格局，确定了都城规划的基础框架。祭祀区、宫殿区和官营作坊区恰好在"九宫格"的中路，宫殿区位居中心。祭祀区、贵族居住和墓葬区、制造贵族奢侈品的官营手工业作坊区都拱卫在宫殿区的周围。都城内部呈现出"向心式"布局，层次清晰、等级有序，完全符合"择天下之中而立国，择国之中而立宫，择宫之中而立庙"的都城规划特点，而且二里头处在"天下之中"的位置，充分体现出当时等级分明的社会结构和秩序井然的统治格局。这样的都城建设足以显示二里头统治者"辨方正位，体国经野"的政治抱负。二里头遗址是王国政治、经济、文化和精神统治的中心，体现出中国古代政治文明的特质。

二里头文化时期已经处于社会发展的复杂化阶段，这表现在建筑宫城的复杂技术、青铜器铸造方式和高水平的精美玉器上。二里头遗址出土的早期铜器是当时水平最高的，种类也极为丰富。1987年，二里头遗址出土了网格纹铜鼎。鼎是用来烹饪和盛放肉食的炊具，相当于现在的锅，因用于祭祀场合，也是一种礼仪用器。鼎作为我国青铜文化的代表，被称为"国之重器"。千百年来，鼎作为古代灿烂文明的载体之一，被赋予了极为重要的意义，已经浓缩成为一种抽象的文化符号，是所有青铜器中最能代表至高无上权力的器物。网格纹铜鼎被誉为"华夏第一鼎"。该鼎采用先进的复合范工艺铸造，端庄规整、纹饰朴素，外形虽略显稚拙，但独一无二，是二里头遗址中出土的唯一一件青铜鼎，也是我国有明确出土地点的最早的青铜鼎。

青铜器的冶铸和使用标志着人类迈入青铜时代，青铜器是人类第一次改变物体的物理形态创造出来的新事物。青铜器冶铸是一个专业性极强的活动，代表了当时最先进的生产技术。

青铜器的冶铸和使用也反映了生产关系的变化：复杂的生产工艺需要严密的生产组织，需要组织不同层次与职能的生产者、筹集原材料、设计工艺流程、安排生产，还要分配制成品。青铜器的出现及冶炼技术的发展对中原地区的文明发展进程产生了重要影响。贵族们通过垄断青铜器制造技术显示自己的地位，通过青铜资源的贡赋和赏赐形成等级关系，强化统治秩序，并通过把青铜器与祭祀活动紧密联系在一起，使其神圣化，这些从某种程度上促进了早期社会文明进程的发展。

"国之大事，在祀与戎"，祭祀与战争是当时政治生活的重要内容。将青铜器这种高技术含量的新事物应用到祭祀和战争中，一方面可提高统治的合法性，另一方面可以利用杀伤性更强的新式武器对外征伐，威慑敌人。国家机器对青铜礼器和兵器的需求，刺激了青铜技术的改进和提高，使二里头青铜文化快速发展起来，制造出同时期技术水平最高、品类繁多的青铜器。

综上所述，青铜器的发展，尤其是青铜礼器和大型青铜工具的制造和优化，加速了中原地区的阶级分化，使青铜器成为权力和地位的象征。青铜器用于祭祀和征伐，大大提升了王的权威，促进了国家的发展；同时，对铜料资源的追逐，扩大了国家的疆域。

二里头文化在中华文明进程中具有重要的历史地位。二里头文化二期以后，中原地区作为中国文明中心的地位开始确立，二里头文化向周围地区广泛辐射：北达燕山以北，南至长江流域，东及豫鲁交界，西到甘青高原一带。周围地区的文明化进程或多或少地改变了方向，从原来以自己独立发展为主的轨道，转到以中原地区为核心共同发展的轨道上来，"多元"走向了"一体"，中华文明的"一体化"初步形成，"最早的中国"由此启程。

（二）商王朝与殷墟文化

河南安阳有一处蜚声中外的历史遗迹——殷墟。这处遗迹横跨洹河南北，是商代晚期的都城所在地，它不仅是中国第一个有文献记载并为甲骨文和考古发掘所证实的都城遗址，也是中国考古发掘时间最长、次数最多、面积最大的古代都城遗址。

甲骨文是商周时代刻在龟甲兽骨上的文字，截至2022年11月，中国总共发现约15万片甲骨文，其中经科学考古发掘的有3.5万余片，单字数量已逾4000字。[①]在殷墟发现的甲骨文是迄今为止中国年代最早的成熟文字系统，它能够完整地记录当时的语言。这些文字所记载

甲骨窖穴内出土的带有文字的龟甲

的内容极为丰富，涉及商代社会的诸多方面，不仅包括政治、军事、文化、社会习俗，还涉及天文、历法、医药等。殷墟中发现的甲骨窖穴被称为"世界上最早的图书馆""中国最早的档案库"。甲骨文已经六书具备，主要的造字方法为象形、会意、形声，而且文法也和今天的文法相去不远。甲骨文作为世界四大文明古国的文字之一，是唯一发展演变至今的文字，在世界文明史上占有重要的地位。

文字是文明的重要标志，也是文明传承的重要载体。从甲骨文到金文、小篆、隶书、草书、楷书、行书，汉字历经3000多年演变而不改其形，人们因此得以突破时空的限制交流思想。这种文化的演绎与传承，承载着中华民族共同的记忆，是具有强大民族凝聚力的文化基因和中华儿女血脉相通的精神纽带。2019年，习近平总书记致信祝贺甲骨文发现和研究

---

① 赵晓霞：《甲骨文发现总计约15万片》，《人民日报（海外版）》2022年11月14日。

一百二十周年，他在贺信中指出："殷墟甲骨文的重大发现在中华文明乃至人类文明发展史上具有划时代的意义。甲骨文是迄今为止中国发现的年代最早的成熟文字系统，是汉字的源头和中华优秀传统文化的根脉，值得倍加珍视、更好传承发展。"①

殷墟还出土了大量青铜器，它们不仅品种多，造型也很美观，尤其值得称道的是1939年在王陵区出土的后母戊鼎，又称司母戊鼎、司母戊大方鼎。后母戊鼎因鼎腹内壁上铸有"后母戊"三字而得名，它是迄今世界上出土的最大也是最重的青铜器。殷墟的发现，展现了商代晚期辉煌灿烂的青铜文明。殷墟是中国古代第一个有文字可考的古代都城，是溯源中华文明的基石。如今，殷墟不仅是展示中华文明的重要窗口，也在人类文明进步和世界文明进程中闪耀着璀璨的光芒。

（三）西周王朝与中华文化传统的奠基

殷周之际不仅是中国古代社会的政治大变革阶段，更是中国文化的大转折时期。西周初年，周公制礼作乐，西周的礼乐文明达到三代文化的高峰，对中华文明的发展产生了深远影响。

古时的人们认为天是圆的，地是方的，地上的所有一切都是由天创造的。地上的万事万物需要有人来管理，所以产生了受命于天的"天子"。天子一个人管不了整个天下，所以他又把领土分给了自己的兄弟手足、有功之臣等，封土建国，形成了分封制。商代已开始分封诸侯，周灭商后，继续推行分封制，将封地连同其民赏给王室子弟和功臣。

西周的分封制有早期地方行政制度的性质，是中央政权控制地方的行政手段。每一个封出的诸侯国，既是就近控制的军事据点，又是代表宗周行使统治权力的派出机构。尽管受封的诸侯享有政治军事上的自主权，有很强的独立性，但他们必须严格服从宗周和臣属于天子。周代分封诸侯有一套完备的礼仪制度，王室与诸侯之间的君臣关系通过这些礼仪制度得到确认和强

---

① 习近平：《习近平书信选集》（第一卷），中央文献出版社2022年版，第254页。

化。分封典礼一般包括颁赐象征物品、颁布分封"命书"、确认诸侯氏称、限定祭祀范围等内容。王室向诸侯颁赐的物品，往往具有双重象征意义：既表示赐予诸侯统治权力，又有显示诸侯出自宗周、从属宗周之意。

西周分封制是和宗法制紧密结合在一起的。西周时期，继承人的确定遵循"嫡长子继承制"，即正妻所生的长子为法定的王位继承人。天子按嫡长子继承制世代相传，是天下的"大宗"，其他不能继承王位的庶子、次子也是王族，被分封为诸侯，他们是从属"大宗"的"小宗"。这些诸侯也按嫡长子继承原则世代相传，非嫡长子则由诸侯分封为卿、大夫。诸侯对于这些卿、大夫来说又是"大宗"。大夫以下又有士，士是贵族阶级的最底层，不再分封。宗法制的目的在于保持奴隶主贵族的政治特权、爵位和财产权不被分散或削弱，也利于维系统治秩序，强化对奴隶和平民的统治。

西周奴隶社会依照血缘的亲疏远近分成许多等级，维持这些等级的是礼制。在原始社会，人们的意志和感情服从于集体，其言行以自然形成的风俗、传统为准则。步入阶级社会后，那些原始礼仪被进一步法定化、神圣化，用于调整人与人之间的关系，周代的礼就是在原始礼仪的基础上演变而来的。

周初宗法制的显著特点是：将"命令—服从"的权力关系"包装"成家庭中的亲情关系，以亲情暖化权力，为其罩上一层温情脉脉的面纱。全国的土地是天子和诸侯的共同家产，各诸侯连同其下的贵族都是周朝这个大家庭的成员，天子是所有诸侯的家长。天子与诸侯、诸侯与中低层贵族都按照嫡庶、尊卑分出等级，形成一个"金字塔"形的权力结构，每个等级都有自己的权利和义务。

通过宗法制和分封制，周代成功建立了一套"家国同构"的社会组织结构，塑造了"家国一体"的价值理念，为后世的"家国情怀"奠定了基础。"家国情怀"是传统文化中的重要组成部分，体现了家国相连、由家及国、爱家爱国的理念，集中彰显了古人对国家和社会整体利益的重视。这种带有家庭责任感、社会责任感、家园归属感的取向至今仍在深深地影响着我们，凝聚成我们日用而不自知的爱国主义传统。"家国情怀"源于"家国一体"的政治思想，家是小国，国是大家，"家国情怀"中"为民父母"的人民情怀和"忠孝相通"的爱国情怀由此而生，对个人发展、家庭和睦和社会发展均有着重要的指导意义。

借助强大的政治和军事实力，西周大大扩张了华夏文明圈。通过分封，长江流域、河北、晋北地区均被纳入中央政权的统治范围。虽然周朝式微后，中央的权力不能常达边疆，但先前的种子却在后代萌芽、生长。西周为后来的政治统一和文化融合打下了坚实的基础。

周朝文化最大的特点就是以礼乐文明为核心，并达到了三代文化的顶峰。礼乐文明在华夏大地上绵延了3000多年，成为中华文明的一个重要特色。

周武王去世后，继位的周成王年幼，由周公旦辅佐。周公旦兢兢业业，完善了政治、经济、文化、礼仪、社会习俗等诸项制度。周礼是周朝维持社会秩序、强化国家统治的工具。周礼不但可以治国驭民，也是判断是非的标准，具有多层面、全方位的社会功能。周礼的内容包罗万象，有典章制度、礼节仪式、道德规范等，适应了当时人少事简、社会控制系统尚未细化的现实。

三代以来的礼乐文明产生于黄河流域农业生产发展的基础之上，反过来又便利了古人对农业经济和生活的管理。黄河流域的自然环境促进了礼乐文明的产生，塑造了中华民族特有的民族性格。

周初的分封在天子和诸侯之间建立了畅通的文化传输渠道，统治者的政治方针、道德准则及礼仪制度源源不断地传向四面八方，成为人们共同遵循的精神指南，促进了后来中国文化的一体化，有利于形成统一的礼教文明和华夏民族共同的精神价值。

二、春秋战国黄河文化的演进

从公元前770年周平王东迁洛邑，到公元前221年秦统一六国，被称为东周，分为两个时期，春秋和战国。纵观这一时期，从五霸更迭到七雄角逐，直至秦合六国，其间有诸多重大政治事变与重要历史节点，体现了黄河流域的思想开放与生产创新对社会发展所产生的强大推动力。黄河流域以其先进的思想文化、发达的经济模式和强大的传统习俗，对周边地区产生巨大的影响力和感召力，对后世形成了广泛而深远的影响。

（一）农耕文化的成熟

春秋战国时期农业最显著的成就是铁器和牛耕的出现。恩格斯曾把铁器时代称为"英雄时代"。铁器的生产和使用，大大提高了社会生产力，推动了社会文明的发展，中国由此进入了一个文明鼎盛的时期。东周以后，我国水利事业也有了进一步的发展。由于生产力的发展，黄河流域成为粮食生产中心，粮食产量进一步提高。这一时期的知识分子把生产经验和技术进行总结，形成理论，如《管子》《吕氏春秋》的许多篇都讲到了农业与治国为政的关系，指导了当时的农业生产，反映了当时黄河流域农业生产技术的发达和进步。

（二）手工技艺的精湛

东周时期，黄河流域的青铜器、漆器制造进一步发展，其工艺也愈加精湛。在春秋战国的墓葬和遗址中，陆续出土了许多青铜器。青铜器铸造已采取了焊接技术，如锡焊、铜焊、锡铅合金焊等。焊接技术的出现，标志着青铜技术的提高。漆器也被广泛应用于社会生活的各个方面。东周漆器的胎骨有木胎、夹纻胎、竹（篾）胎等，以木胎作品为多。其中，夹纻胎漆器重量轻、牢固结实，它的发明和应用标志着战国髹漆工艺的巨大进步。东周漆器大多绘有彩绘，战国时期的漆器多附有金箔，带有精美的铜扣装饰的漆器体现了战国时期漆器镶嵌和金银加工的高超水平。[①]

（三）科学技术的进步

农业生产与天文历法有着密切的关系。春秋战国时期，各诸侯国都非常

---

① 李学勤、徐吉军主编：《黄河文化史》，江西教育出版社1999年版，第589—594页。

重视天文历法的应用。战国时期，有的诸侯国根据自己的实际情况，颁布了适合自己的历法，这对于农业生产的发展具有重要意义。

医学方面，东周时期，西有秦国的医缓、医和，东有扁鹊。他们反对巫术迷信，采取科学的医疗方法，体现了春秋战国时期医学技术的发展。

（四）从学术下移到百家争鸣

春秋时期，随着生产力发展，社会发生了深刻的变革，分封制、宗法制不断被破坏，王公贵族的教育特权也随之动摇。文化教育活动从宗室京畿下移到各诸侯国，文化教育及学术由一个中心向一个平面扩展，"学在四夷"的局面形成。一时间，自由讲学蔚然成风。知识分子藏书习论、聚众讲学，思维开阔、形式多样，在对社会和历史问题的争辩中逐渐形成不同的学术门派。诸子蜂起，出现了儒家、墨家、道家、法家、阴阳家、兵家、农家、纵横家等多家学派。百花齐放、百家争鸣，极大地促进了学术文化的繁荣，使春秋战国时期成为我国古代学术思想史上浓墨重彩的一笔。

第三节　秦汉魏晋南北朝黄河文化的定型和多元融合

公元前221年，秦国结束了春秋战国以来动荡分裂的局面，实现了统一。秦汉魏晋南北朝时期是中国古代社会发展的重要时期，也是黄河文化最终定型并多元融合的时期。

一、秦汉时期黄河文化的定型和大发展

春秋战国以后，中国的专制制度逐渐形成，随着秦汉王朝的统一，黄河文化进入定型和大发展时期。秦汉时期，大一统政权的形成与发展使中国社

会长期处于稳定状态，农业经济发展实现飞跃，农田水利建设极具成效，文化丰富，民族融合，是黄河文化发展的重要时期。

（一）秦汉大一统政权的形成与发展

秦统一六国后，推行的中央行政管理体制是三公九卿制。皇帝之下设丞相、御史大夫、太尉，这就是所谓的"三公"。"三公"中的丞相辅佐皇帝处理政务，御史大夫负责监察百官，太尉掌管军事。三公之下设置以九卿为代表的办事机构，诸卿是朝廷的办事人员，参与朝廷大事讨论，政务最终由皇帝裁决，这种设置体现了皇帝至高无上的权威。

秦始皇将全国分为36郡，后又增加到40余郡。各郡设有郡守、郡尉、郡监。郡下设县，各县根据大小设有县令或县长。郡县制使朝廷对地方实施了有效管辖，根除了诸侯纷争的基础，适应了时代发展的需要。

在文化领域，秦始皇统一了文字，即"书同文"。秦始皇采纳丞相李斯的建议，废除六国文字，将大篆改良为小篆，在全国推行。同时，秦始皇依据法家思想，强化了对文化领域的管控，加强了中央集权。秦始皇在政治、经济、文化领域推行的各项制度，为后世的大一统王朝打下了基础，全方位促进了黄河文化的发展。

西汉初年，刘邦通过铲除异姓诸侯王，大封同姓诸侯王，稳定了政局。汉文帝、汉景帝在位期间发展经济，出现了"文景之治"。但随着时间的推移，同姓诸侯王开始觊觎皇权，最终酿成了"七国之乱"。平定七国之乱后，诸侯王的势力并未被完全消除，汉武帝采取了一系列措施加强中央集权，使政治体制进一步完备。东汉时期，光武帝刘秀总结西汉灭亡的历史教训，继续采取一系列措施，进一步完善了专制政体。

（二）秦汉时期的经济发展与文化繁荣

秦汉王朝对农业生产非常重视，农业发展取得了辉煌成就。秦汉时期，由于政权的统一和稳定，且国土面积广大，农业生产条件较好，新农具和耕作技术得到推广，粮食作物种植面积迅速扩大。此外，秦汉时期还大兴水利，为农业发展提供了水资源便利。

在思想文化层面，承战国百家争鸣余韵，一些思想潮流在秦汉仍有遗留。黄老之学、儒学、谶纬之学、佛教思想多元共存。汉武帝罢黜百家，独尊儒术，从此，儒家思想成为2000多年来中国传统文化的正统和主流思想。

(三) 汉代的民族融合

汉朝和匈奴政权之间交往密切，既有军事上的侵伐，又有贸易往来、和亲交往，在这一过程中，汉朝与匈奴在思想文化上相互影响、彼此融合。汉朝通过联姻既维持了与匈奴的睦邻友好关系，也与其建立了更加亲近的同盟。在与汉人的交往过程中，匈奴逐步受到黄河文化的影响，主动学习汉民族的长处。

汉宣帝本始二年（前72）五月的诏书中说"百蛮乡风，款塞来享"[1]，体现了边疆少数民族对中央王朝的向心力。在教育方面，少数民族也愿意以汉朝为效法的榜样，甚至将子弟送入东汉的太学学习。建武五年（29），东汉在洛阳建立太学，"匈奴亦遣子入学"[2]。

汉武帝曾派张骞出使西域，打通了一条以洛阳、长安为起点，到达安息、大秦的交通线，此即"丝绸之路"。后来，通过这一通道，西域的葡萄、西瓜、乐器、胡马等传入黄河流域；黄河流域的铁器、丝绸、医药、造纸、印刷术、农业技术也传入西域，大大丰富了两地人民的生活，推动了黄河文化和西北少数民族文化的交流，也扩大了黄河文化在世界上的影响力。

二、魏晋南北朝时期黄河文化的多元融合

魏晋南北朝时期是中国封建社会发展的重要时期，也是黄河文化多元融合的时期。魏晋南北朝时期，少数民族大量涌入黄河流域，各民族之间相互碰撞、交往频繁，迎来了民族融合的新高潮。

---

① ［汉］班固撰：《汉书·宣帝纪》，中华书局1962年版，第243页。
② ［南朝宋］范晔撰：《后汉书·儒林列传》，中华书局1965年版，第2546页。

（一）魏晋南北朝各民族文化的融合

魏晋南北朝时期，黄河流域发生多次战争，匈奴、乌桓、鲜卑、羯、氐、羌等少数民族趁机进入黄河中下游地区，在充满血与火的战争中，文化融合呈现新气象。

建安年间，南匈奴归附曹操，曹操改革了匈奴的管理体制，将匈奴人分散到现在的山西省各地，使之逐步汉化。匈奴各部落陆续内迁到黄河流域，前后达15万人之多，黄河文化对匈奴人产生了很大影响。

晋惠帝末年，中原陷入混乱。十六国时期，少数民族建立的政权更替频繁，战争成为各民族文化交融的一种方式。少数民族积极吸收汉文化，构建起独具特色的政权体系、文化体系乃至社会生活体系，展现了民族融合的独特风采。比如，前赵的建立者刘渊，是匈奴人，擅长经史，广泛涉猎儒家经典、兵学著作以及《史记》《汉书》等，与洛阳儒学学者联系密切，深受黄河文化的影响，刘渊建国后所设立的政治体系颇有中原政权的痕迹。北魏政权也十分认同儒家文化，拓跋珪建立政权后模仿中原王朝的政治框架，吸收汉人进入朝廷，重视教育、兴办学校，为鲜卑人学习儒家文化提供了便利条件。北魏孝文帝改革更是开启了民族融合的新局面。孝文帝即位后，为了进一步缓解鲜卑族与汉族之间的矛盾，巩固拓跋氏的政权，将都城迁到洛阳，并推行了全方位的改革，加快了鲜卑族的汉化进程。鲜卑的饮食、服饰等习俗也对汉族人社会生活的各个方面产生了影响，使黄河中下游地区的社会习俗发生变化。

中原动乱导致士民南渡，黄河文化随之向南传播，并与长江文化碰撞交融。永嘉五年（311），刘聪攻陷洛阳，俘虏晋怀帝，纵兵抢掠杀戮，这就是"永嘉之乱"，中原地区的世家大族纷纷向南迁移，形成了极具特色的移民潮。黄河流域南迁的人口达数十万，中原士民的南迁将黄河文化带到南方，黄河文化和长江文化在相互碰撞中迸发出绚丽的火花，为隋唐时期的南北统一和文化繁荣奠定了基础。

（二）魏晋南北朝文化的繁荣

魏晋南北朝的文化繁荣与多种文化的碰撞交流密不可分，除了传统的儒学之外，佛教也在魏晋南北朝蓬勃发展，魏晋玄学更成为时代风尚。

魏晋南北朝时期，书法得到了高度的重视，涌现出一批优秀的书法家，其中东晋的王羲之、王献之父子的书法造诣很高，作品颇受后人推崇。

魏晋南北朝时期文学繁荣，有从汉末延续下来的建安文学、西晋太康文学等文学高潮出现，产生了一批伟大的文学家。南北朝的乐府民歌是诗歌史上又一新发展。魏晋南北朝时期，因特殊的社会环境，出现了富有民族特色的文学创作，《敕勒歌》《木兰辞》等颇具豪情的诗歌展现了黄河文化与草原文化的交融。

魏晋南北朝时期文学创作的发展，催生了文学理论的繁荣，其中以曹丕的《典论》最有代表性。文学批评方面最值得称道的是刘勰的《文心雕龙》。刘勰是南梁文学理论家、文学批评家，祖籍东莞郡莒县（今山东莒县）。《文心雕龙》是一部规模宏大的文学批评著作，提出了"文变染乎世情，兴废系乎时序"的理念。

第四节　隋唐宋金时期黄河文化的
繁盛与发展演进

历经魏晋南北朝时期漫长的分裂后，隋朝重现统一，至唐前期出现贞观之治和开元盛世的局面，是中华文明史上最辉煌的历史时期之一。中唐以后，黄河流域在安史之乱中陷入混战，而后则是接续唐末藩镇割据形势的五代时期。黄河流域直到北宋立国才趋于安定，及至靖康之难，渐归金朝辖制。隋唐宋金时期是黄河文化发展的重要阶段。

一、隋唐时期黄河文化的繁盛

自东晋以来的分裂局面至隋结束，统一的中央集权国家的重建，有利于各民族的融合和经济文化的发展。唐朝是我国历史上一个非常强盛的朝代，以安史之乱为界，在此之前国力强盛，经济繁荣，文化发达，疆域辽阔，达到极盛；之后由盛转衰，黄河流域陷入藩镇混战，唐朝走向灭亡。

（一）各民族文化的融合

隋唐时期是文化交流融合的繁荣时期。随着中原地区与北方少数民族的交往日益频繁，黄河流域受到北方游牧文化的多方面影响。初唐时期，中原汉族服饰已明显出现胡化倾向。唐代浑融了不同的地域文化和民族文化，建构起兼收并蓄、有容乃大的新型文化范式。"唐人大有胡气"，或是对其文化特质较准确的概括。北方游牧民族的生活习惯、文化习俗，为传统的黄河文化注入了新鲜的血液。

（二）科举制度与人才政策

魏晋南北朝时期，九品中正制是门阀士族把持选举的工具。隋朝建立后，文帝废除了九品中正制。到隋炀帝初年，始设进士科，用考试的方法取士。进士科的创设，标志着科举制的开始。它是中国古代选举制度的重大变革，打破了以往门阀士族对选举的垄断，扩大了选拔人才的范围，为庶族子弟拓宽了入仕道路，有利于君主专制中央集权的巩固和加强。

唐代由科举入仕的名臣辈出，在政治上发挥了很大的作用。比如，武则天时庶族出身的狄仁杰，通过科举，不仅任相，且身系天下安危，被尊为"国老"。唐玄宗时，名相姚崇、宋璟、张嘉贞、张说、张九龄均为庶族且有科举功名。当时的地方刺史很多有科举功名，在朝为丞郎官者更多。可以说，开元年间是科举发展的一个高峰。不过，世族在唐代虽然衰落，但尚未消失，在选官取士方面仍有相当大的影响，他们入仕的主要途径有门荫制。科举出身者与门荫出身者之间的争斗，酿成唐后期长达40多年的牛李党争。

（三）思想文化的发展

隋唐时期，儒家经典得到了整理，道教文化在政府的扶植下有了发展，从印度传入的佛教，受到中国传统礼俗文化的巨大影响而实现中国化。隋唐时期的佛教发展达到兴盛的顶峰，佛学水平超过了印度，中国取代印度成为世界佛教的中心。这一时期的文化政策相对开明，文禁较少，因此科学技术、天文历算等发展迅速，文学艺术百花齐放、绚丽多彩，诗、词、散文、传奇小说、变文、音乐、舞蹈、书法、绘画、雕塑等，都有巨大成就，并影响着后世与世界各国。

（四）隋唐时期的中外文化交流

7世纪至8世纪，唐朝是世界上最繁荣富强、文化最发达的国家之一。唐与亚非地区的许多国家联系密切，"万国衣冠拜冕旒"，各国使者和民众来华，丰富了中国人的文化生活。同时，中华文化的传播也推动了世界文化的发展。唐都长安是当时世界上最大的都市之一，是亚洲文化交流的中心。

唐代初期，朝鲜半岛的高句丽、百济、新罗鼎足而立，但都遣送使节与唐朝往来。新罗统一朝鲜半岛后，继续发展与唐朝的友好关系。在唐朝的外国留学生中，新罗人最多。他们中有不少人考中进士后留在唐朝做官，这些留学生在吸收和传播唐文化方面发挥了重要作用。唐文化对新罗的影响是多方面的，新罗采用唐朝历法，仿效唐朝政治制度，以科举制选拔官吏，学习中华典籍，以汉字为音符标记朝鲜语，等等。

日本与中国有着悠久的交往史。日本向唐朝派遣的遣唐使、留学生和学问僧的数量很多，且都经过严格的挑选，特别是遣唐使，要对汉文有较深造诣、博通经史、文辞优赡、仪容温雅，并熟悉唐朝情形。这些人学成归国后，加深了唐文化对日本社会的影响。日本的大化改新就仿照了唐朝的政治制度。

唐朝与西方诸国的文化交流也比较多。丝绸、瓷器、纸张等从中国运销到波斯，并转输西方。《毛诗》《左传》《礼记》《文选》等书传入了吐蕃。王玄策出使印度后，中国的老子像和《道德经》传入印度。西方的许多宗教，如伊斯兰教、景教、摩尼教等都传入中国。印度的哲学、文学对中国影响很大。西方诸国的音乐、舞蹈等也都传入我国。波斯的医方、印度婆罗门的医药学以及外国的天文、数学、历法也都传到中国。在与外国文化进行交流的过程中，黄河文化获得了新的营养，进一步发扬光大。

二、宋金时期黄河文化的发展

宋金时期黄河文化持续发展，著名史学家陈寅恪先生曾评论道："华夏民族之文化，历数千载之演进，造极于赵宋之世。"[1]

（一）宋朝和辽夏金的文化碰撞与交流

北宋的建立结束了五代十国的分裂局面。但北宋周边分布着辽、西夏、大理、吐蕃、高昌、龟兹等政权。北宋末年，女真族建立的金发展迅速。宋朝与周边少数民族之间，既有残酷的战争，也有和平的交往，战争带来的破坏不言而喻，和平的交往则促进了汉族与其他民族的融合，为不同文化的交流创造了契机。

辽和西夏均注重学习汉族的政治制度。辽设立南枢密院，管理境内的汉族人，南枢密院的官吏多通过科举考试选拔。西夏也模仿宋制，建立了自己的中央官制体系，以中书主政，枢密院主兵，御史台掌监察，三司主掌国计，诸司负责具体行政事务；地方行政体制基本沿用唐宋的府、州、郡、县的建置；还模仿汉字创制了西夏文字。西夏仁宗李仁孝十分仰慕中原地区的儒家文化，他在位时，专门在首都兴庆建立太学，在各州县设立学校，推行科举取士制度。

---

① 陈寅恪：《金明馆丛稿二编》，译林出版社2020年版，第303页。

金朝的统治者也模仿宋朝的制度，建立了从中央到地方的统治机构。金熙宗推行汉官制度，在中央确立宰辅制度，设尚书省，下统六部，又设御史台，监察官员活动，加强皇权；在地方沿袭宋朝的路、府、州、县制度。

（二）宋朝的文化政策

宋朝文化政策具体表现为：优礼儒士，注重文治；科举取士，兴学设教；收编典籍，提倡读书。

宋初统治者围绕长治久安的政治需要，以"崇文抑武"为治国方针。崇尚文治，尊重知识，重用文臣，对宋代文化的发展起到了很好的作用。宋朝"以文驭武"，用文臣充知州、通判以至典军，形成文臣统兵的格局。发端于隋唐时期的科举制，到宋代臻于成熟，录取的学子数量增加，取士人数总计超过十万。这种广揽人才的策略被后世延续。大量人才通过科举做官，一方面改变了官员队伍的构成，另一方面也促使社会上重文崇儒的风气更加兴盛。在此背景下，兴办学堂成为风潮，从中央到地方，从官方到民间，兴学热情高涨，各地学校形成规模，成果十分显著。

宋朝自宋太祖开始就重视搜求遗书。宋太宗、宋真宗时期，官方组织编纂了多部大型类书，如《太平御览》《太平广记》《文苑英华》《册府元龟》等。

（三）黄河流域文艺科技的繁荣

黄河流域的文学艺术、科技在宋代取得了长足进步，呈现出一派瑰丽多彩的景象。宋代文学的主要成就是词。苏轼冲破了词专写男女恋情、离愁别绪的传统，他的词风清新豪放，开创了豪放派。辛弃疾是两宋词作最多的文人，他继承了苏轼的豪放风格，词作题材广泛，气势磅礴，充溢着爱国主义激情。李清照的词风独树一帜，善用白描手法，崇尚典雅情致，居于婉约派之首。在绘画方面，李成擅长寒林平远题材的绘画，他的画被誉为"古今第一"；范宽喜爱自然山水，画风雄健：二人的画"一文一武"，各有特色。

张择端《清明上河图》（局部）

张择端的《清明上河图》是风俗画的代表，所绘的开封景况是当时社会生活的真实写照，具有极大的史料价值。

天文学家苏颂、韩公廉等人，元祐年间在开封设计制造了世界上第一台"天文钟"——水运仪象台。英国科学史家李约瑟认为它"可能是欧洲中世纪天文钟的直接祖先"。沈括经略西北期间，赴陕西各地考察自然状况与风俗民情，其作《梦溪笔谈》总结了我国古代，特别是北宋自然科学的辉煌成就。李诫的《营造法式》是我国现存最古老的建筑学专著，标志着我国古代建筑技术已发展到较高水平。

第五节　元明清时期黄河文化的发展

元明清时期，中国稳定统一，是黄河流域文化大融合、大发展的关键时期。这一时期，黄河流域经济的恢复和发展，为文化的繁荣奠定了物质基础。

一、元明清时期黄河流域的经济状况

元明清时期，黄河流域的农耕经济发展达到高峰，高产粮食作物、经济作物普遍种植。私营手工业发展较快，丝织业、棉纺织业、制瓷业都有所发展。商品经济长足发展，在运河沿线出现了一批新兴城市，草原丝绸之路成为沟通亚欧的重要商业通道，郑和七下西洋更是谱写了世界航海史上的伟大篇章。

（一）农业经济的恢复和发展

元明清时期，政治上的大一统促进了黄河流域经济的恢复和发展。元代大力提倡垦殖，兴修水利，治理黄河，修浚宁夏境内的唐徕、汉延、秦家等古渠，又开辟中兴、西凉、甘、肃、瓜、沙等州的土地为水田，促进了黄河上游农业经济的恢复和发展。元明清时期黄河中下游地区农业产量大幅增长，清代中期，河南成为全国小麦主产区，出现了"麦收天下足"的盛况。这一时期，黄河流域的主要农作物有粟、麦、高粱等，同时还引进了很多外国农作物品种，如元代引进的胡萝卜，明代引进的番薯和玉米，清代引进的马铃薯等，不仅丰富了民众的日常食谱，还对中国人口的增长起到了促进作用。到万历后期，明代人口总数可能已达15000万以上。

（二）手工业经济的发展

元明清时期，黄河流域的手工业也有所发展。元代在弘州（今河北张家口阳原）聚集了三百户西域织金绮纹工，主要生产名贵的纳失失①，民间纺织业也有一定程度的发展。明代以后，随着棉花种植的普遍推广，黄河中下游地区的棉纺业逐渐发展，形成了以河北肃宁、山东定陶等地为代表的织布业中心。元明清时期，北方最大的民窑是磁州窑，素有"南有景德，北有彭

---

① 纳失失，亦称"纳赤思""纳石失"，蒙古语音译。元代蒙古族官服。

城"之说。磁州窑位于河北磁县，山西、河南、内蒙古等地也受其影响，形成磁州窑系，产品以白地黑花为主，制品釉色丰富，有白釉、黑釉、酱釉、绿釉等，尤以白釉最为出名。

（三）商品经济的繁荣

元明清时期水陆交通发达，促进了商业的繁荣，在运河两岸出现了一批新兴城镇。山东的德州、临清和济宁三座城市，在元代以后，随着运河在山东的贯通，地位日渐提高，成为名闻天下的重要城市。

元明清时期，草原丝绸之路有所发展。元朝建立后，以大都、上都为中心，设置了帖里干、木怜、纳怜三条主要驿路，构筑起北至西伯利亚、西经中亚抵达欧洲、东抵东北、南通中原的交通网络。当时，来自阿拉伯、波斯等地的商人，通过草原丝绸之路往来中国，商队络绎不绝。

值得一提的是，明代永乐、宣德年间，明成祖朱棣派三保太监郑和先后七次出使西洋。郑和共到访30多个国家和地区，最远曾到达非洲东岸、红海、麦加。郑和每次出使都带去大量的丝绸、茶叶、瓷器、铁器、农具等物资，换取当地的象牙、香料、宝石以及珍禽异兽，促进了中外贸易的发展和文化的交流。

二、元明清时期黄河流域的民族融合

元明清时期是中国历史上民族融合的重要时期。元朝建立后，大量蒙古人、色目人等进入黄河流域，与当地的汉族人长期杂居共存。生活在黄河流域的各族人民相互通婚，逐渐开始采用新的生产和生活方式。在长期的交流、交往、交融过程中，黄河流域各民族逐渐形成不可分离的共同体。

（一）元代的民族大融合

元朝既是中国历史上疆域最为辽阔的时期，也是民族大迁徙、大融合的时期。在元代，蒙古人、色目人、女真人、契丹人长期与汉族杂居，相互交流，逐渐形成"你中有我、我中有你"的水乳交融状态。在生产方式上，原来以游牧为主的少数民族逐渐开始农耕。在生活中，各民族相互通婚。从史料记载来看，元代时蒙古人的通婚对象不限于汉人，还有女真、契丹、回回、钦察、哈剌鲁等族人。同时，内迁的少数民族开始使用汉姓，受到蒙古族文化的影响，有些汉族也使用蒙古族名字。

（二）明代移民与黄河文化的传播

元末黄河中下游地区饱受灾荒和战乱打击，黄、淮河多次决口。后来，为改变社会疲敝的状况，恢复农业生产，明政府一方面通过免除赋税招抚流亡，组织流民复业耕种；另一方面开始大规模地迁移人口，将地狭人稠地区的人口迁到中原人烟稀少的地区。山西是这一时期主要的人口移出地，山西移民主要迁往河北、河南、山东、江苏、湖北、安徽、北京等地。

为了抵御蒙古的侵袭，充实边疆，明朝在西北地区建立了大量卫所，实行大规模军屯，促进了边疆地区的农业开发。汉族的大量迁入，不仅改变了西北地区的民族构成，而且带动了其与内地的经济、文化交往，移民及其亲属往来穿梭，使两地的文化交往日益频繁。

（三）清代各民族文化的交流与融合

清军入关后，八旗军队一半集中在北京，另外一半则分散在全国各地驻防，山东的德州、临清等地均驻有八旗兵。驻防八旗处于汉族社会的包围之中，促进了民族间的交往与融合。驻防八旗多建立了官方学校，教学内容以四书五经为主，八旗子弟可以通过科举考试进入仕途。在儒家文化的熏陶之下，大量的满族人说汉语、用汉字，酷爱书法丹青，并能够创作诗词，接受了儒家文化。

为了稳固边疆，清朝在地广人稀的黄河上游地区募民屯垦。清朝的移民屯垦不仅促进了当地农业经济的发展，改变了黄河上游地区民族分布格局，同时加强了各民族之间的交往，增进了中华民族的凝聚力。

三、元明清时期文化艺术的繁荣

元明清时期，黄河流域诞生了独特而丰富的文化艺术，延续和发展了辉煌璀璨的历史文化。在思想方面，元代理学北传，因得到蒙古统治者的支持，迅速在全国传播，并逐渐确立了官学地位。明代中后期，阳明心学的兴起对理学形成挑战，并逐渐成为主流思想。清代实学的兴起，既是思想界对专制主义日益加强的反应，也是对心学空谈的一次反正。在文艺方面，世俗文化的兴起使黄河流域的戏曲、小说、舞蹈、音乐、书法、绘画等都取得了不俗的成就。

（一）元明清时期黄河流域的学术思想

1. 元代理学的北传与发展

理学在元代得到了朝廷的大力支持，成为官学。朱熹的《四书章句集注》等被列为科举考试的教材，书院成为传播理学的重要阵地，大大促进了理学在全国各地的传播。明朝建立后，仍竭力提高程朱理学的官学地位。洪武三年（1370），朱元璋下令科举考试中的乡试、会试，一律采用程朱一派理学家注解的儒家经典作为出题的参考资料。永乐年间，由明成祖亲自主持，胡广、杨荣等人具体负责的《五经大全》《四书大全》《性理大全》颁行全国，是当时科举取士的官定典籍。

2. 明代阳明心学的崛起以及在黄河流域的传播

明朝中后期阳明心学兴起，逐渐取代朱子之学，成为思想界的主流。王阳明的心学思想主要源自陆九渊，他认为心即是理，"心外无物，心外无事，心外无理"，所以反对在心外"即物穷理"。王阳明反对朱熹"知先行后"的论点，主张"知行合一"。

3. 清代实学的兴起与成就

明朝末年，社会动荡加剧，封建社会的危机日益加深，阶级矛盾、民族矛盾十分突出。在明清社会变革之际，思想界形成了对理学的自我批判，反对君主专制、反对空谈心性、重视社会实践的经世致用之学盛行，其代表人物是王夫之、黄宗羲、顾炎武。顾炎武以其"经世致用"的学术追求、朴实归纳的考据方法、创新路径的探索精神宣告了晚明空疏学风的终结，开启了一代朴实学风。承清初学者遗风，清朝乾隆、嘉庆时期兴起讲究考据训诂的经学学派，称"乾嘉学派"，又叫"朴学"。朴学重证据轻义理，文风朴实简洁，采用汉代儒生训诂、考订的治学方法。

（二）元明清时期黄河流域的文艺发展概况

元明清时期，是世俗文化勃兴的时期，元杂剧、明清世俗小说都是这一时期的优秀成果。同时，这一时期黄河流域的音乐、舞蹈、绘画、书法等也取得了斐然的成就。

元杂剧是在金代院本的基础上发展起来的、用北曲演唱的一种戏曲形式，又称"北杂剧""北曲"。大都元杂剧的代表人物是关汉卿，他的代表作有《窦娥冤》《单刀会》《蝴蝶梦》《救风尘》《望江亭》《拜月亭》《哭存孝》等。

明清时期，世俗小说盛行，兰陵笑笑生的《金瓶梅》和西周生的《醒世姻缘传》颇具代表性。清代志怪小说的代表作是蒲松龄的《聊斋志异》，该书通过谈狐说鬼来揭露现实社会中的黑暗和官吏的罪恶，批判腐败的科举制度，歌颂青年男女的纯真爱情。

在绘画方面，元代黄河流域比较著名的画家是高克恭。高克恭的祖先是西域人，籍贯大同，居住于燕京。高克恭创作出别具一格的山水画，尤其擅长画墨竹。高克恭与赵孟頫南北相对，成为一代画坛领袖。明代画家王履曾创作《华山图》40幅，描绘了西岳华山的壮丽景色。保留下来的明代寺观壁画，以山西新绛县稷益庙壁画较为著名。

结　语

纵观历史，黄河文化源远流长。黄河像一条纽带，在漫长的历史岁月中串联起华夏大地上的不同民族和文化。

在宋代以前，黄河流域一直是中国的政治、经济和文化中心，黄河流域以其兴盛的农业经济为基础，凭借自身的深厚内涵和传统习俗的强大力量，对周边产生巨大的感召力和同化力。在宋代以后，尽管经济重心南移，但黄河流域也一直居于王朝统治的核心地位。在长江流域占据强大经济优势和北方游牧文化在政治的作用下持续输入的双重背景下，黄河文化以开放和包容的姿态，通过文化交流不断吸收和融合其他地域文化，引领着华夏文明的发展，积累和传承了丰富的中华民族集体记忆。

思考题

1. 汉字是怎样发展演化的？汉字在中华文明形成发展过程中发挥了什么作用？

2. 什么是分封制，什么是宗法制？新时代，继承和发扬"家国情怀"有什么价值？作为新时代大学生，应如何继承和发扬"家国情怀"？

3. 隋唐时期灿烂辉煌的黄河文化表现在哪些方面？

| 第二章 |

百花齐放：黄河流域的思想争鸣

本章导读

　　黄河文化是中华民族取之不竭的精神宝库，要挖掘其时代价值、讲好"黄河故事"，就要了解那些在黄河流域形成的、影响深远的思想学派。本章主要介绍黄河文化的思想脉络以及其对中华文明建构、发展的重要意义。

　　儒家文化对中华文明的影响无疑是不可忽视的。在帝制社会中，儒家文化在相当长的时间里处于主流地位，深刻地塑造了中华民族的文明性格。除此之外，墨家、道家、名家、法家等学派的思想，也是我们理解中华文明的一条线索，它们和儒家思想一样，都是黄河文化的重要组成部分。

第一节 儒家思想

黄河以其博大的胸怀，涵养了包括儒学在内的诸多思想流派。黄河流域独特的地理环境、生产方式以及由此孕育出的社会结构和价值观念，为儒家思想提供了丰富的思想资源和实践土壤。

先秦时期的孔孟儒学，作为一种植根于深厚土壤的原始且古朴的学术思想，其诞生与发展与黄河文化的滋养密不可分。它如初升的太阳，虽是光芒初露，却已蕴含着照亮千古的智慧之光。历经千年的流转与演变，儒学在宋代迎来了发展的高峰，关学与洛学作为儒学成熟形态的代表，标志着儒学已脱离了先秦时期的朴素形态，逐渐形成了理论深邃、影响广泛的哲学化、理学化思想体系。这一转变，不仅是儒学自身发展的必然结果，也是黄河文化持续辐射与影响的生动体现。黄河文化的坚韧不拔、兼收并蓄，为儒学的不断进化提供了丰富的养分和广阔的空间。

儒家文化的不断发展与自我更新，不仅是对黄河文化精髓的传承与弘扬，更为黄河文化乃至整个中华文明注入了新的生机与活力。儒家所倡导的仁、义、礼、智、信等价值观念，与黄河文化中的勤劳、坚韧、团结、包容等精神特质相辅相成，共同塑造了中华民族的精神面貌和文化性格。

千百年来，儒家文化活跃在中华文明的主流之中。在这一过程中，儒家思想不仅从黄河文化中汲取了丰富的营养，更在与黄河文化的不断互动中，促进了黄河文化的繁荣与发展。儒家文化的传播与发扬，使黄河文化中的优秀传统得以更好地传承与发扬，也彰显了黄河文化开放包容、兼收并蓄的特征。

具体而言，儒家思想中的"天人合一"观念，与黄河文化中人与自然和谐共生的理念不谋而合，体现了黄河文化对尊重与保护生态环境的重视；儒家所强调的"家国情怀"，则与黄河文化中的集体主义精神和家国一体的价值观念相呼应，展现了黄河文化中深厚的爱国情怀和民族凝聚力。此外，儒家文化中的礼制规范、道德教育等内容，深受黄河文化重视社会秩序、崇尚礼仪传统的影响，又进一步丰富了黄河文化的内涵。

一、创始阶段：先秦儒学

儒学，这一深邃而博大的思想学说，其滥觞可追溯至先秦时期，它如同一股不竭的文化洪流，穿越时空的界限，深刻地塑造并影响了中国人长达2000多年的文化性格与精神风貌。它不仅是中华文明的瑰宝，更是黄河文化这一宏伟篇章中的重要组成与支柱，其历史地位与文化价值不可估量。

黄河，这条被誉为中华民族母亲河的壮阔河流，不仅滋润了广袤的土地，孕育了丰富的物质文明，更促进了儒家思想的萌芽与发展。先秦儒学，在被黄河之水深情抚摸的土地上，汲取了自然与人文的双重养分，逐渐形成了独特的理论体系与价值观念。孔子、孟子、荀子，这三位儒学史上的巨擘，他们的思想不仅是对当时社会现实的深刻反思，也是对黄河文化精髓的提炼与升华。

1. 孔子的儒学思想

孔子（前551—前479），儒家学派的伟大奠基者，他见证了春秋时期的风云变幻。据传，孔子出生时便显现出不凡之兆，生而七漏，头顶凹陷，形貌独特，加之其母曾虔诚祷告于尼丘山，因而得名"丘"。他出生于鲁国陬邑（今山东曲阜），其祖籍可追溯至宋国栗邑（今河南夏邑），两地均位于黄河流域。孔子的儒家学说，正是在广袤而深厚的黄河文化土壤中孕育而生的。仁爱、礼制、中庸之道等孔子的核心思想无不渗透着黄河文化对和谐、秩序与自然的崇敬。

孔子的思想深受黄河文化的影响。他的一生，几乎全在黄河流域度过，从鲁国出发，孔子游历了卫国、曹国、宋国、齐国等，其足迹遍布这一区域的众多诸侯国。可以说，黄河见证了孔子思想的萌芽与传播。

孔子周游列国，不仅是对儒家政治主张的实践，更是对黄河文化精神的传承与弘扬。他带着对"为政以德"理念的执着，以及对"君子之道"的深刻理解，每到一处便宣传其政治理念，渴望实现社会的和谐与道德的教化。虽然屡受挫折，但他并未放弃，反而更加坚定。

孔子不仅关注政治，还关心教育，创办私学。他提出"有教无类"的教育理念，主张无论贫富贵贱，人人都有受教育的权利。同时，他主张因材施教，根据不同学生的特点进行

孔子像

个性化教学。他弟子众多，使儒家思想得以在黄河流域乃至整个华夏大地广泛传播。

孔子的思想，如同黄河之水，滋养了一代又一代的华夏儿女。他强调道德教化，倡导人与自然和谐共生，这些理念都与黄河文化中重视道德、尊重自然的精神相契合。可以说，孔子的思想是在黄河文化的熏陶下逐渐形成的，而他又通过自己的努力，将黄河文化的精髓发扬光大。

因此，孔子的一生，不仅是对儒家思想的探索与实践，更是对黄河文化精神的深刻诠释与传承。他的足迹遍布黄河流域，其思想的形成与发展与黄河文化紧密相连，共同塑造了中华民族独特的精神风貌和文化底蕴。

孔子的主要思想主张可以用"仁"和"礼"来概括。

"仁者爱人"，其核心在于"仁"，这一核心理念构成了孔子全部学问的基石与终极追求，是一种深沉而广泛的人类情感。孔子认为，"为仁由己"，即实行仁爱并不依赖外在的强制或条件，而是每个人内心深处的自然生发、自主实践。这一观点打破了道德高地是贵族专属的神话，为普通民众通向圣贤与君子之境铺设了道路，强调人性内在的完善与自我超越的

可能性。

孔子思想形成的背景，是一个礼崩乐坏、社会动荡不安的年代。在这样的历史洪流中，孔子在鲁国深受周公正统礼制的熏陶，但他并未止步于礼的外在形式与规范，而是创造性地"引仁入礼"，为原本冰冷、僵硬的礼制增添了温暖的人性光辉。孔子深刻认识到，礼不应仅是外在的行为规范，而应深深扎根于人的内在情感之中，这便是"仁"。仁，作为礼的原始情感基础，使礼制不再是一种强加于人的束缚，而成为个体内心情感的自然流露与社会和谐的基石。

孔子的仁爱，提倡从家庭伦理出发，"孝弟也者，其为仁之本与"（《论语·学而》），教导人们首先要处理好家庭内部的关系，通过子女对父母的孝顺，兄弟姐妹间的和睦相处，培养起最基本的人伦情感。这种情感的培育，不仅是对家庭和谐的维护，更将仁爱之种播撒于社会，使之生根发芽，形成人与人之间相爱的情感秩序。孔子进一步提出，"己所不欲，勿施于人"（《论语·卫灵公》），也就是要推己及人，意味着个体在家庭中涵养出的仁爱之心，应被推广到更广阔的社会领域，成为处理人际关系、构建和谐社会秩序的基础。

综上所述，孔子的仁爱思想，不仅是对个体品德修养的要求，更是对黄河文化深厚底蕴的继承与发展。它强调内在情感的觉醒与外在行为的统一，以家庭伦理为起点，逐步扩展到社会层面，构建了一个以仁爱为核心的价值体系，为后世留下了宝贵的精神财富。

在孔子的思想体系中，"礼"这一概念蕴含着深远而丰富的内涵，它不仅与仁爱思想紧密相连，还深刻体现了黄河文化对于社会秩序与道德伦理的独特理解。具体而言，"礼"在孔子那里，包括两个层面的解读，这两个层面既相互独立，又相辅相成，共同构成了孔子礼学思想的精髓。

从狭义的角度来看，"礼"直接指向"周礼"，这是孔子思想中对古代社会规范的一种具体指称，特指西周时期形成的一套完备的社会礼仪制度。孔子认为，恢复并实践这一古老而崇高的礼制，可以维护社会的和谐与秩序。这一层面的"礼"，作为历史的产物，承载着先人的智慧与经验，具有不可轻易更改的稳定性与权威性。

然而，孔子对于"礼"的理解并未止步于此。从更广泛的意义上讲，"礼"还泛指一切能够体现并落实"仁"这一核心价值的社会规范与行为准则。在《论语·卫灵公》中，孔子说"君子义以为质，礼以行之"，这里的"礼"便超越了具体的形式，成为一种普遍适用的道德实践。

孔子还提出"礼有损益"，他认为，随着时代的变迁，礼的形式与内容应当相应地有所增减，以适应新的社会环境与价值观念。这种损益并不是随意的，而是基于对社会发展趋势的深刻理解与把握。同时，孔子也强调，尽管礼的形式可以随着时代的变化而变化，但其背后的精神实质——仁爱之心却是永恒不变的。

孔子是中华文化的一个重要象征，后世誉之为"圣人"，一些知识分子尊之为"先师"。其思想诞生于黄河流域，却影响了全世界。孟子继承了孔子的思想，为早期儒学在先秦的传播发展也做出了杰出的贡献。

2. 孟子儒学

孟子（前372—前289），战国时期思想家。孟子的生平轨迹与孔子有着惊人的相似之处。他们都曾怀揣着政治理想，周游列国，试图将自己的政治主张与道德理念播撒于诸侯之间，然而遗憾的是，时局不允，命运多舛，他们的政治才华与抱负并未得到充分的施展与认可。最终，两位哲人均选择在晚年回归故土，传道授业，培育后学，为后世留下了宝贵的精神财富。

孔子与孟子，是黄河文化的杰出代表，他们的思想与黄河紧密相连，是对黄河流域历史文化的继承与发展，构成中华民族精神文化的重要组成部分。他们思想的光芒，如黄河般奔腾不息，穿越时空，照亮后世，影响深远。然而，孔、孟所处之时代环境大不相同。孔子生当春秋时期，诸侯表面上还打着"尊王攘夷"的旗号；而孟子所处的战国时期，诸侯已经无视周天子的存在。从儒家的生存环境来看，战国之后，百家蜂起，儒学面临众多论敌的挑战。为了保卫儒学，孟子以驳斥异端为己任，曾自言："乃所愿，则学孔子也。"（《孟子·公孙丑上》）又说："予未得为孔子徒也，予私淑诸人也。"（《孟子·离娄下》）可见，孟子对于继承孔子的思想，有着非常明确的自觉。

孟子的主要思想观点有"性善论""仁政"等。

孟子主张的"性善论",是对人性本质的一种深刻洞察,它认为人性本善,这一善性是人区别于其他生物的根本所在。孟子通过两种思路来阐释和支撑这一观点。

首先,他通过对比人与物、人与禽兽的差异,揭示了人性中独特的"善性"。孟子指出,若仅从生成的角度审视,人与万物皆由天生,似乎难以区分。然而,从内在本质来看,人与禽兽有一种微妙而关键的差别,这种差别虽然细微,却足以将人与禽兽、君子与小人区分开来。善是人性中最为宝贵之处。

其次,孟子通过生动的实例来论证"性善论"。他提出:"今人乍见孺子将入于井,皆有怵惕恻隐之心。非所以内交于孺子之父母也,非所以要誉于乡党朋友也,非恶其声而然也。"(《孟子·公孙丑上》)人们目睹孩童落入井中,会不由自主地产生怜悯和救助之心,这种反应并非出于功利的考虑,而是人性中善良本能的自然流露。这个例子生动地展示了人性中的善是如何在不经意间被展现出来的。人之所以做出不善的行为,不能归罪于人性本身,而是后天环境影响的结果。"人性本善",那么人在此基础上实现互爱,也就成为可能。

进而,孟子指出,如果能够顺着人性本来的面貌做事,人就可以成为一个善人,"知皆扩而充之矣,若火之始然,泉之始达。苟能充之,足以保四海;苟不充之,不足以事父母"(《孟子·公孙丑上》)。这种善性的扩展和充实,如同火之初燃、泉之初涌,具有无穷的力量。一旦善性得以充分展现,不仅能够维护个人的品德,更能推动社会的和谐与进步;反之,若忽视或压抑善性,人便可能陷入不善的境地。

因此,"性善论"不仅揭示了人性的本质,更为人们提供了实现互爱、构建和谐社会的理论基础。这一思想在儒家学说中占有重要地位,是对孔子思想的有益拓展和补充。

"仁政"则是对孔子"仁"观念的又一拓宽。"仁"在孔子那里,更多的是道德问题,而孟子则提出"仁政"是理想政治。而这种"仁政"理想,又建立在性善论基础之上。孟子说："人皆有不忍人之心。先王有不忍人之心，斯有不忍人之政矣。以不忍人之心，行不忍人之政，治天下可运之掌上。"（《孟子·公孙丑上》）古代圣王之所以取得善治，是圣王将同情心扩展到政治上的结果。孟子还一再向统治者陈述理想社会的具体图景："五亩之宅，树之以桑，五十者可以衣帛矣。鸡豚狗彘之畜，无失其时，七十者可以食肉矣。百亩之田，勿夺其时，数口之家可以无饥矣。谨庠序之教，申之以孝悌之义，颁白者不负戴于道路矣。七十者衣帛食肉，黎民不饥不寒，然而不王者，未之有也。"（《孟子·梁惠王上》）孟子描述的虽然是一种理想，但绝不是毫无边际的空想。孟子从经济、政治、教育、社会等方面提出了实现其理想的具体举措，直至今天，依然值得我们借鉴和学习。

同时，孟子还对"义"的观念进行了创造性阐释。"义，人之正路也"《孟子·离娄上》），所谓"路"并不是某条具体的"路"、具体的"道"，而是实现仁爱之道，即实现仁爱的原则。人与人之间的相爱是孔子追求的理想境界，但它的实现需要现实路径，"义"就是指导现实路径的理论原则。一切符合"义"要求的行为才可以做，不符合"义"的行为就不应该去做，这是君子的行为规范，正如孔子所说，"君子喻于义，小人喻于利"（《论语·里仁》）。

3. 荀子儒学

荀子（前313—前238），是战国末期赵国的一位杰出思想家，是先秦儒家学派继孔孟之后的第三位代表人物。荀子的思想，不仅深刻影响了当时的学术与政治格局，更与黄河文化紧密相连，展现了黄河文化独特的魅力与深远的影响。

荀子曾不辞辛劳，从赵国远赴齐国，来到享有盛名的稷下学宫。这一举动，开启了他光辉的学术生涯，标志着他更深入地融入并受惠于黄河文化。稷下学宫，是当时黄河流域的文化与学术中心，汇聚了各方英才，是黄河文化繁荣与包容的象征。荀子三度为稷下学宫祭酒，其学术地位与声望在此达到了前所未有的高度，成为先秦儒者在战国后期声名最为卓著的人物之一。

荀子的思想精髓，尤其是他在哲学与政治两大领域内的深刻见解——"性恶论"与"隆礼重法"理念，不仅是对儒家传统智慧的承续与创新，更是黄河文化深厚底蕴与独特精神在其思想体系中的鲜明投射。荀子秉持"人性本恶"的哲学立场，这一观点区别于孟子人性本善的认知。他主张，尽管人的天性中蕴含着恶的趋向，但通过后天持续的教育引导与个人修养的锤炼，人们完全有能力战胜内心的邪恶，逐步迈向至善的彼岸。这一思想，不仅是对复杂人性的深刻洞察，也是对黄河文化中人定胜天、勇于自我革新与超越精神的生动诠释，体现了人类在自然与社会环境中不懈奋斗、积极塑造自我的坚韧意志。

在政治层面，荀子的"隆礼重法"思想，更是黄河文化深厚积淀的直接反映。黄河沿岸悠久的历史孕育了丰富的礼制传统与法治精神，这些元素在荀子的思想体系中得到了巧妙的融合与升华。荀子认为，礼不仅是维系社会和谐与秩序的基石，更是引导个体行为、塑造社会风尚的重要力量；而法作为保障礼制有效实施的强制手段，其重要性同样不容忽视。他强调，礼与法相辅相成、缺一不可，唯有在礼法并重、刚柔并济的社会治理模式下，才能实现国家的长治久安与社会的持续繁荣。

荀子这一思想体系，不仅为战国末年动荡不安的社会提供了宝贵的政治哲学资源，更为后世黄河文化乃至整个中华文明法治精神的建设与发展奠定了坚实的理论基础。它启示我们，无论时代如何变迁，对于人性本质的深刻认识、对于礼法并重治理理念的坚守，都是推动社会进步、维护社会稳定不可或缺的精神财富。

可以看到，荀子和孟子的思想存在着显著的差异。孟子相信人性善，而荀子则认为人性恶；孟子强调国君要行仁政，荀子则更看重礼法对老百姓的教化和治理作用。

但二者都坚持仁爱为本的人本立场。他们的思想都是为了给人们带来更好的生活，所以在这个意义上，孟、荀代表了先秦儒家两条不同的进路。二者的思想都对后世黄河文化的发展产生了重要影响，比如荀子直接影响了法家的思想，进而促进了秦国的崛起，造就了秦汉帝国，对巩固黄河流域的中心地位、推动中华民族共同体的形成和发展发挥了至关重要的作用。而孟子的思想，尤其是仁政思想，对统治的长久、持续产生了重大的影响。

总而言之，孔子、孟子与荀子这三位先秦时期的儒家巨擘，在黄河之滨这片肥沃的文化土壤上，共同丰富了具有深远意义的儒家学说。

孔孟荀的思想，其内核中的仁、义、礼等观念，无不深深打上了黄河文化的印记。黄河的奔腾不息、滋养万物，孕育了儒家思想对生命、社会的深切关怀；黄河的波澜壮阔、气势磅礴，则激发了儒家对道德、理想的崇高追求。可以说，儒家思想中的很多重要理念，都能够在黄河文化中找到其源头和归宿。

同时，儒家思想的发展，也对黄河文化产生了深远的影响。儒家的仁爱思想，强化了黄河文化中的人文关怀，使得黄河文化在传承中更加注重人的价值、人的尊严；儒家的礼制观念，则为黄河文化提供了更为严谨的社会秩序和道德规范，使得黄河文化在发展中更加和谐、有序。可以说，儒家思想不仅是黄河文化的重要组成部分，更是黄河文化不断发展的重要推动力量。

二、理学阶段：关学、洛学

儒学自先秦创立以来，便深植于中华大地的沃土之中，在黄河之畔生根发芽。历经汉唐两代，儒学在董仲舒、韩愈、刘禹锡、柳宗元等一众杰出学人的精心培育与改造下，逐渐枝繁叶茂，展现出更为丰富的思想内涵与更为广泛的社会影响。至北宋时期，儒学以一种全新的哲学化姿态呈现在世人面前，被称为"理学"。以张载为代表的关学，与以二程（程颢、程颐）为代表的洛学，是儒学在这一时期的两大典型学派。

这两大学派不仅深刻体现了儒学对黄河文化的深刻理解和高度融合，更是黄河文化对儒学发展的辐射与影响的生动例证。黄河文化中坚韧不拔、自强不息的精神，在关学强调的"天人合一"思想中得到充分体现；而黄河文化兼收并蓄、和谐共生的理念，则在洛学注重"理"与"气"的统一、强调内心修养与外在行为的和谐中得到了深刻诠释。

这两大学派的发展，不仅推动了儒学的哲学化进程，更为黄河文化注入了新的活力，赋予了新的内涵。它们所倡导的伦理道德观念、社会责任意识以及和谐共生理念，不仅丰富了黄河文化的人文内涵，也为黄河文化的传承与发展提供了强大的思想支撑。在关学与洛学的影响下，黄河文化更加注重人的全面发展与社会的和谐进步，展现出一种更加开放、包容、进步的文化特征。

1. 以张载为代表的关学

张载（1020—1077），字子厚，祖籍大梁（今河南开封），生于长安（今陕西西安），后侨寓于凤翔眉县横渠镇（今陕西省眉县横渠镇），并在该地安家、讲学，世称"横渠先生"。今陕西眉县张载故地建有"横渠书院"。

张载少年时，西夏经常侵扰宋朝西北边境。宋廷向西夏"赐"绢、银、茶叶等大量物资，以换取边境和平。张载不满于朝廷的软弱，写成《边议九条》，向时任陕西经略安抚副使、主持西北防务的范仲淹上书，陈述自己的见解和意见，并组织民团，欲夺回被西夏侵占的洮西失地，为国家建功立业，洗刷耻辱。

范仲淹非常赞赏他，并劝他说："儒者自有名教可乐，何事于兵？"（《宋史·张载传》）范仲淹认为，他作为儒生一定可成大器，无须去研究军事，勉励他读儒家经典，在儒学上下功夫。

张载听从了范仲淹的劝告，回家刻苦攻读儒家典籍，但仍感到不满意，于是他遍读佛学、道家之书，经过数载的潜心攻读，终于洞悉了儒、佛、道三者间既互补又相互联系的深刻哲理，这一洞见成为他构建自己独特学说体系和学术派系的基石。后世学者将其学派称为"关学"。关中地区，是黄河文化的核心区域之一，其自然环境、历史积淀和社会风貌均深受黄河文化的影响。张载的关学，正是在这样的文化土壤中生根发芽、茁壮成长的。它不仅吸收了黄河文化中的精髓，如强调人与自然和谐共生的思想，还将儒家的伦理道德、佛家的心性修养和道家的自然哲学融合起来，形成了独具特色的思想体系。

张载的思想主要围绕"气学"展开。宇宙和世界的本原是物质还是精神，历来是哲学最基本的问题，也是每个哲学家必须回答的问题。中国古代哲学家对这个问题的回答，大致可分为三类：一是认为"理"为宇宙本原，这是程朱的观点，类似于客观唯心主义的立场；二是认为"心"是宇宙的本源，这是陆九渊、王阳明的观点，类似于主观唯心主义的立场；三是认为"气"是人和万物产生的本体和最初始基，这是张载、王夫之的观点，类似于朴素唯物主义立场。那什么是"气"呢？张载认为，"气"就是构成世界的某种"质料"，其中包含了阴阳对立依存、相反相成、升降互变的关系，在这种关系的交互运动中产生了人和万物。

从气学出发，张载又提出了"见闻之知"与"德性之知"的认识论观点和"民胞物与"的世界理想。张载的"见闻之知"与"德性之知"类似于感性认识与理性认识。"见闻之知"就是人用感官对世界形成的初步认识，但张载认为，人的感官局限性太大，这种认识并不能得到终极性的真理。人要通过对感官收集来的感性材料进行分析，最终获得"德性之知"，即理性认识，这才是相对可靠的知识。同时张载还认为，既然你我都是一气化生，那天下人都应当是兄弟姐妹，再推远一些，人与物都是同根同源，我们应当像爱自己一样，博爱天下。这构成了张载的理想世界图景，体现了古代哲人博大的胸襟和崇高的格局。由此，张载提出了著名的"横渠四句"："为天地立心，为生民立命，为往圣继绝学，为万世开太平。"这四句被无数后人当作座右铭和精神向导，也展示了儒家价值观作用于天地万民而呈现出来的仁义无双的精神气象。

关学在张载奠定其坚实基石之后，由其后学吕大钧、吕大临等人继承与发展，在金元明清时期，杨奂、吕柟、冯从吾、李二曲等杰出学人为将其发扬光大作出了不懈努力。关学为黄河文化注入了源源不断的新鲜血液，在中华文明的广阔天地中，构筑起了一个独具特色且影响深远的学术分支。

2. 以"二程"为代表的洛学

洛学和关学的发端基本是同时期的，创始者是"二程"，即程颢和程颐。程颢（1032—1085），字伯淳，学者称"明道先生"。程颐（1033—1107），字正叔，学者称"伊川先生"。两人是兄弟关系，都是北宋思想家、理学奠基者。

程颢（左）和程颐（右）

程颢与程颐两兄弟是河南洛阳人，正因如此，他们所创立并发展的学派被后世尊称为"洛学"。洛阳，这座坐落于黄河流域的古城，是中华文明史上的一颗文化瑰宝。二程的学术思想，正是在黄河之畔诞生的。他们的哲学体系，无论是程颢强调的"天理"观念，还是程颐深入阐发的"格物致知"理论，都深深镌刻着黄河文化的印记。黄河文化的厚重底蕴，如农耕文明的勤劳智慧、儒家伦理的深厚积淀以及道家顺应自然的哲学思想，都为二程提供了丰富的思想资源和灵感源泉。他们的学术探索，不仅是对传统儒家思想的继承与发展，更是在黄河文化的滋养下，对宇宙、自然、社会、政治等各个领域进行的深刻而独到的思考。

二程的思想很相近，主要围绕"天理"学说展开。天理是万物的本源，具有普遍性和客观性。二程喜欢用"体用关系"来讲天理，在这种视域下，天理是本体，而万物是其"用"。"理"是客观存在、寂然不动的，而得到机缘，其可发用于万事万物，因而世间的一切都是具备天理才得以生成的。

扫码观看视频"程门立雪，得'道'洛学"，了解洛学代表人物及发展脉络

天理也经由世间万物之"用"才能被人所认识。因此对人来说，要学道，首先要认识到天地万物本来就与我一体。如果能明白这个道理，达到这种精神境界，即为"仁者"，故说"仁者，浑然与物同体"（《识仁篇》）。他们并不重视观察外物，认为人心自有"明觉"，具有良知良能，所以人可以凭借直觉体会真理。其方法是通过直觉冥会，达到所谓的物我合一、天人合一。

程颢、程颐所创建的天理学说上承孔孟之道统，下启朱熹、王阳明等人之理学。宋宁宗嘉定十三年（1220），赐谥程颢为"纯公"，程颐为"正公"。元明宗至顺元年（1330），诏加封程颢为"豫国公"，程颐为"洛国公"。从封号上不难看出二程思想与黄河深深的关联，洛学由黄河而发，影响了后世无数学人。

儒家思想是天人之学，黄河流域较为丰裕的生活环境为人们对终极性存在的追求奠定了基础。黄河流域得天独厚的地理环境为百姓安居乐业创造了条件，在物质生活水平不断提高的过程中，人的理性本质促使主体开始向内认识自己、向外认识世界。儒家文化这一天人之学正是在黄河流域物质文明发达的基础上才得以产生的。

儒家思想是关于"群"的学问，无数大小聚落诞生于黄河流域，其中的每个人都不仅是独立的个体，更是集体的一部分。这要求人们要处理好与他人的关系，这样集体才能发展、延续。儒家思想诞生于此，为人类的生存与发展起到了重要作用。荀子指出，人和动物之所以不同，很大程度上是因为人能"群"，即人能以正确的方式与他人相处，从而构成社会。儒家非常关心人与人如何相处的问题，从孟子的"仁义"和荀子的"明分使群"到张载的"民胞物与"，儒家思想深刻地阐明：只有处理好人与人的关系，人类社会才能不断进步、不断发展。

儒家思想是因势损益的学问，儒家主张，面对不同的具体生活环境，应当采取不同的生活策略。黄河何其浩荡，其流域覆盖了大部分北方主要的文明。这决定了黄河流域的地理环境是复杂多变的，其差异要求我们，不能以同样的标准和尺度去衡量不同环境中的不同问题。同时，黄河流域复杂多样的生存环境造就了儒家文明不断自我更新的能力，只有如此，儒家才是能适应实践的、有用的学问，而不是束之高阁的无用之学。

儒家思想不仅是黄河文化的重要组成部分，更是黄河文化精神的集中体现。儒家思想与黄河文化的内在联系，不仅体现在其对黄河文化的吸收与借鉴上，更体现在其对黄河文化的反哺与塑造上。儒家思想的传播与普及，进一步强化了黄河文化中的伦理道德观念，提升了社会的文明程度，为黄河文化的繁荣发展注入了强大的精神动力。同时，儒家思想所倡导的和谐共生、天人合一等理念，也深刻地影响了黄河文化的生态观和宇宙观，使黄河文化在发展过程中始终保持包容、开放、和谐。

第二节 墨、道、名、法、兵家思想

先秦时期，诸子思想在黄河流域这片思想文化沃土上百花齐放、百家争鸣。除儒家外，墨家、道家、名家、法家等学派也如雨后春笋般涌现，展开激烈思想交锋与哲学探讨。这一时期属于著名史学家雅思贝尔斯提出的"轴心时代"，在人类文明方面有重大突破。这些思想流派在黄河流域独特的自然与人文环境滋养下形成并发展，无数思想界、哲学界的大家崭露头角，他们为中华文明留下了浓墨重彩的一笔，共同书写了先秦思想的辉煌篇章。

一、墨家思想

墨子，名翟，这位生活于春秋战国之际的伟大思想家，是墨家学派的开创者。

墨子传说为宋国人，但长期生活在鲁国。墨家学派的主要活动区域也集中在鲁国及周边地区，这里不仅是黄河文化的发源地之一，也是墨家思想传播与实践的重要舞台。墨家学派与黄河文化之间的联系不仅体现在地理空间上，更在于其思想内核与黄河文化精神的深度契合与相互滋养。

首先，"兼爱非攻"是墨家学派最为人称道的核心思想之一，与黄河文化中和谐共生、反对暴力的价值观不谋而合。墨子提出的"兼爱"理念，强调人与人之间应无差别地相爱，消除等级与偏见，追求社会的普遍和谐。而"非攻"则主张反对一切非正义的战争，倡导和平共处，这与黄河文化所蕴含的包容与和谐精神高度一致。这些思想深刻影响着后世对黄河文化的理解与传承。墨子的思想体系，不仅具有鲜明的时代意义，更为后世提供了处理人际关系与国际关系的宝贵经验。

其次，墨家学派极为重视实践，其思想体系中的诸多主张都源于对现实问题的深刻洞察与积极应对。墨子的理论多服务于实践，重视将知识转化为行动。他提出"尚贤"思想，强调应选拔贤能之人治理国家，反对世袭特权，体现了对人才与能力的尊重。同时，墨子还倡导"节用""节葬"等主张，旨在减少浪费，提高社会资源的利用效率。这些思想不仅体现了墨家学派对现实问题的敏锐洞察，更彰显了其勇于实践、敢于担当的精神风貌。墨子的实践智慧，如同黄河之水中的泥沙，沉积为中华文化的深厚底蕴。

最后，墨家学派在科技发明方面的贡献同样不容小觑。墨子不仅是一位杰出的思想家，更是一位卓越的科学家与工程师。他发明了诸多机械与防御工事，如木鸢等飞行器以及守城用的各种器械，这些发明在当时具有重要的意义，不仅提高了军事防御能力，更为后世科技发展奠定了一定的基础。墨子的科技发明，如同黄河之水中的浪花，激荡起中华文化的创新活力。

因此，墨家学派不仅是黄河文化的杰出代表，更是其精神与价值观的重要传承者与实践者。墨子的兼爱非攻思想、重视实践的精神以及科技发明方面的成就，对后世产生了深远影响。这些思想与实践，如同黄河之水滔滔不绝，滋养着中华民族的文化沃土，推动着中华民族不断向前发展。

二、道家思想

道家学派的主要代表是老子（春秋末期思想家，生卒年不详）和庄子（约前369—前286）。老子作为道家的创始人，其身份存在争议。《史记·老子韩非列传》中记载老子曾担任"周守藏室之史"。离周后，西至函谷关（位于今河南灵宝），为后世留下《道德经》这一恢宏伟大的著作，影响深远。老子思想的形成与发展深深植根于黄河流域的文化土壤之中，其智慧的火花在此绽放并广泛传播。道家思想不仅是黄河文化孕育出的璀璨结晶，更是黄河文化不可或

老子像

缺的重要组成部分。老子哲学所蕴含的深邃思考与哲理，与黄河沿岸的历史变迁、社会生活及自然环境紧密相连，塑造出独特的文化景观。

老子哲学思想的精髓，在《道德经》一书中得到了淋漓尽致的展现。其构建的宇宙论，围绕着"道"这一核心概念铺陈开来。老子在《道德经》中这样描述："有物混成，先天地生。寂呵寥呵，独立而不改，可以为天地母。"这句话为我们勾勒出了一个先于天地而存在的、混沌而又独立的"物"。那么，这个混成之"物"究竟是什么呢？老子进一步解释道："道之为物，唯恍唯惚。惚兮恍兮，其中有象；恍兮惚兮，其中有物。"在老子看来，这个混成之"物"便是"道"。它先于天地而生，在混沌与恍惚之中，从无到有地孕育并创生了万事万物。这便是"天下万物生于有，有生于无"的深刻内涵。

然而，对于人类而言，这个终极存在——"道"却是一个永远无法被完全认识的神秘存在。因为但凡是可以用言语来描述的"道"，都已经不再是那个永恒不变的"道"；但凡是可以用名称来命名的"名"，也已经不再是那个恒定不移的"名"。这是因为"道"是无限的，而人类的认识能力却是有限的。有限的人类试图去认识无限的"道"，这无疑是一个难以实现的愿景。这种对"道"的敬畏与谦卑，正是老子哲学思想中一种深刻而独特的智慧体现。

鉴于人类认知的局限性，在追寻最深邃的真理的道路上，老子提出了"无为而治"。需要明确的是，"无为"并非目的，而是一种策略或手段，是为了实现"治"，即达到和谐与治理的终极目的。这实际上是通过看似消极实则深具哲理的方式，力求达到积极正面的治理效果。面对浩瀚无垠、难以穷尽的真理海洋，以及那些言语难以表达的微妙境界，老子倡导我们应保持一种谦逊与沉默的态度。这种态度，不仅是对未知世界的敬畏，更是与自身有限性达成和解的一种尝试。它鼓励我们在认识到认知边界的同时，以更加平和的心态去接纳那些不可言喻的奥秘，从而在"无为"中找到通往"治"的智慧之道。

庄子，战国时宋国人。他是道家学派的重要传承者，老子思想的忠实信徒。"归于老子之言""明老子之术",他的这一思想倾向在《史记·老子韩非列传》中有明确的记载。然而,庄子的生平事迹并未留下太多确切的记载,他的学术思想主要凝聚在《庄子》这部哲学巨著的内篇之中,为后世所传颂与探讨。

在庄子的哲学体系中,"齐物论"无疑是最为核心的观点之一。他在《齐物论》中,通过一系列生动的比喻揭示出世间万物在客观意义上的相对性与平等性。庄子观察到,人类习惯于以自身的生存环境和喜好为标准,来评判其他生物乃至整个自然界。例如,人们居住在干燥舒适的环境中,潮湿低洼之地则被视为不宜人居;人类偏爱肉食,而许多动物却以草为食或以捕食其他小型生物为生;人类眼中的美女,对于鱼鸟禽兽而言,或许只是令其恐惧或毫无吸引力的存在。文中发问:在客观意义上,究竟哪里才是最适合居住的地方?什么才是真正的美食与美女?这些评判标准又从何而来?

庄子深刻指出,每个人所处的立场与角度不同,自然会产生不同的看法与观点。这种基于个人立场的主观性,使得是非淆乱、标准不一的现象在所难免。问题在于,每个人都不可能摆脱自己的立场与角度,因此,试图在纷繁复杂的世界中确立一个统一的标准,无疑是一种徒劳。于是,庄子提出了"齐物论"的主张,他并非要在世人的标准之外另立一个新的标准,而是要彻底打破一切可能存在的标准,实现物与物之间的平等,以及物与人之间"万物与我为一"的和谐统一。这种平等与和谐的观念,不仅是对自然界中万物关系的深刻洞察,更是对人类自身局限性的超越与突破。

从"齐物论"出发,庄子进一步提出了"逍遥游"的自由境界。他批判被世人所推崇的列子御风而行的行为,指出即使看似高明的飞行术,也仍然需要借助外力的支持,是一种"有所待"的逍遥。而真正的逍遥,则是不依赖于任何外在的力量或条件而实现精神上的绝对自由。庄子认为,只有将所有外在于主体的凭借全部解构,人才能彻底摆脱束缚,获得最大程度的逍遥自由。

然而,"齐物论"与"逍遥游"的思想也带来了相对主义的困境。如果主张彻底的无标准,那么后果必然是极大的主观任意性。在这种思想的指导下，人们可能会认为既然没有是非善恶的绝对标准，那么就可以为所欲为，无须承担任何责任。这种极端的个人主义倾向，无疑会对社会规范和既有秩序构成严重威胁，导致人类社会陷入混乱与无序之中。因此，我们在理解和学习庄子思想的同时，也需要对其潜在的局限性保持清醒的认识与警惕。

老庄道家思想，作为深深植根于黄河文化沃土中的重要哲学流派，于春秋战国时期蓬勃兴起并广泛传播。其后，经历了后继者的改造，一直以一种潜移默化的方式，持续地渗透并塑造着中华民族的精神面貌与文化性格，与黄河文化的深厚底蕴相互交织，共同构成了中华文明的独特风貌。

三、名家思想

春秋战国时期，"名实淆乱"成为显著的社会问题。战国中期，中原兴起了辩论名实问题的"名家"，惠施（约前370—前310）与公孙龙（约前325—前250）为其杰出代表，分别为宋国人与赵国人。名家重视概念辨析与逻辑推理，惠施的"历物之意"与公孙龙的"白马非马"等论断，挑战并超越了当时的哲学思想，彰显了黄河文化中的创新精神与批判性思维。这些思想成果如同黄河岸边的明珠，照亮了中华文明的发展道路，是黄河文化的重要组成部分。

惠施，是庄子的挚友，曾担任梁惠王之相，频频出现于《庄子》中，以对话者形象示人。《庄子·天下》中提到的"历物十事"是他最著名的观点，"历物之意"即是对万物道理的深入剖析。如今，已不见推理过程，只可见十个结论，其中有六个对中华文化的影响较为深远。

第一，"至大无外，谓之大一；至小无内，谓之小一"。这是说，存在最大者，没有什么不在其中；同时也存在最小者，其中什么也没有。第二，"天与地卑，山与泽平"。从现实世界看，天比地高，泽比山低。但比山高的还有更高，比泽低的还有更低。从高低的无限而言，天地、山泽之间的高低差距就显得微不足道了。第三，"日方中方睨，物方生方死"。太阳正在走向正中，也是在走向偏斜；万物从出生的瞬间开始，就在走向死亡。第四，

"南方无穷而有穷"。"无穷"，即没有穷尽。战国时，受制于认知能力，人们普遍认为东有大海、北有大山、西有荒漠，都是有穷的，而南方则是无穷的。但无穷的南方充满了万物，既然为万物所充满，充满即包括一切，从这个角度上说，南方已经穷尽了。第五，"今日适越而昔来"。今天我到了越国，但我昨天就已经来了。这句话听上去是错的，但我说的"今天"是站在今天的角度去说的，我说的"昨天"却是站在明天的角度去说的，如此，今天就成了昨天。第六，"泛爱万物，天地一体也"。"泛爱"，比儒家的等差之爱（"仁爱"）与墨家的普遍互爱（"兼爱"）更广泛，从人际之爱扩展到万物之爱。此命题是为历物之意的归宿。

综上所述，惠施的十大命题旨在凸显事物的相对性，是一种极端的相对主义，尤其在"同异"问题上表现突出，被称为名家中的"合同异"派。

公孙龙，字子秉，做过平原君的门客。现存《公孙龙子》六篇中最为后世熟知的观点有二：一是公孙龙借以成名的《白马论》中的"白马非马"；二是《坚白论》中的"离坚白"。

先看"白马非马"。从常识来看，马是一大类事物，白马则是一小类事物，后者自然包含于前者之中——白马是马的一种。但在公孙龙看来，"马""白马"为不同类的概念。公孙龙认为，"马"指的是形体，"白"指的是颜色，"白马"的概念包含形体和颜色两种因素，不等同于"马"的概念，所以"白马非马"。且在现实生活中，当我们需要"马"时，黄马、黑马都可以满足要求；但当我们需要"白马"时，黄马、黑马就不能满足需求了。所以，"白马"不是"马"。"白马非马"的合理性在于，从概念本身的角度来讲，"白马"的概念的确不是"马"的概念，两者之间存在着所指的不同；其不合理性在于，"白马"和"马"之间存在着从属关系，忽视矛盾的统一性而只谈矛盾的差异性，结果必然只能形成对事物片面的认识。

再看"离坚白"。假设存在一个硬硬的白色石头，那么坚和白就都是石头的属性，两者分别指代硬度和颜色。然而公孙龙认为，对于同一块石头，要么是一块坚石，要么是一块白石——当我们发挥触觉时，它是硬的；当我们发挥视觉时，它是白的。其属性有的被感觉到，有的未被感觉到，此所谓"离"。

名家思想的积极作用在于促进了逻辑学在中国古代的发展，而其消极作用在于把精力都放在经验事物上，而忽略了其背后的本质规律。名家对于逻辑学问题的相关讨论和研究始终激励着人们不断追求真理，在理性和逻辑的道路上越走越远。

四、法家思想

《汉书·艺文志》记载："法家者流，盖出于理官。"春秋末期的管仲、子产为法家的先驱，至战国时，涌现出一批法家人物。战国末期，韩非的出现，更是将法家思想推向了一个新的高度，他被誉为法家思想的集大成者。

在法家思想的发展历程中，黄河文化扮演着举足轻重的角色。法家前期的代表人物，如管仲与商鞅，他们的改革实践均集中在黄河流域。管仲（？—前645），作为辅佐齐桓公称霸的杰出政治家，其思想在黄河下游地区得到了广泛的传播与实践。他的一系列改革措施，如发展经济、整顿军备、加强法治等，不仅造就了齐国的强盛，也为黄河下游地区的文化与社会发展注入了新的活力。

而商鞅（约前390—前338），则是秦国法治改革的先驱者。他辅佐秦孝公，推行了一系列重要的变法措施，使得秦国迅速崛起。商鞅的思想，以法治严明、重视农耕和军事为特点，深刻影响了黄河中上游地区的社会风貌与文化发展。他的改革强化了秦国的国家机器，为后来秦统一六国奠定了坚实的基础。

法家思想与黄河文化的联系，不仅体现在这些历史人物与事件上，更深刻地蕴含在法家思想的核心价值之中。法家强调法治、秩序与权威，反映了黄河文化中重视规则、崇尚秩序的精神。同时，法家思想中的实用主义倾向，也与黄河文化中注重实践、强调实效的观念相契合。

法家思想是黄河文化不可或缺的重要组成部分。它伴随着黄河的滔滔流水，滋养了一代又一代的华夏儿女，为中华民族的文明进步贡献了独特的智慧与力量。作为法家的集大成者，韩非的思想主张更是深刻体现了法家思想与黄河文化之间的紧密联系，为我们今天理解和传承这一宝贵文化遗产提供了重要的启示。

韩非（约前280—前233），战国末期韩国人，今存《韩非子》55篇，10余万言，大部分为韩非本人思想。韩非目睹战国后期韩国的积贫积弱，多次上书韩王，希望改变当时治国不务法制、养非所用、用非所养的情况，但其主张始终未得到采纳。韩非"悲廉直不容于邪枉之臣"（《史记·老子韩非列传》），便退而著书，写出了《孤愤》《五蠹》《内储说》《外储说》《说林》《说难》等篇章。在这些文章中，韩非重点宣扬了法、术、势相结合的法治理论，是先秦法家理论的高峰，为秦统一六国提供了理论武器，也为以后的君主专制制度提供了理论根据。

"法"是社会成员共同遵守的行为准则和最高规范。君王是立法的主体，百姓是法治的对象。法必须形成成文的实定法，这样才具有稳定性、客观性、确定性。如此，"法"才能发挥其应有的作用。

"术"是君主驾驭臣下的权谋之术。"术"和"法"都是君主统治国家的工具。但与"法"的公开性不同，"术"具有隐秘性。"法"的最终治理对象是老百姓，越公开越好，越深入人心越好；而"术"只能藏于君主心中，不仅大臣不能知道，君主私下最亲近的人也不能知道。

"势"是君主掌握的权势。"势"有"自然之势"与"人为之势"，是权力的一种功能，也是君主运用"法"和"术"两种统治工具的结果。

法、术、势虽然各有其用，但又互相为用。重术不重法的弊病在于，法令缺少统一性、稳定性，使臣下钻法令的漏洞为自己谋利；重法不重术的弊病在于，法虽然能取得富国强兵的效果，但君主无术只会被奸臣蒙蔽，最终获利的还是臣下。有法有术，则上下无弊乱；有法有势，则天下治。总之，法、术、势三者缺一不可，互相为用，最终目的都是维护君权至上。

韩非思想的积极意义在于适应了时代的发展，为秦统一天下奠定了思想基础。但其消极作用同样显著，它完善了权力的运作机制，为权力的不断膨胀代言，这是需要后人反思的。

五、兵家思想

兵家，在诸子百家的璀璨思想星空中，因其独特的战争智慧而独树一帜。其学术的根基，是对战争本质的洞察，以及对通过战争手段维护世间正义与秩序的崇高追求。在这一学派中，孙武与孙膑是杰出的代表人物，他们的思想、行动与黄河文化紧密相连，书写了兵家思想与黄河文化交相辉映的辉煌篇章。

孙武，春秋末期思想家、军事家，生卒年不详，其生命轨迹跨越黄河与长江两大流域。他出生于齐国，齐国位于今黄河下游地区，这里深厚的文化底蕴和丰富的战争历史为他日后军事思想的形成奠定了坚实的基础。在黄河的滋养下，孙武前半生的研究与著述体现出黄河文化的特质，如重视策略、灵活应变、强调实战效果等。而当他来到长江下游的吴国时，他的兵法思想又丰富了长江文化，促进了两种文化的交流与融合。孙武为中华文明的繁荣与发展做出了不可磨灭的贡献。

孙武思想的主要闪光点在于其对战争的唯物与辩证理解。孙武认为，战争"不可取于鬼神"（《孙子兵法·用间篇》），即不能用占卜迷信来指导战争。要追求战争的胜利，就要努力富国强兵，这是战争的基础，要努力做到"知己知彼"，从而采取正确的策略和手段获胜。用孙武辩证的战争观来看问题，可以认识到，敌人在战争中必然表现为"备前则后寡，备后则前寡，备左则右寡，备右则左寡。无所不备，则无所不寡"（《孙子兵法·虚实篇》），要看到敌人布防中存在的优势与漏洞，直奔其薄弱之处，将其一举击溃。

孙膑，战国中期思想家，生卒年不详。作为孙武的后裔，孙膑不仅继承了先祖的军事智慧，更在齐国这片沃土上，将兵家思想推向了新的高度，无论是理论建构还是实践操作，都在军事史上占有重要地位。孙膑的兵法，既是对孙武思想的继承与发展，也是黄河文化在军事领域的集中体现，展现了黄河儿女坚韧不拔、勇于探索的精神风貌。

孙膑思想中有对战争之"道"的阐释。孙膑所理解的"道"，内涵丰富，包含天道、地理、民心、敌情、阵法。孙膑还指出，要在恰当的时候"造势"，努力争取对我方有利的战争条件；要在知己知彼的基础上做到"必攻不守"，掌握战场上的主动权，如此才能最大限度地消灭敌人的有生力量。

兵家思想也存在局限性，其理论围绕战争展开，视域较为狭窄，对其他社会问题的指导性也不足。同时，其对战争的理解，更多还是停留在"术"的层面，并没有创构出一套完整的哲学体系，在思想层面为其奠基，这影响了兵家思想后续的传承和发展。

黄河文化底蕴之深厚、影响之深远，世所罕见，其中，各种思想学说是一颗颗明珠。探究这些卓越思想为何能在黄河流域诞生并繁荣发展，要从以下几个方面入手，理解它们与黄河文化之间不可分割的关系。

首先，黄河流域的自然环境为思想文化的孕育提供了独特的物质基础。黄河流域肥沃的土地以及四季分明的气候，为古代农业的发展提供了得天独厚的条件。正是在这样的物质基础之上，人们才得以安居乐业，进而有时间和精力去思考人生、社会与宇宙的问题，儒家思想中关于仁政、礼制的构想，以及墨、道等家对自然、社会、政治的不同见解，正是在这样的背景下逐渐形成的。黄河不仅丰富了人们的物质生活，更滋养了人们的精神世界。

其次，黄河的治理促进了思想文化的交流与融合。黄河虽为生命之源，但其频繁的洪水也给两岸人民带来了深重的灾难。在长期的治水实践中，人们形成了团结协作、勇于担当的精神，这种精神在儒家思想中的"仁爱""大同"理念以及墨家的"兼爱""非攻"思想中得到了充分体现。同时，治水过程中的技术交流、策略探讨，也促进了不同地域、不同学派之间的思想碰撞与融合，推动了黄河文化的多元化发展。黄河的每一次泛滥与改道，都伴随着文化的重构与创新，为黄河文化的持续发展注入了不竭的动力。

再者，黄河是中国古代的交通要道，促进了文化的传播与交流。黄河及其支流构成了庞大的水系网络，不仅方便了人们的出行与物资交流，也成为文化传播的重要通道。黄河流域诞生的各种思想通过这条"文化走廊"，向四周扩散，影响了整个华夏大地。黄河如同文化的血脉，将先进的思想输送到各个角落，促进了中华文化的整体繁荣。

最后，黄河流域的历史变迁与民族融合，为思想文化的创新与发展提供了丰富的历史素材与文化底蕴。黄河流域是中华文明的发祥地之一，历史上多次民族迁徙与融合，使得这里成为多元文化交汇的中心。儒家思想中的"和而不同""中庸之道"，以及其他具有包容性与开放性的思想，正是对这一历史背景的深刻反映。

可见，黄河文化的深厚底蕴与源远流长，与黄河的自然环境、治理历程、交通功能以及历史变迁紧密相连。儒、墨、道、名、法、兵各家思想是黄河文化的杰出代表，它们的形成与发展都带有黄河的印记，共同构成了黄河文化的辉煌与不朽。

结　语

儒家文化，作为黄河文化中最为耀眼的部分之一，其历史脉络绵延数千年，无论是孔孟儒学的初创，还是宋明理学的发扬，都发生在黄河流域这一核心区域。儒家文化不断吸收着黄河文化的养分，同时又以其深厚的学术底蕴和深刻的哲学思考，为中华文明的繁荣兴盛注入动力。

而墨、道、名、法、兵各家思想的核心观点和精神面貌，也如同黄河之水，无声地渗透进了每一个中国人的血脉之中，深刻地影响了中华民族的精神世界和文化性格。无论是道家的自然无为、墨家的兼爱非攻，还是法家的法治精神等，都在不同程度上影响了后世的文化发展和社会治理，为黄河文化乃至中华文明的兴盛贡献了不可磨灭的力量。

综上所述，这些思想既是黄河文化的产物，又是黄河文化不断向前发展的推动力。这些伟大的思想是黄河文化的一张张明信片，让我们更加了解黄河文化，也向世界展示了中华文明独特的魅力与深厚的底蕴。

思考题

1. 作为黄河流域思想文化的代表，先秦儒家思想的核心是什么？

2. 思想学说的繁荣兴盛与黄河流域的地理因素有什么关系？

3. 黄河流域的思想争鸣对于当代构建中华民族共有精神家园的启示与价值是什么？

| 第三章 |

异彩纷呈：黄河流域的特色文化

　　黄河是一条有着悠久历史的河流，它孕育了古老而丰富的中华文明，也养育了黄河岸边的中华儿女。黄河文化博大精深，既包括百花齐放的学术思想，也包括异彩纷呈的特色文化，如戏曲艺术、特色民居、手工技艺、民间歌谣、民俗传统等，是沿黄各族中华儿女丰富生活的生动展现，凝结着深沉的人文情怀，因此特色文化是黄河文化创造性转化、创新性发展的重要内容。

第一节　黄河文化中的曲艺形式

一方水土养一方人，也孕育一方的特色文化。黄河流域特殊的地理位置、旱作农业的生产传统和独特的风土人情孕育了多彩的特色文化。黄河流域的人们创造出许多曲艺形式，既有高亢的秦腔，也有婉转的信天游；既有铿锵大气的豫剧，也有朴实地道的吕剧。黄河滚滚奏强音，曲艺是黄河文化中一种通俗易懂的自然表达。

一、秦腔

秦腔，是起源于陕西、甘肃一带的民间歌舞，古时陕西、甘肃一带属秦国，所以称为"秦腔"，因以枣木梆子为击节乐器，又叫"梆子腔"，俗称"桄桄子"。秦腔广泛流传于黄河流域西北五省，是老百姓喜闻乐见的艺术形式，它深深植根于高原沃土，源远流长。千百年来，黄河之水浇灌着慷慨激越的黄河戏曲之花。奔流不息的黄河和广袤的土地，使得秦腔有着澎湃的气势，高亢时如黄河咆哮冲出峡谷，低吟处似黄河展流在千里沃野。"秦腔发源及流行地域，大多是民族杂居区，因此，在其形成和发展过程中，受周边诸族文化影响较大。"[1]秦腔形成了整套成熟、完整的表演体系，对各地的剧种产生了不同程度的影响，成为梆子腔剧种的始祖。

秦腔在发展与传播的各个阶段，都有着独特的文化背景，被深深烙上了鲜明的时代印记。秦腔是在中国古代政治、经济、文化中心——长安生长壮大起来的，经历代人民的创造而逐渐形成。据历史记载，秦腔是中国最古老的戏剧之一，起于西周，源于西府，形成于秦，精进于汉，昌明于

---

[1]　杜倩萍：《民族文化交融视域下论秦腔》，《贵州民族研究》2018年第3期。

唐，完整于元，成熟于明，广播于清。

清代是秦腔的繁盛时期，其在乾隆年间尤为鼎盛。这个时期，全国很多地方都有秦腔班社，仅西安一地就有30多个秦腔班社，如保符班、江东班、双寨班、锦绣班等。伴随着班社的增加，对秦腔的理论研究也逐渐加深。康熙四十四年（1705）前后出现的张鼎望的《秦腔论》，乾隆年间严长明的《秦云撷英小谱》、吴长元的《燕兰小谱》、周元鼎的《影戏论》等，都是较有影响的论述秦腔的著作。乾隆、嘉庆年间，秦腔演员魏长生曾三次到北京演出，使京腔六大班几乎无人过问，不少昆曲、京腔艺人改习秦腔。此后半个多世纪，秦腔一直是北京舞台上的一个重要戏曲剧种，也是流行于全国许多地区的剧种。据清代有关史料统计，当时除山海关以外的东北三省尚未发现有秦腔的足迹外，其他各省都有流行。在流行过程中，秦腔与其他戏曲形式和民间艺术结合，逐渐形成多种多样的梆子声腔剧种，秦腔遂在各地被代替，流行范围渐趋缩小。至清末，又变成流行于西北一带的地方剧种。

抗日战争期间，陕甘宁边区的秦腔艺术工作者，用戏曲表现革命生活，塑造工农兵英雄形象，进行了大胆的探索。1938年7月成立的陕甘宁边区民众剧团，在抗日战争和解放战争中，紧密配合革命斗争，创作排演了大批新秦腔剧目，如《血泪仇》等。彭德怀同志在给《血泪仇》的作者马健翎的信中说："为广大贫苦劳动人民、革命战士热烈欢迎，为发动群众组织起来有力的武器。"①1944年陕甘宁边区文教大会还特别授予马健翎"人民艺术家"称号，民众剧团也获得了"特等模范"的奖旗。

新中国成立后，陕西、甘肃、宁夏、青海和新疆五省（区）陆续在县级以上建立了专业秦腔剧团，至20世纪80年代初，剧团数量达300多个。此外，各地还建立戏曲学校，为繁荣秦腔艺术积累了大量的人才资源。

八百里秦川尘土飞扬，三千万儿女齐吼秦腔。在长期的发展过程中，秦腔承载着黄土高原质朴悲壮的苍凉和黄河狂放澎湃的雄壮。秦腔粗犷豪迈、

① 傅功振主编：《关中民俗文化概论》，西安交通大学出版社2018年版，第187页。

秦腔历史剧《司马迁》剧照

奔放苍凉、慷慨悲壮、雄劲激越，展示了曾为周、秦、汉、唐等13个王朝京畿之地的陕西旺盛的生命力和独特的精神个性。秦腔作为黄河流域的地方特色文化，其一大特点是唱、念全都以陕西关中方言为基础，同时融入我国汉唐时期一些诗、词、曲的语言，这些语言特点与音乐特点相融合，共同形成了秦腔艺术独特的声腔风格：语调高亢激昂、语音生硬、语气硬朗结实等。秦腔的唱词语言节奏非常丰富，唱词结构是永言体，唱词的句子按照思想内容的需要有长有短，常见的有十字句和七字句等，整出戏词如一首无韵诗歌，排列整齐。

秦腔不仅是黄河文化的重要组成部分，也是中华文化的瑰宝，它以汉族文化为主体，与其他民族文化相融合，是古代丝绸之路上诸民族音乐文化交流的结晶，深刻诠释了黄河文化兼收并蓄的特征，成为中华民族独特的精神财富。时至今日，《辕门斩子》《铡美案》《下河东》《三滴血》《火焰驹》《游西湖》等经典剧目，依然为广大观众百看不厌、百听不烦。秦腔是民族文化的活化石，是黄河地区广大人民的精神寄托，是人们互相交流情感的一种方式。在今天，从留住文化根脉、守住民族魂脉的高度出发，更需保护好、传承好秦腔文化遗产，坚持守正创新、推进秦腔传播，让黄河文化走出去，增强中华文明的传播力和影响力。

二、豫剧

河南简称豫，是黄河从黄土高原流入华北平原的过渡地带。河南境内大部分属于中原地区，历史悠久、文化繁荣，在这里诞生了以豫剧为代表的特色文化。黄河文化孕育了河南豫剧并推进了其变革，河南豫剧又反过来成为黄河文化前进的动力之一，对黄河文化的繁荣、传承、发展发挥了重要作用。豫剧从无到有，从简单到复杂，从听众单一到广泛传播，经历了数百年的演变。豫剧的艺术精髓源于黄河流域，二者之间有着密不可分的联系。

豫剧是中国五大戏曲剧种之一、中国第一大地方剧种，主要流行于河南、河北、山东等地，从黄河流域出发流传到全国各地。豫剧与京剧、越剧同为中国戏曲三鼎甲，传承已有上百年。豫剧的前身是河南梆子，清代乾嘉年间，河南梆子迅速发展壮大，成为河南地区最具影响力的剧种，这一时期的文献如《歧路灯》《杞县志》等记载，当时梆子戏已在开封、杞县一带盛行，并曾与罗戏、卷戏合班演出，称为"梆罗卷"。后期经过众多老艺术家的改良，演变成了现在的豫剧。豫剧最初的发展以开封为中心，开封浓郁的文化氛围为豫剧的发展创造了有利的条件。豫剧最早的传授者有蒋门、许门两家，分别在朱仙镇、清河集开办科班授业。

辛亥革命后，河南梆子更多地进入城市演出，特别是进入茶社演唱之后，与早已进入茶社的二簧（京剧）形成相互竞争的局面。抗日战争爆发后，豫剧向临近省区流动，它向西到达西安，使西安成为重要的演出中心，影响遍及西北各省；向东在江苏、安徽等地有较大发展，出现了"四好名旦"马金凤、徐艳琴、阎立品、毛凤麟。这一时期的豫剧表演流派林立、异彩纷呈，比如常派（常香玉）奔放多姿，陈派（陈素真）典雅细腻，崔派（崔兰田）哀怨深沉，等等。其中常派影响最大，常香玉的舞台表演风格刚柔相济、质朴清新，她的唱法吸收了豫东调、河南坠子等艺术的营养，舒展奔放、吐字清晰。新中国成立后，在杨兰春等人的领导下，对豫剧四大地域流

常香玉演出剧照

派的唱腔进行了综合和大幅改革，运用科学的发音，融入歌剧元素，形成了"现代戏流派"。

豫剧的基本特征有以下五个方面：一是豫剧的生成、发展具有明显的多源性，豫剧的构建具有明显的多元性；二是豫剧在发展过程中善于吸收融合，彰显出包容性，豫剧剧目、音乐显示出丰富性；三是豫剧中有许多专曲专用的曲牌音乐，显示出程式性；四是由于长期受地方文化的影响，豫剧在演出剧目、舞台表演、人物塑造、表述方式、音乐唱腔等方面都带有独特的河南地方风格和特色，具有浓郁的地域性特征；五是豫剧的语言、表演、音乐质朴无华、通俗易懂、贴近群众、贴近生活，显示了黄河文化的简约美和质朴美，体现了豫剧的简朴性特征。

豫剧是民间戏曲，属于民间音乐的一种，这不仅使其有别于歌剧、古典乐等形式的音乐，更决定了它不同于其他音乐形式的创作方式和流传方式。豫剧剧目丰富，以唱腔铿锵大气、抑扬有度、行腔酣畅、韵味醇美著称。豫剧的唱腔音乐结构属板式变化体，其主要声腔板式有四种，即二八板、慢板、流水板、散板。二八板在豫剧的四大板类中表现力最强，变化最丰富。

豫剧不仅反映地域文化特色，也把握时代脉搏，折射出整个民族与黄河的关系及其历史命运。豫剧《大河安澜》，以大河、大堤父子两代人对黄河的守护和治理为主线，体现了人们在治理黄河过程中做出的努力和贡献，再现了黄河儿女生生不息、自强不屈的生活状态与精神品格，同时展现了黄河文化对中华民族精神的塑造作用。豫剧艺术长期受黄河文化特别是中原文化的影响，带有浓郁的地域文化色彩，是我国戏曲宝库中的珍贵财富。

三、吕剧

吕剧作为黄河文化的一种重要表现形式，其形成与发展深受黄河下游人民生产生活方式的影响，艺术风格具有鲜明的地域特色。每到洪水季节，黄河常常泛滥成灾，人们不得不背井离乡，外出逃荒，唱曲讨饭成为很多人养家糊口的主要手段，吕剧雏形由此而来。

起源于黄河三角洲地区的吕剧是山东传统剧种最典型的代表，由山东最主要的曲艺形式——山东琴书发展而来，最能代表山东风格。吕剧自形成以来，已有百余年的历史。纵观吕剧艺术的演变过程，大体上是循"山东琴书（说唱扬琴）——化装琴书（又称化装扬琴）——吕剧"之脉沿革和发展。关于吕剧的发源地，有不同的说法，有博兴说、广饶说、胶东说。2007年，淄博市博兴县吕艺镇被文化部授予"中国吕剧艺术之乡"称号。2008年，东营市东营区牛庄镇也被文化部授予"中国民间文化艺术（吕剧）之乡"称号。

山东琴书最早产生于鲁西南一带，至今已有200多年的历史。由于早期多由民间艺人在农村传唱，因此被称为"小曲子"，后因其伴奏乐器主要为扬琴（早称洋扬），故被称为"扬琴"。后来，说唱山东琴书的民间艺人进入较大城市或到外省演唱，又被称为"文明琴书""山东扬琴"等。山东琴书的音乐构成，有全国大部分地区的著名流行曲调和"诸宫调""杂剧""昆曲"中的部分民间小曲。山东琴书早期是曲牌联唱体，所用曲牌达200多个，后来，牌子曲目多被口语生动、故事性强的书目所取代。在演唱形式上，也由自我娱乐式的"庄稼耍"，逐渐转变为对口搭档。山东琴书曲调优美悦耳，音韵婉转；用词造句多俚言俗语，自然流畅、朴实风趣，乡土色彩浓厚；书目多取材于民间传说和群众熟悉的历史故事，贴近生活、妇孺皆知，易记易唱，也易于流传和普及。因此，山东琴书形成后便迅速流传至山东各地。

唱、说和表演浑然一体的形式，是山东琴书能够由说唱艺术形式发展成为戏曲艺术的基础条件。

由于各地的语言、风俗人情、经济发展状况不同，且琴书艺人在演唱技巧、艺术风格及个人自然条件等方面存在差异，琴书在山东逐渐形成了南路、东路和北路三大艺术流派。在常年的流动演出中，化妆扬琴艺人经常和京剧、五音戏、河北梆子等剧种的班社在同一集镇演出，甚至出现"两合水""三合水"（两个或三个不同剧种同台演出）的情况。这种演出方式对促进化妆扬琴借鉴融合其他剧种和创新发展起到了重要作用，使其从简单的化装演出逐渐发展成比较完整的戏曲形式。1900年前后，吕剧被搬上舞台，鼎盛时期，全国有近百个专业吕剧院团，影响波及山东、江苏、安徽、河北、黑龙江、吉林、辽宁、新疆等地。

抗日战争爆发后，吕剧陷入困境。原在济南演出的剧团因环境每况愈下，导致班社萎缩，艺人生活难以为继。新中国成立后，黄河文化进一步丰富和发展，融合了中华优秀传统文化和社会主义先进文化，积淀着中华民族的精神追求，沿黄流域地方戏也得到保护发扬，吕剧获得了新生。从1950年起，山东省文联地方戏曲研究室组织对本省地方戏曲艺术进行发掘、整理、推广，并以化妆扬琴为改革的重点，选择《小姑贤》为实验剧目。在学习传统剧目的基础上，又将现代题材小说《李二嫂改嫁》改编演出。"文革"期间，吕剧被禁演。1976年以后，吕剧复兴，这一时期多是几个人搭档，并无严格的行当区分，艺人们将这种状况称为"有角色，没行当"，主要是演唱一些故事简单、角色又少的剧目，如《王小赶脚》《光棍哭妻》《三打四劝》等。

随着作家和名角对作品的改造，以及艺人唱曲水平的提高，在各级政府的扶持和推广下，吕剧成为山东最著名的传统剧种。戏剧爱好者们用戏曲传播着正能量，让越来越多的年轻人理解并接受戏曲，爱上国风之美，弘扬戏剧精神。黄河流域各地区在地方戏传承与创新方面各有所长，体现了中华优秀传统文化的

扫码阅读文章《"吕"字何来？"鲁剧"何去？》

历史连续性和创新性。新时代对戏曲文化的多样性和全球化提出了更高要求。吕剧艺术要在保持原生态的基础上，立足于黄河文化，不断开拓创新，遵循市场规律，打造吕剧艺术发展的黄金时代。

第二节　黄河文化中的衣食住用

千百年来，奔涌不息的黄河水哺育着华夏儿女，孕育着辉煌灿烂的中华文明和百折不挠、顽强不屈的民族精神。人们在长期的生产生活实践中，塑造了独具特色的民居，形成了独具风味的饮食文化，产生了独具匠心的手工技艺。

一、特色民居

九曲黄河绵延万里，由于上、中、下游自然地理条件的不同，形成了风格各异、形式多样的特色民居，黄河上游蒙古草原多为移动方便的蒙古包，中游黄土高原流行窑洞地坑，下游中原大地则以四合院为主要代表。

（一）蒙古包

黄河流域的草原地区主要是青海、内蒙古、甘肃、宁夏等地，是蒙古族人口较为集中的地区。他们在草原上世代以游牧为生，这决定了他们非定居的生活方式和便于流动的建筑方式。在这些地区，产生了富有特色的文化遗产，形成了以蒙古包为代表的特色民居。蒙古包是一种非常适合当地气候和环境的居住形式，可以为人们提供温暖、舒适的居住环境。蒙古包曾有"草原上会移动的房子"之称，是几千年来游牧民族的日常住所，也是黄河民俗文化的重要组成部分，具有独特的地域文化风格。

蒙古包古称穹庐或毡帐，是黄河上游游牧民族为适应"逐水草而居"的游牧生活而创造的一种典型民居，匈奴时代就已出现，一直沿用至今。蒙古包可能曾被亚细亚游牧民族所使用，后来许多游牧民族或长或短地使用过它或类似于它的住屋。以木杆为主要支撑材料的人类早期建筑形式在发展过程中形成了两大流派：一种是中国鄂伦春人的传统建筑歇仁柱式（在鄂伦春语里

蒙古包

歇仁柱为"木杆屋"之意），尖顶，用兽皮或树皮、草叶子做苫盖；另一种是蒙古包式的，穹顶圆壁，主要用毛毡做覆盖物。

蒙古包圆形尖顶，顶上和四周以一至两层厚毡覆盖，色调白洁，反映出蒙古族崇尚日、月、圆、白的审美习俗。"蒙古包作为蒙古草原游牧民族的原生建筑，由套脑（天窗）、乌尼（包梁）、哈那（包墙）三个主体部分构成，根据蒙古包大小，包内在套脑下面还设有支撑结构（柱）。"[1]普通蒙古包，顶高10—15尺，围墙高50尺左右，包门朝南或东南开。其中，哈那的多少是区分蒙古包大小的标志，通常分为4个、6个、8个、10个和12个，普通牧民以6个、8个居多。哈那具有伸缩性，高低大小可以调节，这一特点使得扩大或缩小蒙古包成为可能，因此它装卸、运载、搭盖都很方便。蒙古包看起来外形虽小，但包内使用面积很大，而且室内空气流通、采光条件好，冬暖夏凉，不怕风吹雨打，非常适合经常转场放牧的民族居住和使用。

蒙古包分为固定式与游动式两种样式，半农半牧区多建固定式，周围砌土壁，上面用苫草搭盖；游牧区以游动式的蒙古包为主，游动式又分为可拆卸和不可拆卸两种，前者以牲畜驮运迁移，后者靠牛车或马车拉运迁移。新中国成立以来，蒙古族定居者增多，仅在游牧区还保留蒙古包，即蒙古人所

---

① 孟春荣、段海燕：《蒙古包建筑现代转译设计研究》，《艺术百家》2021年第1期。

称的"格尔斯"，20世纪80年代，黄河上游地区实行围栏和定居放牧后，蒙古包逐渐减少。

蒙古包在游牧民族生活中占据着重要地位。作为蒙古族最具代表性的物质文化遗产，蒙古包蕴含着丰富的文化内涵。古代蒙古贵族所用的蒙古包，亦做"窝裹陀"，又称"宫帐"。宫帐上面呈葫芦形，葫芦象征福禄祯祥；下面呈桃形，桃形模仿天宫。宫帐金顶辉煌，蒙古包用黄缎子覆盖，其上是缀有藏绿色流苏的顶盖，极为富丽，是蒙古族特有的建筑艺术。蒙古包的形状和结构不仅是技术选择的结果，也是一种文化的选择。游牧民族生活在茫茫草原上，一望无际，四周是天地相连的地平线，天地既有距离又相交，还能容纳人类及世间万物于其间，极易产生"天圆地方"的想法。这是人们早期最朴素的宇宙观念，这种观念进而反映在蒙古民居上。游牧民族经常迁徙。这种迁徙与中国古代其他民族的选址不同，没有关于房屋的风水原则，而是根据季节、气候、草场、牲畜和人的情况，有规律地迁徙，是游牧人适应自然、与自然和谐相处的体现。在长期游牧生活中习得的关于草地生长的知识或者自然观念成为建筑蒙古包的基础。人与自然融为一体，这也使得他们较少受到人之外的超自然观念的束缚，从而形成豪放的性格和民族特性。"在蒙古包建筑模式中，蒙古民族通过运用天然且廉价的生态材质，简便而易于迁移的结构形式，在草原生态环境中用最简捷的方式制作出最实用的住所，表现出对生活、对生命没有过多的物质贪求，从而践行着他们对信仰习俗的恪守和朴实人生的追求。"[1]如今，黄河上游原始的游牧生活在世代发展中已经发生了改变，田园牧歌中融入了现代生活方式，但蒙古包作为蒙古族文化和黄河文化的重要组成部分，代表着蒙古族人民的传统生活方式和文化精神，黄河与蒙古包之间的历史、文化和生态联系并未消失。

（二）窑洞

窑洞又叫"黄土窑洞"，是黄河流域最古老、最有特色的民居类型之

---

① 海建华：《论蒙古包的建筑风格与审美特性》，《美苑》2014年第5期。

一，主要分布在陕北。土穴窑洞式建筑居住形式最早出现在黄河中游晋陕峡谷两岸的黄土高原上，在距今7000—5000年的仰韶文化中，就有类似的建筑形式存在。窑洞是黄土高

窑洞民居

原的产物、陕北地区的象征，它沉积了厚重的历史底蕴。窑洞建在黄土高原的沿山与地下，是在天然黄土中穴居的建筑形式。黄土高原多为土层深厚、土质疏松、垂直节理发育的黄土，同时气候干燥寒冷、木材较少，窑洞因冬暖夏凉、不破坏生态、不占用良田、经济省钱等优点，被当地人民群众广泛采用。

窑洞主要有三种类型：靠崖窑、地坑窑和锢窑。靠崖窑在黄土断崖处横向开掘而成，以陕西北部最为典型。靠崖窑又分为两种，一是随山就势的靠山式，二是沿沟分布的沿沟式，都是利用现成的沟坎断崖，或是将山坡垂直削齐，形成人造崖面，然后向内横挖洞穴而成。窑洞平面呈长方形，顶为拱券形，洞口安装木制门窗，一般在门上开一与门同宽的窗，门旁开大窗，最上部再开一个通烟气的小窗孔，俗称"一门三窗"。靠崖窑往往依地势挖成一排多孔窑洞，呈曲线或折线形排列。在山坡高度允许的情况下，会开挖上下数层多排窑洞，犹如楼房。地坑窑则是从黄土地面垂直向下挖一个方形的地坑，再在坑内四壁横向挖穴而成，也叫下沉式窑洞，主要分布在没有山坡、沟壁可利用的地区，以陕西南部为盛。人在平地，只能看见地院树梢，不见房屋，"入村不见人，平地起炊烟"即是地坑窑的传神写照。为了防止雨水流入院内，避免地面上的人畜掉入院内，通常沿院顶砌筑40—80厘米的花围墙，起到阻隔作用。如果没有适宜的地方开挖窑洞，也可以在地面之

上建造独立的窑洞，称为锢窑。锢窑，又叫箍窑、独立式窑洞，是一种掩土的拱形房屋，以土坯砖石砌墙、拱券收顶，后面封死，前开门窗而成。这种窑洞无须靠山依崖，不受地形地质的限制，又不失窑洞的优点。锢窑可为单层，也可建两层甚至多层。若上层也是锢窑，即称"窑上窑"，若上层是木结构房屋，则称"窑上房"。窑洞建于天然黄土之中，施工简便，造价低廉，冬暖夏凉，隔音抗震且坚固耐久，并且较少使用木材砖石，生态环保，彰显了黄河流域人与自然和谐共生的居住理念。

黄土高原窑洞是一种独具特色的建筑形态，展示了陕北善良淳朴、勤劳智慧、热爱生活的民风。黄土高原的窑洞文化带有独特的陕北特色，窑洞与黄土的完美交融给人以淳厚古朴、平静无争的观感。其中，靠崖窑群依山沿沟而立，从远处观望更显层峦叠嶂，俯观天井窑群呈星罗棋布，给人以粗犷豪迈、独具乡土厚重感的视觉美。黄土高原窑洞坐落在薄雾笼罩的沟谷中，院内宽敞通达，窑前通常挂有辣椒和玉米，红黄二色相间，给人以丰收的喜悦感和浓厚的生活气息。同时，窑洞窗上贴的红色剪纸和窗花，合着澎湃热情的陕北腰鼓及高亢嘹亮的信天游，更彰显出人们对生活的饱满激情，共同构成了带有浓厚乡土气息的黄土高原窑洞文化。

窑洞的产生要追溯到远古时期人类先祖凿穴而居的生活习性，包含了人类对自然的依赖与敬畏，体现了人与自然和谐相处。在中国漫长的革命岁月中，陕北窑洞不仅是延安精神的象征，更是中国革命艰苦斗争的具象缩影，窑洞文化也被赋予了特殊的政治意义。同时，黄土高原窑洞还显现出人在恶劣的自然环境中不断顽强抗争、努力生存的勇气与信念，体现出人与自然的和谐与默契，承载了厚重的历史人文意义，世代传承与沿袭着陕北人文风情，形成了鲜明的窑洞文化。

窑洞文化是黄河文化的有机组成部分。如今，随着现代建筑形式的发展，土窑洞大量废弃，窑洞正面临前所未有的危机，如窑洞空置、损坏严重等，窑洞类型也不断消失。新时代，更应积极保护继承这一中华传统建筑文化，将保护与创新相结合，探寻合理有效的保护和传承之路。

（三）四合院

四合院建筑形成于黄河流域，是典型的木构架建筑，是中国传统建筑形式的典型代表。四合院，又称四合房，是具有中国传统文化内涵的一种合院式建筑，通常由正房、东西厢房和倒座房组成，从四面将庭院合围在中间形成一个"口"字，故名"四合院"。四合院围合紧致，保温与抵御风沙功效显著，广受黄河流域人民的青睐，广泛分布在山西、关中东部、河南、山东等地，尤以北京地区最具代表性。

四合院有二进、三进、四进等多种规格，以前后三进院落的合院最为典型。整个四合院坐北朝南，采用中轴对称的布局，由南至北分别是宅门、倒座房、影壁、垂花门、正房、后罩房。中心主院的两侧各有一座厢房，分别为东厢房、西厢房，与垂花门之间有抄手游廊相连，各个房屋之间也有走廊连接，方便起居。

宅门又叫大门、街门，一般修筑在院落的东南侧，依据中国"天不满西北、地不满东南"的自然地理形势以及八卦中"坎宅巽门"的原则而设。大门内、外各有影壁，有遮挡视线和美观的作用，上面刻有精美的花纹和象征福寿吉祥的砖雕。倒座房是整个四合院中最南端的一排房子，门窗都向北，采光不好，一般为厕所或仆人居所。垂花门又称二门，是四合院中最华丽的装饰门，起到了分隔内外的作用。宅门、倒座房、垂花门和游廊共同围成四合院的前院。

跨过垂花门，就进入了内宅。内宅庭院宽阔，可种植花草、叠石造景，是休闲娱乐的公共空间。正房坐北朝南，阳光充足，是一家之主的居所。正房一般为三间，中间的一间称为堂屋，也称为中堂，正中摆放一张八仙桌，桌子两旁设两把椅子，墙上挂着书画和条幅，两侧为卧室和书房，是休息读书之所。东西厢房是子孙晚辈的住房，一般以东厢房为尊，相应的东厢房略高，西厢房略低。耳房位于正房两侧，高度较低，布局颇似人的双耳，多用作储物间、厨房等。后罩房是位于最里的一进院子，多为女仆居住，或为库房、杂间。

北京四合院

　　四合院是封闭的内院式住宅，具有极强的私密性，在建筑布局上因循古代的尊卑等级、天人合一等传统观念，是中国传统文化的缩影。四合院反映出我国古代高超的建筑水平，院中有景，景中有天，也对应着"天圆地方"的理念，真正达到了天人合一的境界，这跟儒家文化中的"致中和，天地位焉，万物育焉"紧密相关，体现了"中庸之道"。"中庸之道是中国古代农业文明的产物，是黄河文明精华的积累和沉淀，是中华儿女与自然、与社会在实践过程中形成的天人合一的精神。"[①]四合院的建筑形式在"自然、人、天"三重境界上与黄河文明产生了本质的内在联系。从古至今，中国人一直追求对称美，四合院的中轴线对称之美，蕴含着平衡、稳定的理念，反映了中国的理性精神。

二、饮食文化

　　一方水土养一方人，黄河流域的独特自然地理环境孕育了独特的物产，

---

　　① 贾文山、石俊：《黄河文明的理论思考与战略构想》，《西北大学学报（哲学社会科学版）》2022年第1期。

这是大自然送给中华饮食文化的一份厚礼。黄河流域气候适宜，土地肥沃，先民就是在这样的环境中钻木取火，告别了茹毛饮血的原始状态，在离离野草中培育了五谷果蔬，在黄土火石间制作了陶、瓷、金属食具，在天人合一的观察体认中确立了"五谷为养，五果为助，五畜为益，五菜为充"的饮食之道。"在史前旧石器时代至新石器时代，黄河流域的饮食文化便开始萌芽，秦汉至北宋时期达到繁荣期，其历史悠久、源远流长，是中国饮食文化的重要组成部分。"①

（一）高原风味食品

青藏高原是黄河的源头，是世界上海拔最高的高原，被称为"世界屋脊"，这里昼夜温差大，日照时间长，盛产各种谷物、肉食。独特的地理环境造就了具有浓郁西北高原风味的饮食文化。同时，青藏高原生活着藏族、回族、羌族等许多少数民族，饮食呈现出鲜明的民族特色。这里主要介绍糌粑、酸奶、酥油三种特色高原食品。

糌粑，意为"炒面"，是藏族人民天天吃的主食，其制作原料是青稞。青稞耐寒性强，生长期短，高产早熟，是高原高海拔地区特有的一种麦类作物。糌粑制作方法简单，将青稞炒熟后磨成粉，食用时，用手在小碗中把茶汁、酥油与糌粑、奶渣拌匀，捏成油面混合的长形小团，便可食用。糌粑加工简单、携带方便，且营养丰富、热量大，既可充饥，又能抵御高原的严寒，很适合牧区游徙不定的放牧生活。

奶类食品主要有鲜奶、酸奶、干酪等。酸奶是牛奶加工发酵而成，藏语称为"雪"，分为两种，一种是用未提炼过酥油的奶制成的酸奶，叫"俄雪"，味感醇厚、营养丰富；另一种用提取过酥油的酪浆制成，叫"达雪"，质量和口感稍差。传统的青海老酸奶，在瓷碗中经高温发酵形成固态酸奶，上层浮着一层奶皮，喝的时候可以放一些糖来调味，不含任何添加剂、防腐

---

① 冯金晓等：《黄河流域不同地域饮食文化差异及成因分析》，《中国食品》2024年第6期。

剂,是真正的绿色健康食品。

酥油,藏语称为"玛尔",是从牛、羊奶里提炼的奶油。酥油几乎占据了藏族人民的饮食生活:抓糌粑离不开酥油,油炸食品离不开酥油,在婚丧嫁娶、年节庆典、迎来送往等场合中,酥油都是不可缺少的。以酥油和茶制作的酥油茶最负盛名。制茶时,将适量酥油放入特制的桶中,佐以食盐,再注入熬煮的浓茶汁,用木柄反复捣拌,使酥油与茶汁融为一体。茶叶中含有丰富的咖啡碱、茶碱、鞣酸等,能够弥补高原以肉类、青稞为主的饮食结构造成的营养不均衡,有帮助消化、祛热降火的功效,因此成为高原不可或缺的饮料,有"宁可三日无粮,不可一日无茶"之说。

(二)西北菜

西北地区,主要指黄河上游的甘肃、宁夏、内蒙古等地,黄土高原、河西走廊、祁连山脉、蒙古大草原在这片土地上纵横交错。该地区以畜牧业为主,种植香辛料较多,所以黄河上游偏重肉食,常佐以孜然、辣椒粉等调味品,口味较重。西北地区地广人稀,少数民族较多,又使西北的饮食文化增添了鲜明的民族风味。

西北地区的主食以玉米和小麦为主,尤以面食最受欢迎,如臊子面、面皮子、炮仗面等,花样繁多,有"一面百样吃"之誉。以陕甘地区的特色面——臊子面为例,其品种多达数十种,以薄、筋、光、煎、稀、汪、酸、辣、香而著名,面条细长,臊子鲜香,面汤油光红润,是红白喜事、寿宴满月的必备主食。西北水土多呈碱性,喜食酸辣可以保持体内酸碱平衡。冬季寒冷,须以温补的牛、羊肉补充体力,传统风味小吃"牛羊肉泡馍"就有御寒健身之功效。

黄河不仅孕育出独特的西北风味,而且直接为黄河流域的广大人民提供了鲜活的食材。红烧黄河鲶鱼,是西北地区的特色美食之一。这道菜以黄河鲶鱼为主料,经过精心烹制而成,色泽红亮,口感鲜美。红烧黄河鲶鱼不仅在当地享有盛誉,更被誉为西北菜十大经典名菜之一。它展现了独特的烹饪技艺和风味特色,成为黄河上游的一张味觉名片。

另外，西北地区蔬菜少而肉食多，利于消化解腻的茶叶就成了生活必需品，形成了独具一格的茶文化。最著名的应属宁夏八宝茶，又称"盖碗茶"，内有茶叶、冰糖、桂圆、枣、杏干、葡萄干等丰富的配料。饮茶时边刮边喝边添沸水，俗称"刮碗子"，是独具西北特色的饮茶习惯。

（三）豫菜

河南自古就被称为中原大地，历史悠久，形成了独具特色的河南美食，即豫菜。豫菜，始于夏商，盛于唐宋，被称为"百菜之源，菜系之母"，距今已有4000多年的历史。早在夏朝，启在钧台陂（今河南禹州境内）摆下国宴，宴请四方诸侯，史称"钧台之享"。商朝伊尹，精通烹饪之术，被后世尊为"烹饪之圣"。

豫菜的特色是选料严谨、刀工精细、讲究制汤、质味适中，其中以洛阳水席最具特色。水席含义有二：一是全部热菜都有汤水；二是热菜吃完一道撤下后再上一道，像流水一样不断更新。洛阳水席包括牡丹燕菜、海米升百彩、鱼翅插花等24道菜品，特点是有荤有素、选料广泛，酸、辣、甜、咸俱全，舒适可口。洛阳水席始于唐代，至今已有1000多年的历史，是中国保留下来的历史最久远的名宴之一。

在豫菜的代表菜中，以豫式黄河大鲤鱼最为突出。豫式黄河大鲤鱼有着悠久的历史和深厚的文化底蕴。自古以来，就以中原地段产出的黄河大鲤鱼最为美味，被众多文人墨客所赞美。黄河素有"铜头铁尾豆腐腰"之说，而河南正位于"豆腐腰"上，这里的河床宽而浅，非汛期含沙量少，水中富含鱼类生长所需的各种营养盐类。这里产出的黄河鲤鱼，鱼体呈梭形，侧扁而腹圆，体侧鳞片呈金黄色，背部稍暗，腹部色淡而白，臀鳍、尾柄下叶呈橙红色，胸鳍、腹鳍呈橘红色。黄河大鲤鱼远近闻名，位列中国四大名鱼之首。

（四）鲁菜

齐带山海，膏壤千里。山东位于黄河下游，气候温和，省内有大河、大湖、丘陵、平原、大海等多样的地貌。山东独特的地理环境，使得鲁菜的食材选料品种丰富且均衡，赋予了鲁菜独特的风味和营养元素。山东物产丰饶，胶州白菜、章丘大葱、金乡大蒜、莱芜生姜等驰名海内外，为饮食文化的发展提供了得天独厚的自然条件。丰富的食材品种也使得鲁菜烹饪技法丰富多样。齐鲁大地优越的物质条件，加上两千多年来一直浸润着儒家学派"食不厌精，脍不厌细"的观念，终成鲁菜系的洋洋大观。

鲁菜在春秋战国已初具雏形，鲁国都城曲阜和齐国都城临淄，都是相当繁华的城市，饮食行业盛极一时，名厨辈出。秦汉时期，山东沿海一带的烹饪原料已十分丰富，厨师烹饪取料相当广泛。唐宋是我国古代文明发展的巅峰，国家的统一、大运河的开通、经济的发展以及民族的融合，促进了鲁菜的进一步发展，其烹饪技法达到了极高的水准。明清时期，山东厨师不仅进入了皇宫御膳房和北京餐饮市场，还通过闯关东等移民的方式将山东风味带到了东北等广大地区，成为中国北方菜的代表。

鲁菜特色有四：一是咸鲜为主，突出主味，多用葱、姜、蒜等调料，如葱爆海参、九转大肠等；二是烹调技法多样，尤以爆、扒为世人称道，充分体现出鲁菜的火候功夫，如宫保鸡丁、德州扒鸡等；三是精于制汤，十分讲究"清汤""奶汤"的调制，在当地有"唱戏靠腔，做菜靠汤"的说法；四是地近大海，烹制海鲜有独到之处，尤其是对海鲜珍品和小海鲜的烹制堪称一绝。

山东民风朴实、待客豪爽，在饮食上丰盛实惠、注重质量，受孔子礼食思想的影响，讲究排场和饮食礼仪。鲁菜中，孔府菜最具代表性。孔府菜，即山东曲阜孔子嫡系后裔生活的府第——孔府的菜肴。《论语》记载，先圣孔子"色恶不食，臭恶不食，失饪不食，不时不食"，对饮食要求极为严格。孔府饮食遵循祖训，礼仪庄重、等级分明，有满汉全席、高摆室席、日常家餐等多种规格。最高规格的满汉全席，以清代国宴的规格设置，上菜196道，仅全银餐具就有404件，是中国饮食文化中官府菜的典型代表。孔府菜的经典菜品有一品豆腐、寿字鸭羹、翡翠虾环、燕窝四件等，菜名雅致、用料考究，既有圣人之家的风范，又有王公官府的气派，充分体现出儒家文化的特征。

三、手工技艺

黄河非遗之技流传千年，黄河流域传统手工技艺具有地域性、异质性和多样性的特点，它是一个地区的文化表征，也是人类文化多样性的重要表现。

（一）晋南土布织造工艺

随着棉花栽培和棉纺织技术传入黄河流域，晋南土布织造技艺逐步发展起来，至今已有近八百年的历史。今天，在黄河流域中东部的晋南地区，如临汾市的襄汾县、侯马市等地，这一传统技艺仍有部分留存，特别是在永和县，由于交通不便，经济发展相对缓慢，土布织造传统工艺得以被较为完好的保存。

土布又称"粗布""家织布"，用全棉织造而成。土布常常带有规律的条纹，稍显粗糙，却是完全环保的产品。现存的土布织造基本工艺有弹花、搓花卷和纺棉等，主要工艺步骤有纬线制作、经线制作和上机织布等，涉及大小工具58件。其中，缠拐子、浸线子、蹾线子、晒线子、拉线子、解线子、卷线子等工序具有较大的操作难度，需要织工既有娴熟的技术，又有足够的耐心和丰富的经验。20世纪六七十年代，土布生产逐渐淡出基本生产领域，仅有少数村民还能掌握土布织造的传统技艺。而今天人们的生活更加富裕，消费观趋于多元，土布在某种程度上也成为健康、时尚的代名词，这为土布织造工艺的传承和发展奠定了良好的社会基础。

晋南土布是世代相传的纯棉纺织品，带有黄河地区鲜明的民俗特色。用它制成的土布衣服，冬暖夏凉，透气性好，

晋南土布织造工艺

线粗纹深的布面形成无数个按摩点，具有良好的保健功效。其织造技艺中的水索绳、喜鹊窝排线以及缠穗伞等方法，十分巧妙，对丰富现代工艺流程具有很好的借鉴作用。晋南土布织造技艺体现了劳动人民自给自足、勤劳朴实的作风，形象地再现了我国传统的棉纺技艺，不仅有重要的经济价值，更有较大的文化价值。

（二）黄河澄泥陶印

"九曲黄河万里沙，浪淘风簸自天涯。"黄河自古就有"一碗水，半碗泥"之说，黄河携带的这些泥土孕育出了独特的文化艺术。黄河澄泥陶印是黄河流域土生土长的文化瑰宝，于2021年列入东营市河口区非物质文化遗产代表性项目名录。自古以来，印章便是中国传统文化的重要组成部分，它不仅具有实用价值，更蕴含着深厚的文化内涵和艺术价值。黄河澄泥陶印将黄河泥土与印章艺术完美结合，采用了一种独具特色的篆刻新材料。

黄河中段流经黄土高原地区，奔涌的河水裹挟大量泥沙飞泻而下，赠予了黄河澄泥陶印取之不尽、用之不竭的优质红泥。黄河澄泥陶印择取黄河入海沉积的红泥，汇聚印章匠人心血，经陈腐、揉制、压坯、雕刻、抛光以及数日不间断的电窑烧制等20余道工序，烧制出一方光泽圆润、极具黄河古道特色的澄泥印。澄泥印硬度比石印高，印面不易磨损，且制作方法多样，受到人们的青睐。黄河澄泥陶印具有丰厚的文化底蕴和文化积淀，它不仅是一种商业产品，还具有较高的鉴赏价值。黄河澄泥陶印连接传统与现代，集书法、篆刻、制瓷、雕塑、美学、传统文化于一身。它带着大自然的气息，能唤起人们对黄河文化的敬仰与喜爱。

一方澄泥印，沉淀千年黄河文化古韵。随着时代的发展和社会的变迁，黄河澄泥陶印的传承与发展面临着新的挑战和机遇。一方面，随着现代化进程的加速和传统文化的逐渐淡化，黄河澄泥陶印的制作技艺面临失传的风险。另一方面，随着人们对传统文化的愈加重视和文化自信的提升，黄河澄泥陶印作为中华文化的瑰宝之一，其独特的艺术魅力和文化价值逐渐得到更多人的认可。在这一背景下，要积极探索黄河澄泥陶印与现代艺术的融合与创新之路，通过引入现代设计理念和科技手段来推动黄河澄泥陶印的创新发展。

（三）黄泥古陶

黑陶因在烧制过程中采用了渗炭工艺，使得陶体乌黑发亮而得名。它黑如漆、声如磬、薄如纸、亮如镜、硬如瓷，是黄河中下游龙山文化的代表。作为黑陶原材料的红胶泥，是黄土高原上的胶泥被黄河水带入中下游地区沉积而成。

我国的陶器生产已有上万年的历史。陶器生产制作起源于黄河流域，从裴李岗文化到仰韶文化和大汶口文化，都能发现我国早期生产陶器的作坊，遗址遍布河南、陕西、山西、山东等地。仰韶彩陶、龙山黑陶、秦兵马俑、汉代瓦当都是宝贵的世界遗产。黄泥古陶的制作技艺已有几千年的历史，相传陶朱公范蠡退隐于菏泽一带，潜心研制泥陶工艺，鼎革造型，促进陶业发展。此后，泥陶制作在民间不断传承和发展，逐渐形成独具特色的流派。泥陶制品中含有活性炭，有除碱滤清、吸收异味的作用，其制作工艺在黄河下游广为流传。

黄泥古陶在黄河文化中占据重要地位。传统黄泥古陶制作全部采用手工工艺，主要材料选用黄河下游冲积平原地下5—8米处的黄泥，从选材到烧制需要20多道工艺。20世纪70年代，山东成功推出带有龙山文化特色的黑陶，因其造型粗犷朴拙、制作工艺精湛、色泽浑然天成、叩之清脆悦耳而声名远播。如今的黄泥古陶，在继承传统手工艺的基础上，守正创新、传承发展，大胆使用了浮雕、高浮雕、镂空等新技法，色泽上突破了传统的灰、红、黑三色，运用高新技术焙烧出了橘黄、石青、仿青铜、石碣等颜色。

（四）万荣面塑

山西省运城市万荣县位于汾河与黄河交汇处的黄河东岸，地处华北、西北、中原三大地域的连接处。万荣面塑历史悠久、种类齐全，制作精美、构思巧妙，是一种在祭祀、建房、乔迁等民俗活动中使用的艺术供品。万荣面塑采用独特的制作技艺，其中包含了绘画、雕塑、刻印等诸多艺术门类，承载着厚重的黄河文化。

相传三国时期，诸葛亮征南蛮、渡泸水，因邪神作祟，几次征伐无果，须以人头祭祀。诸葛亮不忍杀生，正为难之际，诸葛军中有一姓解的万荣人，向诸葛亮建议在猪或羊的头上包面，称作"馒头"，用来祭祀。诸葛亮征服南蛮后，姓解的万荣人回到故乡，把用馒头祭祀神灵的做法传授给故乡人。宋代《梦粱录》中记载，每逢春节、中秋、端午以及结婚祝寿等喜庆日子，都需要用到面塑。例如，在农历七月十五的中元节，万荣几乎家家都用面粉制作花样繁多、技艺精湛的面塑，造型有人物、动物、翎毛、瓜果等，用以祭祀阵亡的将士。明代以后，面塑逐渐不再局限于食用，而是演变成一种独立存在的艺术形式。明代面塑的欣赏性明显增强，且有独立的经济价值。面塑的内容和形式不断推陈出新，其艺术魅力同样为许多王公贵族所认可。面塑由街头走上大雅之堂，整体水平发生质的飞跃，表现手段和表现技巧日臻成熟。如今，万荣面塑品类达百余种，有着鲜明的民间和地方特色，造型夸张生动、用色明快大方、风格粗犷朴实，并富有雅拙的美感，有着很高的历史价值和文化价值。

万荣面塑有3大系列、100多个品种，形成了完整的创作体系。3大系列包括：花糕、花馍、吉祥物。花糕是圆形、夹层、上盖合成的圆扁形花馍，出笼后在顶部插上所需面花；花馍用圆形、桃形、鱼形等形状的面团作为花馍主体，出笼后插上所需面花；吉祥物多以动物为主，制作方法有分件组合、一次成形两种。万荣百姓过春节、二月二、清明节、端午节、走麦罢、七月十五、八月十五、重阳节、腊月二十三等节日以及举办婚礼、上梁、满月、祝寿等活动时，均制作不同类型的面塑。万荣面塑极具寓

万荣面塑

意且有较强的针对性，适用于不同的民俗活动，承载着人们对未来美好的祝愿。

第三节　黄河文化中的民谣民俗

黄河流域的民谣民俗是黄河文化的重要组成部分。在历史、地域、传统等因素的共同影响下，黄河流域的不同区域产生了各有特色的民谣民俗。

一、民谣

歌谣是最早的民间文学创作，《诗经·国风》中的大部分歌谣，如郑风、卫风等，都来自黄河流域。由于地域地貌和风土人情的不同，各地形成了不同风格的民间歌谣，这里主要介绍花儿、陕北民歌、河曲民歌、黄河号子。

（一）花儿

花儿是黄河流域优秀民俗文化的组成部分。黄河上游地区世代流传的花儿，是一种高腔山歌，亦称"野曲""少年"，传播于中国西北地区的甘肃、青海、宁夏和新疆四个省（区），是由汉、回、藏、土、东乡、保安、撒拉、裕固等民族共创共享的民歌艺术形式。[1]在黄河上游的广袤地区，花儿作为一种多民族共有的原生态民歌，在经过岁月沉淀之后，历久弥新。黄河风光、各地文化，都是花儿歌唱的主题。

"花儿形成后传播到西北各民族中，通过跨民族传播，与各民族的语言

---

① 郑长铃、林淑娟：《文化与认知：对非物质文化遗产"花儿"的相关思考》，《南京艺术学院学报》2024年第1期。

花儿演唱场景

文化与艺术形式相结合，形成了各具特色的花儿。"①花儿有自己独特的格律和演唱形式，演唱时即兴编词，有抒情和叙事两种，以抒情短章为多。由于音乐特点、歌词格律和流传地区的不同，花儿被分为"河湟花儿""洮岷花儿"和"六盘山花儿"三个大类。河湟花儿是西北花儿的主要代表，是民族融合的产物，虽然以歌唱爱情为主，但也是该地区政治、经济和文化的反映。居住在这里的各族居民，在田间耕作、山野放牧、外出赶路时，只要有闲暇，都要唱上几句悠扬的花儿遣兴抒怀。此外，每年还会在特定的时间和地点，自发举行规模盛大的民歌竞唱活动——花儿会，这一活动具有促进多民族文化交流与情感交融的重要价值。

花儿反映了当地居民的真实生活。一是反映了民众的文化习俗。如"你背上罗锅我背上枪，上山走，要吃个黄羊的肉哩；你拿上黄表我拿上香，进庙走，要吃个不罢的咒哩"，反映了汉族群众的民俗。二是反映了节日习俗。如"杨柳的弯弯弯杨柳，五月端午的绣球；我跟你今日成两口，好日子还在个后头"，反映了当地的端午节习俗。三是反映了茶文化和饮食文化。如

---

① 钟进文：《花儿的跨民族传播与多民族文化共享研究》，《西北民族大学学报（哲学社会科学版）》2024年第5期。

"三炮台的碗子喀啦啦响,云南的茶叶儿下上",介绍了河湟地区最讲究排场的饮茶方式。河湟地区的饮食文化十分丰富,光面食就有面片、凉面、拉面、包子、锅盔等,"马步芳修下的乐家湾,拔走了心上的少年,哭下的眼泪和成面,给阿哥烙下的盘缠"中的"盘缠",就是干粮的意思。四是反映了服饰文化、娱乐文化等。如"小阿哥好比是白棉花,纺成个线,织成个布,缝一件挨肉的汗褟,我身穿上,心里热乎着没法",反映了回族、东乡族、撒拉族的服饰。

花儿歌手们还原了黄土高原千年的呐喊,他们用自己的声音让中华民间文化跌宕起伏在青藏高原和黄土高原之间的大山中,伴随着黄河汹涌澎湃的怒吼声,久久回荡在中华大地,既见证了中华民族的崛起和伟大复兴,也展示了黄河文化中典型的民俗与民风。

（二）陕北民歌

陕北民歌是流行于陕西省北部黄土高原的各类民间歌曲的统称,它产生于日常生产生活,与当地人的语音腔调、地域性格、生存环境、生活情感等联系紧密,信天游是其代表。陕北民歌的歌词多为即兴创作,内容涉及劳动、爱情、家庭生活、社会交往、文化娱乐等方面,展现了浓郁的陕北风情。

悠久的历史赋予陕北深厚的民族文化传统,特殊的文化背景造就了粗犷洒脱、率直真诚、热情大方且具有强烈地方特色的陕北民歌。它的艺术魅力在于音乐艺术和语言艺术的和谐统一。陕北民歌在广泛流传的过程中,经过劳动人民的不断打磨加工,在旋律和歌词的形式上,逐渐形成一定的规范性和严整性。

陕北民歌的句式多为上下句,两个尾字押韵,形成一个段落。它的主要特点有五个方面。一是充分运用"比兴"的艺术手法,以彼物比此物,先言他物,如"五谷里那田苗子,唯有高粱高,一十三省的女儿呀,唯有那蓝花花好"。二是歌词开头为一句日常语言,起兴引出后一句,如"树叶叶绿来,树叶叶黄,丢下个小妹子受凄惶"。三是歌词多采用衬字和衬句，如"走头头的那个骡子哟，三盏盏的那个灯"，其中"的那个""哟"均为衬字，"小姐姐拿一把鸳鸯扇，将身坐在玉石栏杆，一对对蝴蝶儿瞧牡丹，蝴蝶来瞧牡丹"中"蝴蝶来瞧牡丹"为衬句。四是借物比人，托物言情，陕北民歌中以描写爱情的歌曲最为多见，如"万不要交朋友，交下朋友多，怕你受折磨；有钱的他是朋友，没钱的两眼儿瞅。唯有那小妹我，天长又地久"，字字句句见真情，歌词朴素自然、意味深长。五是歌词口语化，陕北民歌运用地方方言，不仅唱起来亲切感人，而且节奏明快、气韵通畅。

陕北民歌昂扬着黄土地上泥土的芳香，流淌着黄河儿女最通俗的词汇和最亮丽的激情。信天游曲调悠扬高亢、粗犷奔放，是人们在土地贫瘠、交通不便的黄土高原上生活劳动时抒发感情的渠道。它是黄土文化的典型代表，是汉族民间音乐最具特色、流传最为广泛、影响最为深远的民歌之一。陕北民歌的传承与保护，需要回归民歌文化本源，挖掘其深层文化内涵，实现陕北民歌的活态传承与系统性保护，并不断赋予其新的时代价值。

（三）河曲民歌

河曲民歌形成于山西河曲地区，河曲地处黄河弯道，历史上交通阻隔、土地贫瘠、旱涝无定，饱受黄河水患之苦，老百姓灾难深重。这一特殊的人文地理环境，使得当地百姓形成每年春去冬回，到内蒙古大青山、河套一带打短工、拉长工的"走西口"生活生产方式。这种年复一年离妻别子的痛苦经历，自然诞生了讲述生离死别、思念期盼的河曲民歌。河曲人性格朴实直率，在忍受和战胜困苦的过程中，民歌就是他们直抒胸臆的工具，对艰辛生活的抗争、对剥削者的反抗、对爱人的思念、对残酷社会的控诉都是他们歌唱的内容，因此河曲民歌风格纯朴深沉、真挚激烈。

河曲民歌是河曲人民在社会生产实践中创作出来的，并在延续过程中不断进行着艺术的再加工，是河曲人民的生活感悟和情感的凝集与流露，是世代河曲人"矢口寄兴""放情长言"的心声。它形成于何时尚未确定，但在山曲基础上形成的"二人台"，据考证已有200年左右的历史。据清代

《河曲县志》载，在汉至宋、元、明代，就已"户有弦歌新治谱，儿童父老尽歌讴"，这足以说明当时河曲民歌在河曲县的普及程度。

河曲民歌中数量最多、传唱最广泛的是山曲。山曲在当地又被称为"酸曲"，属于山歌类型。"河曲民歌不仅历史悠久，题材广泛，而且体裁多种多样，形式丰富多彩，具有独特的艺术风格与鲜明的地方特色：高亢明亮、富有山野味，节奏比较自由，词曲结构方面采用上下句体式，往往上句起兴，下句表情；上句说景，下句说情；通常一个上下句揭示一种深邃的感情或描绘一种逼真的生活画面，像'山在水在石头在，走西口的人儿常不在''红葡萄来绿果果，妹妹好比花朵朵''天天刮风天天凉，天天见面天天想''阳坡一落山跟底，一阵阵想起哥哥你''麻阴阴天气雾沉沉，想亲亲哭成个泪人人'等都是典型的例子。"[1]另外，山曲的音域较宽，节奏也相对自由，听起来高亢嘹亮，给人一种悠远壮阔的感觉。河曲民歌的代表作品有《大红公鸡毛腿腿》《放羊汉唱起爬山调》《三天的路程两天到》《羊馆歌》等。

（四）黄河号子

九曲黄河奔流入海，以百折不挠的磅礴气势塑造了中华民族自强不息的伟大品格，成为民族精神的重要象征。生活在黄河岸边的劳动人民，与黄河共生存、相博弈。黄河自古多洪泛，在与洪水的抗争中，劳动人民协同劳作，逐渐形成有一定节奏、一定规律、一定起伏的号子，后演变为一种音乐形式。《宋史·河渠志》记载，"凡用丁夫数百或千人，杂唱齐挽，积置于卑薄之处，谓之'埽岸'"，这里的"杂唱"指的就是号子。黄河号子是民歌的一个主要载体，具有协调与指挥劳动的实际功用，是黄河岸边的人民参与集体协作性较强的劳动时，为了统一劳动节奏、协调劳动动作、调动劳动情绪而唱的歌曲。

---

① 吕勇：《河曲民歌的魅力——〈大红公鸡毛腿腿〉及三首河曲民歌的流传》，《中国音乐》2012年第2期。

劳动号子既能缓解劳累、激发干劲儿、抒发情感，也是对劳动者的歌颂。从号子表现的内容来看，有的反映地理环境特点，有的描述民俗风貌，都是地方文化的体现。劳动号子带有泥土的芬芳，也是我国重要的音乐表现形式。在广为人知的大型合唱声乐套曲《黄河大合唱》中，第一乐章《黄河船夫曲》就采用了号子的形式，呈现出鲜明的地域特色和强烈的艺术感染力。

黄河号子分为许多类别，有抢险号子、夯硪号子、船工号子、运土号子、捆枕和推枕号子等，各地区出现不同的流派，各种号子异彩纷呈、争奇斗艳。山东阳谷寿张黄河夯号就是这一口口相传的非物质文化遗产的突出代表。齐河黄河号子俗称"拉纤号"，采用一领众和的形式，从歌词到曲调都敦厚质朴、雄劲开阔、高亢有力，用以协调人力、臂力，放松情绪，减小劳动强度，是在社会实践中产生的一种民间音乐形式，具有浓重的黄河文化特色。不得不提的是，由于现代化的机械设备已经将人们从繁重的体力劳动中解放出来，黄河打夯号子已不再具有实用价值，面临被时代淘汰的困境，但研究、整理、再现黄河号子，有保存、传承黄河文化的现实意义。

二、民俗

黄河沿岸的民俗文化是非物质文化遗产的重要组成部分，反映了不同地区群体的认同感和历史感，具有群众性、长期性、复杂性。民俗所蕴含的精神价值、思维方式、想象力和文化意识，是维护中国文化身份的基本依据。尊重普通百姓的文化记忆、民俗文化和日常生活方式，是认识中华文化多样性的一个窗口，是更好地构筑中国精神、中国价值、中国力量的基础。

（一）九曲黄河阵

九曲黄河阵是黄河流域一种古老的传统民俗文化活动，是我国古代军阵文化、社火文化、元宵节庆文化和宗教祭祀文化深度融合的产物。九曲黄河阵相传为姜子牙所创，有关九曲黄河阵的介绍最早出现于明代许仲琳的神魔小说《封神演义》中，书中"三姑计摆黄河阵"一段描述了摆在黄河岸边的

九曲黄河阵

"九宫八卦阵"。"八阵"实际上在三国以前就已存在，孙膑的《孙膑兵法》中已有《八阵》篇，东汉作战训练中已普遍使用八阵。后世的李靖、戚继光等杰出的军事将领在前人的基础上不断修改完善，进而形成我国古代阵法的最高峰——"九宫八卦阵"。古代军人在平时训练和节日娱乐时，常常以军阵的形式出现于相关的活动上，这种情况在今天的军营中也是常见的，九曲黄河灯阵实际上是军队以军阵形式娱乐的产物。

这一传统民俗文化活动流传至今，演变为人们游绕黄河九曲，祈愿人丁安康、五谷丰登、六畜兴旺。"九曲黄河阵灯会主要分布在华北地区的山西、陕北、河北北部以及北京地区。山西是九曲黄河灯会分布最广泛的地方，忻州、晋中、吕梁、长治地区都有分布。"①各地在传承九曲黄河灯阵的过程中，发展出各自的特色，形成了不同的流派。

历史上的黄河灯阵规模都比较小，通常大一点的占地有十来亩，小一点的仅三四亩，甚至更小。传统的黄河灯阵外廓均为正方形，内里分三行，每行三个小正方形，共九个，故称"九宫八卦阵"。有平安灯、发财灯、送子灯、前程灯、求婚灯、长寿灯、步步高升灯等十八灯，是民间祈福求财、祛

---

① 苗峰：《环境适应与群体的民俗选择——华北地区黄河九曲灯会的历史地理学考察》，《山西师大学报（社会科学版）》2009年第1期。

邪去病的游乐灯阵。

九曲黄河阵今非昔比，五根高杆变成五个倒立的红色金字塔，上飘五色方旗，三百余盏五颜六色的小灯簇拥着九盏分外亮丽、格外显眼的大灯，九曲场外被旱船秧歌围得水泄不通，锣鼓声、唢呐声、丝竹声、欢歌声，声声清脆，飘荡在色彩斑斓的近空。最初的黄河灯阵是军阵、宗教祭祀、娱神的产物，人们用它来驱逐邪魔、赶走鬼魅、防疾避疫，获得安宁健康，今天的黄河灯阵祭祀、娱神的成分越来越少，自娱自乐、祈福消灾的内涵越来越明显。

（二）扎马角

扎马角是从远古流传下来的一种独特民俗活动，流传于黄河沿岸的山西省临猗县南赵、北赵、安昌、师家等村庄，被称作"勇敢者的游戏"，表演者嘴插钢钎，手舞长鞭，穿梭于村庄巷道院落。扎马角从古代的祈雨活动演化而来，相传"马角"被神附体，是介于神与常人之间的通灵者。上古时期人们对大自然的认识有限，每每遇到天旱之年，祈雨便是缓解干旱唯一的寄托，将属龙之人扮成"马角"，用铁链捆绑，押往黄河边取水，置于庙宇观音玉净瓶中，完成祈雨祭祀活动。"马角"取水过程中，有时会遇到几个村子祭祀"撞车"，往往会引发斗殴，后来人们为了避免流血事件，就用自己的勇敢行为来展示强悍，便有了用钢钎穿嘴的举动，也是为了感动上天达到降雨的目的。

随着社会的发展，扎马角已经演化成为一种自发的民间社火，扮"马角"被赋予驱邪祈福之意。活动从"祭天祭鞭"开始，一阵鞭炮声过后，身穿红装的"马角"们手舞钢叉依次而出，与饮马之人在巷道里口念符语，进行互动表演。扎马角活动看似原始狂野，实则过程相当有序，"文明礼貌升马角，高高兴兴看马角"是当下扎马角活动的一个真实写照。

黄河岸边这种古老原始的扎马角民俗活动，展示了先民们的强悍与勇敢，也体现了人们对幸福生活的追求。今天扎马角民俗面临失传的风险，但随着展示形式的创新，近年来又将这一古老的民俗改编后搬上舞台，扎马角得以以一种新的艺术形式流传。

（三）河曲河灯会

河曲河灯会，也称河曲河灯节。每年农历七月十五举办，历时三天。人们在黄河边漂放河灯，通过各种祭祀形式，祈祷神灵消灾免难、风调雨顺。放河灯源于佛教仪式中盂兰盆会的"照冥荷花灯"，其目的是普渡落水鬼魂或其他孤魂野鬼。在此基础上，河曲河灯会被赋予了独具地方特色的内涵。据《禹贡》记载，禹曾亲临河曲治理河道，至今禹迹犹存。此地历来河渡繁忙，船工辈出，被称为"河路汉"的船工常年走险于变幻莫测的黄河之中，死难者无数，因此放河灯活动备受重视。又因旧时河曲地瘠民贫，乡人多有走西口谋生者，流亡丧命于外乡者众多，家乡人以放河灯的形式祭祀他们，河灯会遂稳固地传承下来，形成习俗。

河曲河灯会历史悠久，古时漂放河灯，由黄河船工组织河路社举办，当时被称为"迎神送鬼节"。到了21世纪，河灯节已成为具有丰富民俗内容的民间活动。每年农历七月十五，在山西省河曲县，广大群众蜂拥至县城西门外的"西口古渡"燃放河灯，举行隆重的仪式祭奠大禹，祈祷风调雨顺。河曲河灯会把祭禹、悼念、祈福集于一身，通过特殊的放河灯形式来寄托对故人的哀思和对未来美好生活的热切企盼，是禹文化和走西口文化相结合的产物。河曲河灯会是山西、陕西、内蒙古三省（区）民众的集体记忆，成为河曲地区传统习俗的重要组成部分，具有社会学、民俗学及地方历史文化等方面的研究价值。

结　语

黄河文化是黄河流域历史发展脉络中诸多文明成果的总和，黄河流域特色文化是黄河流域自发形成的民间文化，是黄河文化的有机组成部分，在生动展现黄河文化的丰富内涵及群众力量中发挥着重要作用。黄河流域有大量的非物质文化遗产和民间艺术资源，它们是千百年来人民在生产生活实践中创造的宝贵遗产，是民族智慧的结晶。新时代，要深入挖掘黄河文化中的特色文化，传承弘扬民间艺术，延续历史传统，做好黄河文化遗产的系统保护，为实现中华民族伟大复兴的中国梦凝聚精神力量。

思考题

1. 秦腔历史悠久、技巧丰富，请思考在今天秦腔应该如何走出传承困境？

2. 传统四合院是如何将古典之美与文化底蕴进行完美结合的？

| 第四章 |

薪火相传：黄河流域的红色文化

本章主要讲述黄河流域各族儿女在保家卫国、自立自强过程中形成的红色文化。在中国革命和建设时期，黄河流域的各族人民为国家独立、民族解放做出了巨大贡献。黄河流域红色故事不仅展现了中华儿女的英勇奋斗和无私奉献，也体现了黄河文化中坚韧不拔、自强不息的精神。我们将通过黄河流域红色故事中体现出的红色文化，感受黄河文化中深厚的家国情怀，感悟黄河流域红色文化历久弥新的生命力和感召力，让红色基因代代传承，让革命传统发扬光大。

第一节 新民主主义革命时期
黄河流域的红色文化

在中华民族几千年绵延发展的历史长河中，爱国主义始终是激昂的主旋律。近现代以来，面对内忧外患，中华儿女奋起抗击。从陕北革命根据地的建立，到解放战争奏响凯歌，黄河见证了中国共产党领导人民进行革命斗争的艰辛历程，形成了感人至深、荡气回肠的红色文化。黄河流域的红色文化蕴含着不屈不挠的革命斗争精神和顽强拼搏的艰苦奋斗精神，成为黄河文化中最具活力的组成部分之一。

一、延安精神

地处黄河中游、黄土高原腹地的延安，是中国革命的圣地、新中国的摇篮，也是黄河流域红色文化的重要发源地之一。在这片古老的黄土地上，以毛泽东同志为代表的老一辈无产阶级革命家，以坚定不移的崇高信念和勇于开拓的创业实践，带领中华民族从苦难走向独立，在拯救民族危亡和争取人民解放的血与火的斗争中创造了辉煌业绩，培育和铸造了以"坚定正确的政治方向，解放思想、实事求是的思想路线，全心全意为人民服务的根本宗旨，自力更生、艰苦奋斗的创业精神"为主要内容的延安精神。延安精神是我们党克敌制胜的法宝，是中国特色社会主义现代化建设的强大精神动力。

（一）延安精神的形成

延安精神不是凭空出现的，其形成和发展有着深刻的社会历史根源。

从1935年10月19日中央红军长征到达陕北到1948年3月23日东渡黄河离开陕北，中共中央在以延安为中心的陕甘宁边区经历了13个春秋。这一时期，以毛泽东同志为主要代表的中国共产党人，在争取民族独立和人民解放的伟大斗争实践中，展现出崇高的革命精神和非凡的领导能力。他们以马克思主义为指导，紧密结合中国实际，创造性地提出一系列战略思想和政策主张，为中国共产党的发展和国家的未来指明了方向，为新中国的成立奠定了基础，为中国历史掀开崭新的一页。黄河流域的红色文化是中国共产党领导下的革命历史和英雄事迹的集中体现，不仅丰富和发展了黄河文化的内涵，而且成为黄河文化的重要组成部分。这些红色文化基因深深植根于黄河流域的广袤土地，与黄河儿女的血脉紧密相连，共同构成中华民族精神的丰富源泉。

艰难困苦的生活条件与复杂多变的政治局势是延安精神形成的客观背景。延安所在的陕北地区是当时中国最贫穷落后的地区之一，这里丘陵起伏、沟壑纵横，自然环境十分恶劣；国民党反动派发动重兵包围边区，进行严格的经济封锁，延安的生活物资极度匮乏；另外，党内存在不顾国情、照搬照抄马克思主义，生搬硬套苏联的革命建设经验、道路和模式的教条主义现象。面对这些困境，中国共产党人没有一蹶不振、畏缩不前。一方面，坚持自力更生、艰苦奋斗，对自然环境进行了轰轰烈烈的大改造，通过开展大生产运动，有效解决了根据地物质资源严重短缺的问题，保障了边区军民和工作人员的生活需要，奠定了抗战胜利的物质基础。另一方面，针对党内存在的学风不正、党风不正和文风不正的问题，开展了整风运动。全党上下积极开展批评与自我批评，运用马克思主义基本立场、基本观点、基本方法，结合现实情况解决实际问题，坚持真理、修正错误，不断开创革命斗争的新局面。

（二）延安精神的主要内容

延安时期是中国共产党领导革命历程中一个极其重要的时期，经历了抗日战争、大生产运动、整风运动、党的七大、解放战争等一系列影响和改变中国历史进程的重大事件，培育和铸造了中华民族的振兴奋进之魂——延安精神。延安精神是中国共产党人的红色基因，深深融入了中华民族的血脉和灵魂。

1. 坚定正确的政治方向

中国共产党为什么能在艰难困苦的岁月中创造辉煌？其中一个重要原因就在于确立了坚定正确的政治方向。党的政治方向是党生存发展第一位的问题，是党的事业发展的根本性问题，关系到中国革命的兴衰成败。

毛泽东指出："没有正确的政治观点，就等于没有灵魂。"[①]1939年，在纪念中国人民抗日军事政治大学成立三周年时，毛泽东更是将"坚定正确的政治方向"明确确定为首要的教育方针。坚定正确的政治方向是延安精神的灵魂，它集中体现在共产党人坚定不移的共产主义理想信念上。在延安的13年，党能够从之前经历的挫折中快速成熟起来，成为中国革命事业当之无愧的领导核心，最根本的原因，是确立了毛泽东思想的指导地位，形成了以毛泽东同志为核心的中央领导集体，实现了全党在思想上、政治上、组织上的团结统一。

2. 解放思想、实事求是的思想路线

在党的历史上，教条主义错误严重影响着党的前进。如何从"把马克思主义教条化，把共产国际决议和苏联经验神圣化"的迷信中解放出来，是遵义会议后中国共产党面临的最迫切的历史任务。党中央到达陕北后，为了从理论上彻底对主观主义进行批判，毛泽东同志先后撰写了《实践论》《矛盾论》等著作，运用马克思主义哲学原理分析中国革命的实际问题，揭露和批判教条主义、经验主义的错误。

1938年10月，在党的六届六中全会上，毛泽东首次提出实事求是的思想路线，并提出了"使马克思主义在中国具体化"的命题，号召全党用马克思主义的立场、观点、方法分析和研究中国革命的实际问题。从1942年2月开始，毛泽东领导开展整风运动，把党的思想路线概括为"实事求是"。解放思想、实事求是的思想路线，是延安精神的精髓，贯穿于延安精神的各个方面。可以说，没有实事求是思想的提出，就没有中国革命灿烂辉煌的成就。

---

① 《毛泽东文集（第七卷）》，人民出版社1999年版，第226页。

3. 全心全意为人民服务的根本宗旨

全心全意为人民服务是延安精神的本质。作为延安精神原生形态的"抗大精神""张思德精神""白求恩精神""南泥湾精神",都是人民情怀、群众至上的公仆精神的彰显。"瓜连的蔓子,蔓子连的根。老百姓连的共产党,共产党连人民。"这是在延安广为传唱的一首民歌,正因为我们党始终坚持全心全意为人民服务,将"蔓子"深入到人民群众之中,才能得到广大人民群众的衷心认同和拥护。

中国共产党与人民群众的血肉联系,在延安时期得到进一步深化和发展。1939年2月,在致张闻天的信中,毛泽东同志把"为人民服务"作为无产阶级的道德观提了出来。同年12月,在《纪念白求恩》一文中,毛泽东提出要学习白求恩毫无自私自利之心的精神,有了这种精神,就可以成为"一个高尚的人,一个纯粹的人,一个有道德的人,一个脱离了低级趣味的人,一个有益于人民的人"[①]。1944年9月,在中央直属机关和警备团召开的张思德追悼大会上,毛泽东同志发表《为人民服务》的演讲,高度赞扬张思德全心全意为人民服务的崇高思想道德境界,系统阐述了全心全意为人民服务的精神。这是对党员干部的品德要求与号召,体现了中国共产党对于党员干部在道德修养上的高标准和严要求,也激励着一代代共产党员为人民谋幸福、为民族谋复兴、为世界谋大同。

1945年,党的七大第一次把全心全意为人民服务作为党的宗旨写进党章,科学回答了共产党人"干什么""为什么人""靠什么人"的问题,体现了中国共产党区别于其他政党的执政宗旨和价值取向。延安时期,党坚持一切从人民的利益出发,开展减租减息运动、大生产运动,开展"三三制"政权建设,发展民主政治等,极大地改善了人民群众的生活,赢得了人民群众的衷心拥护和支持,对党加强与广大人民群众的血肉联系、团结和领导人民取得革命和建设的胜利发挥了极其重要的作用。

---

① 《毛泽东选集(第二卷)》,人民出版社1991年版,第660页。

4. 自力更生、艰苦奋斗的创业精神

陕甘宁边区的南部边界靠近黄河，历史上曾多次受到黄河泛滥的冲击，此处地广人稀，自然灾害频发，经济社会发展相对落后。1937年1月13日，毛泽东随中共中央和中革军委从保安迁驻延安。从此，延安成为中共中央驻地、陕甘宁革命根据地的中心。

面对侵华日军大规模"扫荡"、国民党军事包围和经济封锁、自然灾害等带来的严重财政经济困难，中国共产党人必须自力更生、艰苦奋斗。毛泽东在1939年2月2日举办的延安党政军生产动员大会上指出，要继续抗战，就要动员全中国的人力物力。要发动人力，就要实行民权主义；要动员物力，就要实行民生主义。因此，这一生产动员大会，也是实行民生主义的大会。毛泽东阐述了大生产运动的必要性、可能性及重大意义，并指出，不仅边区群众，全体部队战士、机关干部、学校学生也要自己动手，投身大生产运动。这些讲话充分调动起陕甘宁边区党政军各界的生产积极性。

在以农业生产为主的陕甘宁边区，要使落后的工业也发展起来，必须尊重自然科学，重视科学技术的发展。为促进边区经济的全面繁荣，党中央一方面强调生产技术和经济工作的重要性，爱护和培养自然科学人才；另一方面，通过举办农产品展览会和工业品展览会，发放农贷支持农村经济发展，改造"二流子"，禁绝烟毒，评选劳动英雄和模范等，改变了边区的乡村面貌，极大提升了劳动生产率。中共中央进一步完善以减租减息为核心的租佃制度改革，有效调动了乡村各阶层的生产积极性。在减租过程中，边区各地还成立了农会、租户会、减租会等民众组织，专门负责处理减租和农民佃权的保护事宜。通过轰轰烈烈的大生产运动，克服了严重的物质困难，粉碎了国民党的经济封锁，有效保卫和扩大了抗日根据地。

1945年8月，毛泽东在《抗日战争胜利后的时局和我们的方针》中说："我们的方针要放在什么基点上？放在自己力量的基点上，叫做自力更生。"[①]自力更生、艰苦奋斗，成为中国共产党攻坚克难、不断胜利的动力源泉。

---

① 《毛泽东选集（第四卷）》，人民出版社1991年版，第1132页。

（三）延安精神的时代价值

延安精神是中国共产党性质和宗旨的集中体现，是党的优良传统和作风的集中体现，它与中国革命和建设的命运紧密相连，同中国共产党的存亡息息相关。延安精神既是伟大建党精神、井冈山精神、长征精神的传承与发展，又是中国革命理论创新和实践探索在延安时期的概括和升华。

弘扬延安精神，有利于坚定理想信念，补足精神之"钙"。中国共产党从成立起，就高举马克思主义伟大旗帜，把实现共产主义作为自己的最高理想和最终目标。延安时期，我们党在政治上、思想上、组织上走向成熟，坚定正确的政治方向，锻造了坚强的领导力量，赢得了广大人民群众的衷心拥护和支持。因此，中国共产党才能领导中国人民完成新民主主义革命、进行社会主义革命和建设、进行改革开放和社会主义现代化建设，进而实现全面建成小康社会的第一个百年奋斗目标，才能在新征程上不断夺取新的伟大胜利，实现第二个百年奋斗目标。

弘扬延安精神，有利于赓续红色血脉、传承奋斗精神。解放思想、实事求是、理论联系实际、一切从实际出发的哲学观点，是马克思主义基本原理与中国具体实际相结合的理论依据，帮助中国共产党认识和解决中国革命、建设和改革过程中所遇到的各种问题。延安时期，我们党在自我革命中修正错误、坚持真理，为赢得抗日战争和解放战争的伟大胜利打下了基础，扭转了中国的前途命运。当今，我们比历史上任何时候都更接近、更有信心和能力实现中华民族伟大复兴，必须学习好、运用好党的历史经验，脚踏实地、苦干实干，发挥勇于创新、敢为人先的进取精神，不断增强斗争本领，将前无古人的伟大事业不断向前推进。

二、南泥湾精神

南泥湾位于陕西省延安市东南45千米处，是黄河一级支流汾川河的主要发源地。汾川河的水源条件使南泥湾在陕北这一干旱、半干旱地区显得格外珍贵，为发展农业、开垦拓荒提供了尤为重要的生态条件。南泥湾是中国共产党军垦事业的发祥地。80多年前，为摆脱困境、打破国民党的封锁，以八路军三五九旅为代表的抗日军民，积极开展生产运动，实行战斗、生产、学习三结合，战胜了重重困难，创造了令人赞叹的伟大奇迹，形成自力更生、艰苦奋斗的南泥湾精神。南泥湾精神是延安精神的重要组成部分，是中国共产党精神谱系的重要内容和中华民族的宝贵财富。

（一）南泥湾精神的形成

南泥湾精神形成于延安时期极端困难的情况下，是在中国共产党带领军民开垦南泥湾、推动边区大生产自救运动的伟大实践中产生的。

抗日战争进入相持阶段后，日军作战逐步转向敌后战场，国民党消极抗日、积极反共，对陕甘宁边区进行层层封锁，扬言"不准一斤棉花、一粒粮食、一尺布"进入边区，企图饿死中国共产党人。陕甘宁边区面临严峻挑战，财政经济尤为困难。1942年12月，毛泽东同志在陕甘宁边区高级干部会议上所作报告《经济问题与财政问题》中指出："我们曾经弄到几乎没有衣穿，没有油吃，没有纸，没有菜，战士没有鞋袜，工作人员在冬天没有被盖……我们的困难真是大极了。"[1]

在严峻的历史关头，党中央提出"发展经济，保障供给"的总方针和"自己动手，丰衣足食"的号召，动员广大军民开展轰轰烈烈的大生产运动。为了实现生产自救，朱德在1940年11月正式提出军垦屯田的设想，指示部队在不影响战斗、训练的情况下，实行垦荒屯田。为此，朱德多次带领技术人员前往南泥湾对土壤、水质等进行全面勘察，对南泥湾哪里荒地多、哪里土地肥沃、四时八节种什么农作物好、农作物的生长情况怎样都做了详细调查，最终确定：南泥湾是块垦荒屯田的好地方。1941年春，三五九旅在旅长王震的率领下，高唱"一把镢头一支枪，生产自给保卫党中央"的战歌，挺进南泥湾，垦荒屯田。一场改天换地的"战斗"在这片

---

[1] 《毛泽东选集（第三卷）》，人民出版社1991年版，第892页。

左图为抗日战争期间，八路军三五九旅在南泥湾开荒生产（资料照片）；右图为如今延安南泥湾的景色

黄土地上打响了，沉睡的南泥湾被战士们用镢头"唤醒"了，从野菜果腹到农业生产面积扩大百倍，从用废铁造工具到办起纺织厂、机械厂、铁厂……短短数年，建立起一系列比较完备的产业，打下了能够完全实现自给的坚实经济基础。

以八路军三五九旅为代表的抗日军民在南泥湾大生产运动中凝练的南泥湾精神，是中国共产党及其领导下的人民军队在困境中奋起、在艰苦中发展的强大精神力量。

（二）南泥湾精神的内涵

南泥湾精神的内涵是"自力更生、艰苦奋斗"。

1939年2月，陕甘宁边区成立生产委员会，中共中央在延安召开生产动员大会，毛泽东穿着带补丁的裤子出现在演讲台前，他说："在我们面前摆着三条路，饿死呢？解散呢？还是自己动手呢？饿死是没有一个人赞成的，解散也没有一个人赞成，还是自己动手吧！"[1]南泥湾精神集中展现了中国共产党人自力更生、艰苦奋斗的气质风貌。开发前的南泥湾，是一片杂草丛生、豺狼成群的荒野。三五九旅积极响应党中央"自己动手，丰衣足食"的号召，开荒种植、养猪烧炭，兴办商业和各类工厂、开展劳动竞赛，不仅逐步做到粮食、经费全部自给，而且在1944年还向边区政府缴纳公粮一万

---

① 《中共中央在延安：一个马克思主义政党的崛起》编写组著：《中共中央在延安：一个马克思主义政党的崛起》，人民出版社、研究出版社2019年版，第140页。

石。当时强调自力更生有三方面的内涵：一是不靠国民党政府给我方抗日经费和物资供应；二是不要把单位的财政供给责任全交给上级领导机关；三是不要将军队的给养任务全压在老百姓肩上。用毛泽东同志的话说：既不要国民党政府发饷，也不要老百姓发饷，完全由军队自己供给。经过几年的生产建设，南泥湾取得了辉煌的成绩，边区人民的生活负担大大减轻，军民生活得到显著改善。中国共产党顺利度过了这一段非常困难的时期，并为党开展社会主义经济建设工作积累了宝贵经验。

南泥湾精神突出体现了中国共产党人自力更生、艰苦奋斗的坚定意志。大生产运动中，毛泽东、周恩来、朱德、任弼时等中央领导以身作则，带头参加劳动。毛泽东在杨家岭开垦了一块菜地，朱德经常背着箩筐到处拾粪积肥，在中央直属机关和中央警卫团举行的纺线比赛中，任弼时夺得第一名，周恩来被评为纺线能手。中央领导人身先士卒、投身劳动生产的做法，为根据地军民树立了榜样，极大地鼓舞了士气和人心，掀起了自上而下的生产劳动高潮。在三五九旅，将士们积极参与生产运动，没有房，就自己动手挖窑洞；没有菜，就到山里挖野菜。冬末春初相交之时，军民们忍耐着风雪严寒，没日没夜地干活，上至旅长，下至勤务员和炊事员，一律编入生产小组。正是靠着这种自力更生、艰苦奋斗的精神，1942年，三五九旅生产自给率达到61.55%；1943年，生产自给率达到100%；到1944年，共开荒种地26.1万亩，收获粮食3.7万石，养猪5624头，上缴公粮1万石，达到了"耕一余一"。[①]广大军民用自己的辛勤和汗水，将南泥湾变成了陕北好江南，"平川稻谷香，肥鸭遍池塘；到处是庄稼，遍地是牛羊"，三五九旅也成为全军大生产运动的模范。

（三）南泥湾精神的时代价值

南泥湾精神形成于延安时期极端困难的情况下，是民族精神在特定历史

---

① 窦培德：《毛主席视察南泥湾》，载共产党员网2015年7月21日，https://news.12371. cn/2015/07/21/ARTI1437450189925282.shtml。

条件下的具体体现，是中国共产党不断取得成功的宝贵经验，是中华民族的宝贵财富和社会主义精神文明建设的重要支柱，在中国革命、建设和改革的过程中发挥了不可替代的作用，具有重要的时代价值。

新时代弘扬自力更生、艰苦奋斗的南泥湾精神，有助于加强党的建设，提高党的执政能力，为实现中华民族伟大复兴的中国梦创造不竭的动力源泉。新时代，中国共产党要继续坚持自力更生、艰苦奋斗的优良传统，在物质方面保持艰苦朴素、勤俭节约的生活作风，同时坚守不畏艰险的斗争精神，使南泥湾精神在新时代焕发鲜活的色彩。

弘扬自力更生、艰苦奋斗的南泥湾精神，有助于践行以人民为中心的发展思想，满足人民日益增长的美好生活需要，推动人的全面发展、全体人民共同富裕取得更为明显的实质性进展。新中国成立70多年来，在党的领导下，全国各族人民团结一致、努力拼搏，在经济发展、政治清明、文化繁荣、社会安定、民生改善等方面取得举世瞩目的伟大建设成就。现阶段，国际国内的发展环境出现了深刻复杂的新变化，我们依然要勠力同心、上下一致，应对好复杂多变的国际国内形势，书写自力更生、艰苦奋斗的新篇章。

三、沂蒙精神

沂蒙山区，坐落于黄河下游的泰沂山系之中，这一地理位置造就了其独特的自然环境和文化积淀。黄河流经山东，对山东的地理环境、经济发展以及文化形成产生了深远影响。沂蒙精神在这片被黄河深深浸润的土地上孕育而生。沂蒙精神的形成，离不开沂蒙山区人民的革命实践和艰苦奋斗，体现了沂蒙人民在面对困难和挑战时展现出的坚韧不拔、无私奉献、自力更生、艰苦奋斗等优秀品质。这些精神特质，与黄河文化勤劳勇敢、自强不息、不屈不挠的精神风貌高度契合，共同构成了沂蒙山区独特的文化底蕴。

沂蒙不是一个特定的行政区域，而是以沂水和蒙山为地域标志的革命老区，战略位置非常重要。在革命战争年代，沂蒙人民在中国共产党的领导下，前赴后继、浴血奋战，形成了党群、干群、军民之间水乳交融、生死与共的血肉联系，铸就了伟大的沂蒙精神。

（一）沂蒙精神的形成

沂蒙精神诞生于战火纷飞的特殊年代。抗日战争时期，面对日本侵略者的暴行，沂蒙人民坚决响应党全民抗战的号召，在中共山东省委的领导下，与日本侵略者展开了英勇不屈的艰苦斗争。解放战争时期，沂蒙人民怀着对中国共产党的赤诚之心、对人民军队的鱼水之情，用自己的生命谱写出拥军支前的壮丽赞歌。从1937年到1949年，沂蒙革命根据地发生大小战斗4000余次，根据地420万人口中有120多万人拥军支前，21.4万人参军参战，10.5万名烈士血洒疆场，取得了大青山突围战、渊子崖自卫战等伟大胜利，涌现出沂蒙六姐妹、沂蒙母亲、沂蒙红嫂等一大批先锋模范人物，生动诠释了沂蒙人民"最后一碗米送去做军粮，最后一尺布送去做军装，最后一件老棉袄盖在担架上，最后一个亲骨肉送去上战场"的牺牲奉献精神。

沂蒙文化孕育出了沂蒙精神，在特殊的自然条件和人文环境的长期影响和熏染下，沂蒙人民形成了任劳任怨、无私奉献的崇高品格。中国共产党创始人之一王尽美曾在沂蒙大地传播马克思主义，播撒革命火种。抗日战争时期，刘少奇、徐向前、罗荣桓、陈毅等领导人在沂蒙抗日根据地的理论探索和实践为沂蒙精神的孕育、形成和发展注入了红色基因，党和人民军队"甘以我血换民生"的爱民态度使觉醒的沂蒙人民看到了出路和希望，点燃了他们投身革命、支援前线的热情。1989年，时任临沂地委委员、宣传部部长的李祥栋在《临沂大众报》上发表题为《发挥老区优势，弘扬沂蒙精神》的文章，首次正式提出"沂蒙精神"。1990年2月2日，时任山东省委书记姜春云同志到临沂视察，将沂蒙精神概括为"立场坚定、爱党爱军、艰苦创业、无私奉献"。1997年，沂蒙精神被进一步概括为"爱党爱军、开拓奋进、艰苦创业、无私奉献"。2001年，有关专家曾将沂蒙精神扩展为"爱党爱国、艰苦创业、改革创新、敢为人先、不懈奋斗、无私奉献"。2022年3月，经党中央批准，将沂蒙精神的基本内涵正式表述为"党群同心、军民情深、水乳交融、生死与共"。

（二）沂蒙精神的内涵

沂蒙精神是在中国共产党领导人民群众争取民族独立、人民解放的斗争过程中逐渐形成的，是中华民族精神的具体体现，是凝聚党心民心、鼓舞革命士气、增强革命斗志的强大精神动力，是党的宝贵精神财富。

1. 党群同心

党群同心是沂蒙精神的本质特征，体现了党、军队和人民群众之间的鱼水情谊和血肉联系，这是沂蒙人民乃至全国人民的宝贵精神财富。战争年代，沂蒙革命根据地党政军民勇担道义、深明大义、伸张正义，用忠诚和热血谱写了撼人心魄的民族大义之歌。

1938年4月21日，日军攻占临沂城，在十天内用枪杀、刀砍、火烧、活埋、毒气等惨无人道的方式杀害平民3000多人，齐鲁大地血流成河。面对如此暴行，血性刚勇的沂蒙人民毅然奋起反抗，同日本侵略者进行了英勇不屈的斗争。1939年3月，八路军一一五师师部及主力挺进山东，使山东战局发生重大转折，涌现出许多抗日英雄和抗日楷模村。1941年12月20日清晨，日军千余人突然包围莒南县渊子崖村，并发起猛烈进攻，板泉区中队副中队长高秀兰与村长林凡义立即组织民兵和村民与敌军展开殊死搏斗，八路军和区武工队闻讯，迅速赶来支援。此战，共击毙敌人112名，147名村民英勇牺牲，副中队长高秀兰、区委书记刘新一、区长冯干三等40多名干部战士为国捐躯。这场自卫战展现了沂蒙军民的铮铮铁骨、赫赫威风。在《解放日报》上，毛泽东高度评价此战是"村自卫战的典范"，该村成为闻名全国的"中华抗日第一村"。中国共产党的力量来自人民、勇气来自人民，抗日战争的伟大胜利离不开人民群众的无私奉献和英勇牺牲。

2. 军民情深

军民情深凝结而成的强大精神力量是人民军队经受住血与火、生与死严峻考验的持久动力，也是一批批沂蒙儿女毅然走上从军道路，在军营建功立业、绽放青春的不竭力量源泉。[①]沂蒙军民的生死与共，在大青山突围战中得到了充分体现。1941年冬，日军集中五万多兵力，向沂蒙抗日根据地发动"铁壁合围"大"扫荡"，山东分局、省战工会、一一五师机关和抗大一分校部分师生共5000多人，在费县大青山一带被日伪军包围。为争取时间保护群众脱险，300多名抗大一分校学员，在子弹、手榴弹全部打光之后，举起石头奋勇抵抗。五大队五中队队长邱则敏弹尽后毅然跳崖；二中队指导员程克赤手空拳与敌人搏斗，牺牲时嘴里还咬着敌人的半只耳朵；司号员齐德腹部受伤，肠子流出体外，他硬是把肠子塞进肚子，一手捂着不断流血的伤口，一手吹响了震撼人心的冲锋号。大青山突围战粉碎了日军的"铁壁合围"，书写了抗战时期"北有平型关，南有大青山"的英雄战绩。

1947年5月13日，为了粉碎国民党对山东解放区的重点进攻，孟良崮战役打响。一方是装备精良的国民党整编第74师，在先进武器的武装下自诩"天下无敌"；另一方则是小米加步枪的共产党华东野战军，被认为"必败无疑"。沂蒙人民组成浩浩荡荡的支前民工大军，用小推车抢运弹药、运水送粮、运医送药，以鲜血和生命保卫红色政权。车轮滚滚、民心如潮，人民军队以少胜多、以弱胜强，打破了国民党对山东解放区的重点进攻，对扭转华东战局、实现由战略防御转为战略反攻发挥了重要作用。

3. 水乳交融

水乳交融彰显了中国共产党与人民群众血脉相连，是中国共产党为人民谋解放、为人民谋利益，人民群众在党的领导下坚定前行、团结奋斗的鲜明体现。

抗日战争时期，沂蒙青年踊跃报名参加地方抗日武装和八路军，涌现

---

① 梁大伟、王龙庆：《沂蒙精神：发轫理路、内涵阐释与时代价值》，《红色文化学刊》2024年第1期。

沂蒙红嫂雕塑

出"母送子，妻送郎，送亲人，上战场"的参军热潮。如生于沂水县沂水镇小滑石沟村的王步荣大娘，把四儿一女都送去参军支援革命，是沂蒙群众爱党爱军的生动体现。在炮火连天的战场外，在缺医少药的敌后地区，在敌人疯狂扫荡的生死威胁之下，沂蒙人民无私地掩护和救助负伤战士，养育革命后代。沂蒙革命根据地有用乳汁救活伤员的"沂蒙红嫂"——明德英、祖秀莲，有为中国革命奉献了无私无畏之爱的"沂蒙母亲"——王换于，有拥军支前模范"沂蒙六姐妹"——张玉梅、伊廷珍、杨桂英、伊淑英、冀贞兰、公方莲，她们是沂蒙人民爱党爱军、无私奉献的光辉典范，孕育了"水乳交融、生死与共"的沂蒙精神。

4. 生死与共

"同人民风雨同舟、血脉相通、生死与共……是我们战胜一切困难和风险的根本保证。"[1]沂蒙精神所展现出的党群关系、军民关系及干群关系，是黄河流域红色文化的真实写照，是激励中华儿女勇毅前行的强大力量，深深植根于一代代沂蒙人民心中。

---

① 习近平著：《论中国共产党历史》，中央文献出版社2021年版，第151页。

扫码观看党史动漫专题片"可歌可泣——沂蒙山英雄儿女"

在抗日战争的艰苦岁月里，中国共产党及其领导的人民军队，在沂蒙山区建立了抗日根据地。当地民众深受日军反复"扫荡"之害，也亲眼见证了中国共产党及其领导的人民军队在民族存亡的危急关头挺身而出、顽强战斗，为了人民的利益出生入死、浴血奋战。沂蒙人民更加坚定了听党话、跟党走的信心与决心，他们踊跃参军参战，无私地支持革命事业，与党领导的人民军队并肩作战，坚决抵抗日军的侵略。抗战中，沂蒙军民与日军作战4万余次，共击毙、击伤和俘虏日伪军25万多人。沂蒙军民与日本侵略者进行了不屈不挠的斗争，谱写了感人肺腑、永垂不朽的革命史诗。

（三）沂蒙精神的时代价值

沂蒙精神充分体现了党和群众的血肉联系。沂蒙精神是在中国共产党的直接领导下孕育形成的，是在血与火的考验与锤炼中不断完善的，一代又一代中国共产党人对人民的赤子之心和为人民解放、人民幸福不懈奋斗的精神，与沂蒙地区固有的淳朴善良、深明大义、追求光明的品格和精神有机融合，逐步培育出沂蒙人民坚定不移听党话、跟党走的优秀品质。中国共产党是为人民谋幸福的党，人民是我们党执政的最大底气。党一路走来，经历革命、建设、改革各个时期，地位变了、条件变了、环境变了，但初心和使命未改。当前正处于实现中华民族伟大复兴的关键时期，前进的道路迂回曲折，必然要面对各种重大矛盾、重大风险、重大挑战，中国共产党人要坚持同人民群众血肉相连、生死与共的优良传统，紧紧依靠人民群众创造历史伟业。

沂蒙精神是实现中华民族伟大复兴的精神动力。沂蒙精神之所以感人至深、源远流长，正是因为形成了艰苦奋斗、无私奉献的精神内核。沂蒙精神代代相传，它激励着沂蒙人民在贫瘠的土地上艰苦劳作，吃苦在前、享受在后，以坚韧不拔的壮志改造山河，为国家建设做出巨大贡献。沂蒙精神成为沂蒙人民在社会主义建设中不断前行的宝贵精神动力，它凝聚着沂蒙人民的智慧和力量，展现了他们勇于担当、甘于奉献的精神风貌。在改革开放新时期，沂蒙精神得到了进一步的丰富和提升。沂蒙人民大胆革新，坚定不移发展市场经济，积极探索创新之路，率先实现了整体脱贫，迈向共同富裕的康庄大道。沂蒙精神成为沂蒙人民在新时代不断创造奇迹、实现梦想的不竭精神动力。它激励着沂蒙人民在新的历史起点上，继续艰苦奋斗、勇于创新。当前我国正处在全面建成社会主义现代化强国的关键发展时期，前方荆棘丛生、道路曲折艰险，尤其需要增强斗争意识、提升斗争本领，以蓬勃昂扬的战斗姿态把中国特色社会主义向前推进，开创国家发展的新篇章。中国特色社会主义不是说出来的，而是干出来的，是全体人民共同奋斗的事业，需要全国人民以主人翁的姿态艰苦奋斗、敢于斗争。

在新的时代条件下，充分发扬沂蒙精神，要始终铭记并践行为人民谋幸福、为民族谋复兴的初心使命，坚持党全心全意为人民服务的根本宗旨，确保这一宗旨贯穿于社会主义现代化建设的每一个环节。同时，要继承和发扬党与人民群众保持密切联系的优良传统，维护党群之间水乳交融、生死与共的深情厚谊，始终站在人民的立场上，成为人民利益的坚定捍卫者。此外，要深入了解群众的实际需求，用心、用情、用力解决人民群众面临的各种急难愁盼问题，努力让人民群众在物质和精神上有更多的获得感、幸福感和安全感，不断提升人民群众的生活质量和满意度。只有这样，才能真正践行初心和使命，不断推动社会的进步和发展。

第二节 社会主义革命和建设时期
黄河流域的红色文化

在社会主义革命和建设时期，黄河流域红色文化所孕育的红色精神历久弥新，我们要继续传承和发扬红色精神，为实现中华民族的伟大复兴而不懈奋斗。

一、红旗渠精神

20世纪70年代，林县（今河南省林州市）在万仞壁立的太行山上建成举世闻名的"人工天河"——红旗渠。红旗渠又称"引漳入林"工程，是林县人民在当地党委的号召下苦干十年修建的大型水利灌溉工程。红旗渠动工于1960年，30万勤劳勇敢的林州人民，仅靠一锤、一钎、一双手，在太行山脉的悬崖峭壁上建成了长达1500千米的红旗渠。红旗渠的建成，不仅解决了50多万群众的吃水问题和当地的农田灌溉问题，而且解放了林县人的思想，坚定了林县人的自信，为经济社会发展插上了腾飞的翅膀，更孕育形成了伟大的红旗渠精神。

（一）红旗渠精神的形成过程

林县位于太行山东麓、河南省的西北角，与山西、河北两省接壤。耕地面积89万亩，约占总面积的1/3，水浇地仅1万余亩，而全县有70余万人。林县曾十分贫穷，全县山岭起伏、沟壑纵横、土薄石厚，自古便有"七山二岭一分田"之说。由于地形和气候复杂，缺水成为阻碍林县百姓生存与发展的大难题。"吃水贵如油，十年九不收"，新中国成立前，林县经常发生群众背井离乡逃水荒的现象。

新中国成立后，林县县委下定决心改变这种生活。1960年2月10日，林县县委召开"引漳入林"誓师大会，向全县人民发出总动员令，宣告红旗渠工程启动。2月11日到15日，在县委书记杨贵的带领下，37100名民工组成水利队伍陆续进入各段工地，引漳入林灌溉工程开工。在建渠的过程中，林县人民自力更生，自主建造了大部分材料，所用的工具基本也是自己修造的。在这样的条件下，林县人民以高度的历史责任感，埋头苦干、攻坚克难，在太行山上奋斗近十年，最终于1969年7月6日实现了红旗渠的全面竣工。

林县党员群众在修建红旗渠的过程中，形成了以"自力更生、艰苦创业、团结协作、无私奉献"为核心的红旗渠精神。

（二）红旗渠精神的内涵

红旗渠精神是"中国共产党的精神谱系"之一，是人民创造历史的伟大见证。我们要深刻理解红旗渠精神的内涵，传承和弘扬红色文化。

1. 自力更生

红旗渠是林县人民依靠集体的力量，发扬自力更生的革命精神建成的。自力更生是中华民族的优秀传统，20世纪60年代，林县人民发扬这一传统，艰苦奋斗，战胜重重困难，在太行山上绝壁穿石、挖渠千里，把漳河水引入林县，创造了现代"愚公移山"的奇迹。

当时，正值国家三年困难时期，林县"三无一少"的状况显得尤为突出：一无技术，二无经验，三无材料，经济物资又短缺。在这样的背景下，为了完成红旗渠这样的大工程，工地党委提出勤俭建渠、艰苦创业的方针："自力更生是法宝，众人拾柴火焰高，建渠不能靠国家，全靠双手来创造。"①修建总干渠和三条干渠所用资金约4236万元，79.8%是自筹的；劈山开渠需要大量炸药，修渠过程中共使用炸药2740吨，其中林县人民自己制造了1215吨；共用水泥6705吨，其中自己制造了5170吨；共用石灰14.5万吨，全部由各工地民工自己烧制。依靠自己的力量，林县人民在层峦叠嶂的太行山上削平1250座山头、凿通211个隧洞、架设152座渡槽，建成了长达1500千米的"人工天河"红旗渠，彻底改变了林县人民"十年九旱、水贵如油"的生存环境和发展条件。

2. 艰苦创业

面对粮食紧张、物资短缺、技术设备条件落后的极端艰苦情况，林县人民坚定地提出：修自己的渠，流自己的汗，不能靠天靠神仙，渡过困难就是胜利。他们在贫困面前积极进取、在困难面前不畏艰险、在逆境中百折不挠，喊出了荡气回肠的豪迈口号："既然愚公能移山，我们修渠有何难；立

_____

① 丁同民、郑中华、王军主编：《历久弥新的红旗渠精神》，人民出版社2015年版，第20页。

下愚公移山志，决心劈开太行山。"①

凿通青年洞是红旗渠的咽喉工程，洞中岩石非常坚硬，用钢钎锤一次只能留下一个白印。要凿通长616米、宽6.2米、高5米的青年洞，且没有大型施工机械的辅助，可谓"难上加难"。在巨大的挑战面前，300多名青年勇挑重担，担当起钻挖青年洞的艰巨任务。他们豪迈地提出："石头再硬，也硬不过我们的决心，就是铁山也要钻个窟窿。"②正是靠着坚忍不拔、不怕吃苦的劲头，他们苦战17个月，终于凿通青年洞，谱写了一曲艰苦奋斗的壮美诗篇。

为了节省来之不易的工程建设资金，林县人民在施工过程中总是精打细算、勤俭建设。非生产性费用，一分不花；自己能制造的，坚决不买；非花不可的，也要算了又算。为了节约资金，工地上把匠人们组织起来，建了炸药加工厂、木工厂、铁匠炉、石灰窑，还组织了木工修缮队和编筐小组；为了节约资金，他们创造了省钱的"明窑烧灰"法，比买成品节约资金一半以上。林县人民发扬艰苦创业的优良传统，全县掀起"以土代洋，废物利用"的勤俭办水利热潮。

3. 团结协作

红旗渠的成功修建，生动体现了团结协作的集体主义精神。河南省林县与山西省平顺县相隔巍巍太行山，修建红旗渠这项跨省跨县跨流域的引水工程，没有河南、山西两省的团结协作是不可能实现的。在红旗渠修建过程中，平顺县对工程给予了全面的支持和配合。平顺县社员不仅让出近千亩耕地，迁移祖坟，砍掉大批树木，而且积极腾民房、找仓库、盘锅筑灶，充分体现了牺牲小我、顾全大局的集体主义精神。

在红旗渠修建过程中，施工人数众多，但得益于合理分工、科学调配、相互补充、团结一致，实现了全县一盘棋、党群一条心，集中全力服务中心工作。总指挥部将陆续到达工地的3万余名民工根据各自所在的生产大队编为113个营、320个连，各大队支书、队长任连长，连长以下组织生产小

---

① 马福运主编：《红旗渠精神》，中共党史出版社2019年版，第24页。
② 王瑞芳著：《中国水利工程建设研究》，华中科技大学出版社2019年版，第273页。

组。整个工程又分为上、中、下三个协作区，总指挥部干部也分为三片分工包干，分指挥部包连、包生产组，层层加强领导。广大党员干部身先士卒，"干"字当头，在工地上与民工同吃、同住、同劳动，和群众风雨同舟、同甘共苦。修渠工地上，段与段、营与营、连与连之间还互相比赛，涌现出98个标兵连、233个董存瑞标兵班、117个李改云突击队、2472个模范人物，他们都是完成艰巨任务的骨干力量。在红旗渠施工过程中，工地是前方战场，机关、厂矿、农村是后方阵地，前方开山劈岭，后方全力支援。县直和各社直有关部门及各行各业同心协力，团结协作拧成一股绳，全力进行支援，成为红旗渠建设的坚强后盾。

4. 无私奉献

红旗渠兴建伊始，就注重发挥党员的先锋模范作用，党员干部自觉成为修渠的宣传人员、工作人员、战斗人员，成为走在前列的带头人。吃苦在前、危险在前、艰巨任务在前，是每个党员的自觉行动。林县县委领导勇于担当，无私奉献，带头与群众实行"五同"——同吃、同住、同劳动、同学习、同商量；党员干部经常背着钢钎镢头，清基出碴、抡锤打钎，吃大锅饭、啃窝窝头，奋战在工地第一线。正是在党员干部的带动下，修渠工地上先后涌现出舍己救人的共产党员李改云、把一生奉献给水利事业的林县水利局技术人员吴祖太、带头实干的五好连长石文祝、艰苦奋斗的五好施工员路银、除险英雄任羊成、长期坚持在工地奋战的五好民工郑文锁等，他们都是无私奉献的先进典型。红旗渠修建过程中，林县广大干部群众无私奉献、舍己为人，甚至不惜牺牲自己的生命。危险中，他们把生的希望留给别人，把死的威胁留给自己。李改云的话掷地有声："作为一个共产党员，流点血算得了什么？为了水，就是把一腔热血都洒了也值得。一个人的鲜血和生命，哪有全县人民的水重要和宝贵呀！"[1]

在新时代新征程中，红旗渠精神依然是鼓舞我们艰苦奋斗、开拓进取的强大动力，依然是激励我们求真务实、真抓实干的宝贵财富。

---

① 王瑞芳：《历久弥新永不过时的红旗渠精神》，《光明日报》2020年9月30日。

（三）红旗渠精神的时代价值

红旗渠精神是中华民族不可磨灭的历史记忆，是对"社会主义是拼出来、干出来、拿命换来的"[①]的生动注解。红旗渠不仅是一条物理意义上的石砌水渠，更是一条写满初心使命、承载价值追求、凝结勇气智慧、蕴含创新创造、流淌奋斗气质的精神丰碑。

进入新时代，我们比历史上任何时期都更接近、更有信心和能力实现中华民族伟大复兴的目标。但这一目标绝不是轻轻松松、敲锣打鼓就能实现的。前进道路上，必然会遇到大量全新课题、遭遇各种艰难险阻、经受许多重大考验。历史和现实启示我们，幸福不会从天而降，中国人民必须发扬自力更生、艰苦奋斗的精神，脚踏实地、苦干实干，才能实现中华民族伟大复兴的中国梦。

团结协作、无私奉献是红旗渠精神的精髓。红旗渠是党团结带领人民同心协力干事创业的典范，是"党的统一领导""团结就是力量"的示范和诠释。新时代，大力弘扬团结协作、无私奉献的红旗渠精神，要集聚起团结奋斗、万众一心的磅礴力量，撸起袖子加油干，排除万难向前行，不断夺取新的伟大胜利，创造出无愧于时代、无愧于人民、无愧于历史的新业绩。

二、焦裕禄精神

位于河南省东部的兰考县，与黄河有着跨越千年的爱恨纠葛。黄河自古浪淘风簸，既滋养了这片土地，也以频繁的溃决和改道，给人们带来无尽的苦难。黄河素有"铜头铁尾豆腐腰"之说，而兰考正处于典型的"豆腐腰"地段。历史上这里决口很多，其中1855年黄河最后一次大决口大改道，造成4省700多万灾民流离失所，也加剧了风沙、内涝、盐碱三大灾害。新中国成

---

① 水利部编写组著：《深入学习贯彻习近平关于治水的重要论述》，人民出版社2023年版，第311页。

立后，党和国家开启治黄新篇章。1962年，兰考县委书记焦裕禄带领全县人民治理"三害"，初步改变了兰考的面貌，留下了感人至深的焦裕禄精神。

（一）焦裕禄精神的形成

1962年12月，焦裕禄临危受命，来到兰考县就任县委书记。映入他眼帘的是一望无边的黄沙、结着冰凌的洼窝，还有摇曳着枯草的盐碱地。内涝、风沙、盐碱"三害"，让兰考人饱受饥荒贫穷之苦，兰考成为中国贫困地区的典型缩影。面对满目疮痍的兰考，焦裕禄深入实地调查，用实际行动鼓舞动员大家，他说："兰考是个大有作为的地方，问题是要干，要革命。兰考是灾区，穷，困难多，但灾区有个好

焦裕禄

处，它能锻炼人的革命意志，培养人的革命品格。革命者要在困难面前逞英雄。"[1]焦裕禄以"敢教日月换新天"的大无畏精神，以带病之躯排内涝、战风沙、治盐碱，始终和群众并肩奋战，肝癌的剧痛，也击不垮他摘掉兰考"穷帽子"的信念。1964年，不满42岁的焦裕禄不幸逝世，却把焦裕禄精神永远留在了天地之间。

焦裕禄精神展现了中国共产党人亲民爱民的公仆情怀，求真务实的工作作风，艰苦奋斗的精神状态，廉洁自律、无私奉献的高尚品德，以及坚定不移的理想信念。2009年3月31日至4月3日，时任国家副主席的习近平同志在河南调研时，把焦裕禄精神概括为"亲民爱民、艰苦奋斗、科学求实、迎难而上、无私奉献"[2]，首次对焦裕禄精神进行了精练的概括，使焦裕禄精神更加理论化、具体化。2014年3月，习近平总书记对焦裕禄精神作了4个方

---

① 穆青等：《县委书记的榜样——焦裕禄》，《中国农垦》1966年第3期。
② 习近平著：《做焦裕禄式的县委书记》，中央文献出版社2015年版，第38页。

面阐释，即"心中装着全体人民、唯独没有他自己"的公仆情怀，凡事探求就里、"吃别人嚼过的馍没味道"的求实作风，"敢教日月换新天""革命者要在困难面前逞英雄"的奋斗精神，艰苦朴素、廉洁奉公、"任何时候都不搞特殊化"的道德情操。①同年8月，习近平总书记在北京听取兰考县委和河南省委党的群众路线教育实践活动情况汇报时，再次要求学习、弘扬焦裕禄同志对群众的那股亲劲、抓工作的那股韧劲、干事业的那股拼劲。②焦裕禄精神是我们党的宝贵精神财富，永远不会过时。

（二）焦裕禄精神的内涵

全心全意为人民服务是党的根本宗旨，也是焦裕禄精神的本质所在。艰苦奋斗是中华民族的光荣传统，是我们党的立业之本、取胜之道、传家之宝，也是焦裕禄精神的精髓。实事求是是党的思想路线的核心内容，也是焦裕禄精神的灵魂。知难而进、迎难而上是中国共产党人的宝贵品格，也是焦裕禄精神的重要内容。清正廉洁、无私奉献，是共产党人先进性的重要体现，也是焦裕禄精神的鲜明特点。

1. 亲民爱民、艰苦奋斗

焦裕禄精神的核心是"心中装着全体人民、唯独没有他自己"③的亲民爱民情怀。1962年是三年困难时期的最后一年，风沙、内涝、盐碱导致全县1500多个社队受灾，灾民近20万，灾民潮让铁路不堪重负。地委领导找焦裕禄谈话时，直言不讳地告诉他兰考有三最：最苦、最穷、最难。地委此前曾先后安排过几个干部去兰考任职，他们都以各种理由推辞了。焦裕禄向地委领导表示："感谢党把我派到最困难的地方去工作，不改变兰考面貌，我决不离开！"

到兰考后不久，焦裕禄带领县委委员来到火车站，看到许多逃荒的灾民正扶老携幼挤在候车室里，他一个一个地问：你们是哪里人？到什么地方去？

---

① 习近平著：《做焦裕禄式的县委书记》，中央文献出版社2015年版，第38—41页。
② 习近平著：《做焦裕禄式的县委书记》，中央文献出版社2015年版，第57页。
③ 习近平著：《做焦裕禄式的县委书记》，中央文献出版社2015年版，第38页。

灾民们都说去要饭，有的说去陕西，有的说去四川，还有的说去东北。焦裕禄心情沉重地说："同志们，是灾荒逼迫他们背井离乡的，不能责怪他们，我们有责任。党把这个县36万群众交给我们，我们不能领导他们战胜灾荒，应该感到羞耻和痛心。"由此，他提出改变现状应首先改变领导干部的思想，变原劝阻办公室为"除三害"办公室，严肃处理贪污违纪、损害集体利益的公社干部，纯洁干部队伍。为了拉近和群众的距离，他深入走访，调查老百姓的真实生活情况，提出了"三同"工作法——和群众同吃、同住、同劳动，忍耐着频频发作的肝痛，解决老百姓碰到的种种问题，把让兰考人民生活得更好看得比自己的生命还重。焦裕禄始终保持亲民爱民、艰苦朴素的作风，在买粮、看戏等生活的方方面面，不搞特殊化，从不利用手中的权力为自己、亲属和他人谋取好处。焦裕禄的公仆情怀影响了一代又一代共产党人。

2. 科学求实、迎难而上

焦裕禄有一种求实作风，他坚持一切从实际出发、脚踏实地，切实为人民群众谋利益、办实事。焦裕禄深入田间地头，根据调查研究后掌握的第一手资料制定整治"三害"的具体策略。为了看清暴雨水情，尽快找到泄洪方案，焦裕禄带着张希孟和李林在汤汤大水中艰难跋涉，每到一股水流前，他都要查清来源、流向，并画出流向图，没有仪器辅助，焦裕禄就撕碎纸张撒入水中，通过纸片的漂流痕迹记录相关信息。焦裕禄扑下身子开展调研，真抓实干，科学施策。正是这种深入群众、求真务实的作风，使兰考的治灾方略贴近现实、贴近民心，牵住了改变兰考落后面貌、促进兰考发展的"牛鼻子"。

习近平总书记在《做焦裕禄式的县委书记》一文中指出，"我在正定时经常骑着自行车下乡，从滹沱河北岸到滹沱河以南的公社去，每次骑到滹沱河沙滩就得扛着自行车走。虽然辛苦一点，但确实摸清了情况，同基层干部和老百姓拉近了距离、增进了感情。情况搞清楚了，就要坚持从实际出发谋划事业和工作，使想出来的点子、举措、方案符合实际情况，不好高骛远，不脱离实际"[①]。

---

① 习近平：《做焦裕禄式的县委书记》，《学习时报》2015年9月7日。

"暮雪朝霜，毋改英雄意气。"只有大兴求真务实之风，切实改进工作作风，才能始终保持党同人民群众的血肉联系，始终同人民群众想在一起、干在一起，赢得人民群众的信任和拥护，推进伟大事业、实现伟大梦想。

3. 无私奉献

焦裕禄在兰考凡事亲力亲为，作息十分不规律，肝病愈发严重，平时常用钢笔、茶缸甚至是短笤帚紧紧顶住腹部以缓解剧烈疼痛，继续坚持工作，出门则经常用长带在前胸后背缠个十字，把茶缸盖牢牢压在肝区。最后一次住院前，焦裕禄还在总结兰考发展的新经验，提出四个方面的经验：第一，设想不等于现实；第二，一个落后地区的转变，首先是领导思想的转变；第三，榜样的力量是无穷的；第四，物质变精神，精神变物质。弥留之际，组织上问他还有什么要求，焦裕禄说，他活着没有治好兰考的沙丘，希望死后能埋在兰考的沙丘上，看着兰考人民把沙丘治好。以党的事业为重，以人民的利益为先，焦裕禄始终坚守着这样一种无私奉献的精神，至死不渝。焦裕禄一心想让老百姓过上好日子，用实际行动诠释了中国共产党人一心为民的公仆情怀。人民至上、以人民为中心，成为一代代中国共产党人一以贯之的根本立场。

（三）焦裕禄精神的时代价值

焦裕禄精神是亿万人民心中一座永不磨灭的丰碑。兰考县有"三害"，即内涝、风沙、盐碱，焦裕禄带领人民战天斗地，奋力改变兰考的贫困面貌。他亲自种植泡桐树，以满腔热情和冲天干劲谱写了一曲曲人定胜天的英雄壮歌。他坚持生活简朴、勤俭办事，坚持吃苦在前、享受在后。他的衣、帽、鞋、袜都是补了又补、缝了又缝。他常说："共产党员应该在群众最困难的时候，出现在群众的面前；在群众最需要帮助的时候，去关心群众、帮助群众。"他是这样说的，也是这样做的。在风雪铺天盖地的时候，他带领干部访贫问苦，登门为群众送救济粮款，一句"我是你们的儿子"，充分反映了共产党人与人民群众的鱼水情深。进入新时代，中国共产党人仍然要弘扬焦裕禄精神，始终与人民群众手拉手、心连心，同呼吸、共命运，牢固树立全心全意为人民服务的根本宗旨，深怀爱民之心、多办利民实事，想群众之所想、急群众之所急、帮群众之所需，认真解决关乎人民幸福的关键问题，努力把为群众排忧解难的各项工作落到实处。

焦裕禄精神永远是鼓舞我们艰苦奋斗、一心为民的强大思想动力。面对兰考肆虐的自然灾害和贫困落后的实际情况，焦裕禄坚决不"等、靠、要"，毅然带领全县人民自力更生、艰苦奋斗，奋力拼搏、自强不息。他说："我们要有革命的胆略，坚决领导全县人民苦战三五年，改变兰考的面貌，不达目的，死不瞑目。"他在兰考的470天中，靠着一辆自行车和一双铁脚板，对全县149个生产大队中的120多个进行了深入、系统、全面的走访和蹲点调研，基本掌握了水、沙、碱发生发展的规律，做出和实施了治理"三害"的正确决策。在焦裕禄身上，充分体现了共产党人脚踏实地干事业的求实精神和敢干善成的工作能力。在新的历史时期，更要保持实事求是、艰苦奋斗的优良传统，深怀爱民之心，时刻把人民群众的安危冷暖放在心间，从人民群众最关心、最直接、最现实的社会问题入手，解民之所忧、办民之所想，不断增进与人民群众的血肉联系。

焦裕禄精神永远是激励中国人民求真务实、开拓进取的宝贵精神财富。深入兰考考察实际情况时，焦裕禄强撑着病痛的身体，忍受肝病的折磨，常年奔波在第一线，出没于农舍、田地之中。风沙最大的时候，是他带头下去查风口、探流沙；雨下得最大的时候，也是他冒雨涉水观看洪水流势和变化。他坚持把战胜自然灾害、改善生产条件、提高人民群众生活水平作为根本任务，大力调整农业结构，为兰考的长远发展打下了良好基础。社会主义是奋斗出来的，新时代新征程，需要一代又一代人的接力奋斗。焦裕禄艰苦奋斗、迎难而上的创业精神是中国特色社会主义事业不断发展壮大的重要法宝，是党和人民不断攻坚克难、勇往直前的锐利武器。时至今日，焦裕禄精神的价值意蕴已成为新时代催人奋进的强大动力和永不过时的宝贵精神财富。

三、孔繁森精神

黄河文化滋养出了忠心赤胆的"西藏雄鹰"——孔繁森。孔繁森的家乡在山东聊城，位于黄河与大运河的交汇处，他在黄河流域成长，深受黄河流域红色文化的感染。他两次进藏，在看到西藏人民艰苦的生活条件后，毅然决然选择留在西藏，全心全意地为西藏人民服务。最终，他的生命也留在了西藏这片土地。

（一）孔繁森精神的形成

20世纪50年代，在西藏实现和平解放的初期，数以万计的中华优秀儿女积极响应党和国家"进军西藏，解放西藏"的号召，从祖国的四面八方义无反顾地奔赴西藏，从此扎根雪域高原，援藏建藏，为推动西藏社会发展尽心竭力。在带领西藏各族人民解放西藏和建设社会主义新西藏的70多年伟大实践中，以一代代援藏干部、一批批人民解放军驻藏官兵为代表的中国共产党人凝结出了伟大的老西藏精神，展现了中国共产党人"特别能吃苦、特别能战斗、特别能忍耐、特别能团结、特别能奉献"的优秀品质。其中，作为领导干部楷模的孔繁森同志就是老西藏精神的最好诠释者。孔繁森1979年进藏工作，1994年因公殉职。他热爱边疆、奉献边疆，艰苦奋斗、忘我工作，把自己的青春和生命奉献给西藏，形成了感人至深的孔繁森精神。孔繁森精神是老西藏精神在改革开放新时期的传承和弘扬，是中国共产党人对老西藏精神的丰富和发展。[1]孔繁森精神是将中国共产党的优良传统同西藏革命精神的具体实践相结合的鲜明体现，是援藏干部同藏区人民一起艰苦奋斗、前赴后继、团结勇敢的宝贵精神财富。

2020年8月，习近平总书记在中央第七次西藏工作座谈会上强调，广大干部特别是西藏干部要发扬老西藏精神，做到缺氧不缺精神、艰苦不怕吃苦、海拔高境界更高，在工作中不断增强责任感、使命感，增强能力、锤炼作风。[2]学习和弘扬孔繁森精神，不断从中汲取文化养分、寻找思想支撑、获得精神动力，是新时代发扬老西藏精神的需要。

---

① 孙向军：《"老西藏精神"、孔繁森精神：中国共产党伟大精神在雪域高原的鲜明体现》，《党建》2023年第9期。

② 中共中央党史和文献研究院编：《习近平关于社会主义精神文明建设论述摘编》，中央文献出版社2022年版，第157页。

（二）孔繁森精神的内涵

1. 特别能吃苦

特别能吃苦，是在极端艰苦的自然、生活、工作条件下，勇于同各种苦难进行斗争，攻坚克难、艰苦奋斗的革命乐观主义精神。西藏平均海拔在4000米以上，年平均含氧量不足内地的65%，而紫外线辐射量却超过内地平均值的8倍，是"最不适合人类居住的地方之一"，由于自然条件的限制，生产力发展也长期落后于我国中东部地区。

孔繁森两次离开家乡到西藏工作。在担任日喀则地区岗巴县委副书记期间，他的足迹遍布全县的乡村、牧区，与藏族群众结下了深厚的友谊。1988年，孔繁森二度进藏，担任拉萨市副市长一职，分管文教、卫生和民政工作。到任仅4个月，他就对全市8个县区所有的公办学校和一半以上的村办小学进行了实地调研，为发展少数民族的教育事业奔波忙碌。为了改变尼木县续迈乡等3个乡群众易患大骨节病的情况，他不顾危险，几次爬到海拔近5000米的山顶水源处采集水样，帮助群众解决饮水问题。他每次下乡，都自费准备一个医疗箱，在工作之余为就医困难的农牧民群众认真地听诊、把脉、发药、打针。在阿里工作期间，为了解群众疾苦，寻找发展出路，在不到2年的时间里，他对阿里106个乡中的98个进行了深入考察，行程超过8万千米，饿了就吃口风干的牛羊肉，渴了就喝口山上流下来的冰冷雪水。历史和实践已然证明，"特别能吃苦"的精神不仅是筚路蓝缕、开基创业的必备条件，也是我们承上启下、再铸辉煌的重要保证。

孔繁森为患有膝关节病的孤寡老人治疗

2. 特别能战斗

在"世界屋脊"上，孔繁森同志和进藏部队及驻藏干部凭着信仰锻造出了"特别能战斗"的坚强品质。抵达阿里的当夜，孔繁森便风尘仆仆赶到措勤县委，次日上午就召开县委、县政府干部会议，听取汇报并商讨如何发挥当地优势、探索适应社会主义市场经济体制的发展路径。通过对措勤、改则和革吉3个贫困落后县的实地调查，他敏锐地意识到当地蕴藏的畜牧和矿产资源优势，阿里蕴藏着盐、硼、锂、钾、芒硝、铬、铁、锌、银、金、铯、花岗石、玉石等十几种矿藏。对此，孔繁森指出："随着社会主义市场经济体制的建立，我国经济必将进入一个新的快速发展时期，对原材料的需求将进一步增长。这对有着丰富资源的阿里来说，无疑是一个极好的发展契机。我们一定要抓住这个有利时机，加快阿里经济发展的步伐。"[①]不到两年，孔繁森几乎跑遍了阿里的每一寸土地。在他的带动下，本地的商店、饭店、山羊绒梳绒厂、鱼骨粉加工厂、硼矿脱水厂、水泥厂等相继建成，经济发展水平有显著提升，人民生活有极大改善。

3. 特别能忍耐

西藏自治区林芝市鲁朗镇的全国援藏展览馆里，孔繁森的日记震撼着每一位参观者："我在哪里发生不幸，就把我埋在哪里。"这位刚进藏时就写下"青山处处埋忠骨，一腔热血洒高原"的好干部，最终把生命献给了西藏。

从主动申请进藏，到二次调藏，最后留在西藏阿里地区工作，孔繁森越是在困苦的地方越能做到忍耐，他不因环境恶劣而丧失初心，反而意志力更加顽强。1991年，孔繁森遭遇车祸导致颅骨骨折，高烧昏迷。苏醒后，他不顾高烧和伤情，立刻赶到学校处理问题。在他的带领下，经过全市教育工作者的共同努力，拉萨适龄儿童入学率从45%提高到80%。同孔繁森一样的"老西藏"们，常年在高原地区饱受高寒缺氧、条件艰苦、物资匮乏的痛楚，他们身上体现出来的坚韧不拔的品质和以祖国建设为重的

---

① 渠长根主编：《孔繁森精神》，中共党史出版社2020年版，第163页。

初心始终激励着来藏建设的接力者。孔繁森把一腔热血献给了西藏人民，献给了西藏的建设事业。他用实际行动践行着"是七尺男儿生能舍己，作千秋鬼雄死不还乡"的壮烈誓言。他是领导干部的楷模，更是民族团结进步的典范。

4. 特别能团结

西藏是以藏族为主体的多民族杂居地区，民族宗教问题复杂。孔繁森驻藏期间，注重团结民众，赢得了藏区群众的广泛支持。

孔繁森把关心人民疾苦、改善当地医疗条件当作天职。在阿里任职近两年，他紧抓医疗卫生网点建设，改善乡村医务人员待遇，大力推广用中草药防病治病的方法。他深知西藏地区医疗条件底子薄，仅靠自己的药箱不能彻底解决群众就医难题，但他依然执着地带着药箱顺道为群众看病。时间长了，群众中便流传着这样一句话："地委有个会治病的大干部！"

1992年7月，拉萨墨竹工卡等县发生里氏6.5级地震，孔繁森率工作组救援时，在羊日岗乡地震废墟上发现3名孤儿：12岁的曲尼、7岁的曲印以及5岁的贡桑。鉴于灾后当地民政部门收养能力有限，他便把孩子带回拉萨的家中抚养。一名藏族干部看他负担太重，便主动收养了大一点的曲尼。在那个物质条件匮乏的年代，他把每月1000多元的工资分成三份，一份是曲印、贡桑的，一份是两位孤寡老人的，剩下的才是自己的。常常不到半个月，他自己那份就所剩无几了，没有钱交食堂伙食费，只能用白饭配榨菜、开水泡方便面充饥。援藏10年，没人能统计出他究竟送给藏族同胞多少钱、多少药，有时工资不够了，他就把家人寄给他的钱送给藏族老人、孩子。这些钱可是家人卖棉花、卖粮食得来的，非常不容易。他常说："西藏的老人就是我的老人，西藏的孩子就是我的孩子，西藏的土地就是我的家乡，我要用实际行动证明党的干部是真正为人民服务的。"在他身上深刻体现了中国共产党人"我将无我，不负人民"的职责所在。

"汉族和藏族拥有同一个母亲，她的名字叫中国。"这是孔繁森生前爱唱的一句歌词。他两次援藏，历时十载，用自己的生命奏响了民族团结进步的乐章，不仅是支援西部地区建设的模范，更是维护祖国统一的模范。

5. 特别能奉献

孔繁森曾写下这样的诗篇:"远征西涯整十年,苦乐桑梓在高原。只为万家能团圆,九天云外有青山。"在藏十年,由援藏到调藏,他为西藏的发展呕心沥血,倾尽所有。人们不会忘记他走遍雪域高原的串串足迹和他为藏族群众奉献牺牲的事迹。

在他眼里,老百姓是不能受苦的。他下乡时,只要遇到困难人家,就会将口袋里的钱送给他们,有多少给多少。即使在寒冬腊月,只要看到老百姓衣着单薄,便马上将自己的毛衣毛裤脱下来,在慰问墨竹工卡地震灾区时,他一路上几乎送完了随身衣物。零下28℃的严寒天气,他只穿着衬衣和风衣,返程时尽管司机将车内暖气开到最大,他还是冷得直打哆嗦。在阿里下乡时,看到帐篷里的老人穿着破了洞的鞋,脚冻得又红又肿,他便把老人的脚放在自己怀里,用体温去捂热已经冻僵的双脚。一次,一位70多岁的老人肺病发作,浓痰堵塞喉管,情况十分危急,由于医疗设备有限,孔繁森毅然将听诊器的胶皮管伸进老人嘴里,一口一口地将痰液吸出来,老人这才转危为安。他笑着说,照顾藏族的老人们,就是给自己的母亲尽孝。

1994年11月29日,孔繁森在去新疆塔城考察边贸的途中,不幸发生车祸,以身殉职,年仅50岁。他去世时,仅留下3件遗物:8块6毛钱、一个旧收音机和4张"关于阿里发展的12个亟待解决的问题"的稿纸。[①]他留下的那句话——"一个共产党员爱的最高境界是爱人民",已经成为党员领导干部共同的精神财富。

(三)孔繁森精神的时代价值

孔繁森精神彰显了顾全大局、听党指挥的坚强党性原则。1979年,国家抽调一批干部赴藏工作,孔繁森赫然在列。去西藏工作既是对工作能力的考验,更是对身体素质和坚定意志的考验。孔繁森并非不知道将要面临的严峻

---

① 渠长根、武玮芸:《孔繁森精神:彰显人民公仆鞠躬尽瘁的道德力量》,《党史文汇》2021年第9期。

状况，但他更清楚地知道，那里需要像自己这样年富力强的优秀干部，这是西藏建设的需要，是祖国和人民的需要，更是党的需要。他克服了种种困难，将自己的一切都奉献给了西藏这块神圣的土地。他遵守党的纪律，履行党员义务，始终讲政治、顾大局，用"我是党的干部，服从组织安排"回应党的一切需要，把党和人民的需求作为自己的第一选择，充分体现了一名共产党员高度自觉的党性观念和对党和人民事业的无限忠诚。

孔繁森精神体现了脚踏实地、艰苦奋斗的无私奉献精神。孔繁森担任阿里地委书记后遇到的第一个问题就是如何处理40多封请调报告，他认真了解了相关干部的工作和生活经历，指出这些同志在阿里工作了很多年，为阿里的建设和发展做出了重要贡献，现在要走，主要还是因为对未来的发展失去信心，需要找到发展的突破口，才能留住人才、留住希望。经过充分思考，孔繁森提出，要找到阿里的发展方向，就要去基层调查研究。阿里地广人稀，面积达30多万平方千米，相当于两个山东省，而人口只有6万多。有时，开着越野车在空旷的荒野上奔波一天也看不到一户人家、一顶帐篷。在那样艰苦的环境中，孔繁森通过实地勘测调研，列举了阿里发展的六大优势：畜产品优势、矿产品优势、旅游优势、边贸优势、政策优势、人口少的优势。为了谋求阿里经济社会发展、探索阿里人民脱贫致富道路，他殚精竭虑、奔波劳碌，最后光荣牺牲在工作岗位上。孔繁森精神在今天仍然具有鲜明的针对性和强大的精神楷模作用。

孔繁森精神发扬了热爱人民、服务人民的人民至上精神。孔繁森总是在群众最需要的时候出现在他们面前，对无依无靠的老人嘘寒问暖，为生活拮据的群众慷慨解囊。孔繁森把大部分工资都用于帮助有困难的群众，他给群众买药，给患肺病的藏族同胞吸痰，用胸口为聋哑老人暖脚，用不高的收入长期收养孤儿，为了让孩子们生活得好些，先后3次到西藏军区总医院血库献血，用拿到的900元营养费来补贴生活。他在工作中更是亲力亲为、爱民护民。1994年，一场特大暴雪袭击了阿里地区，各县受灾严重且道路不通，孔繁森号召党员干部立即行动起来，到灾区中去、到群众身边去。在他的带领下，地委、行署迅速组织了十多个工作组分赴各灾区。厚厚的积雪封死了道路，他们就用铁锹挖、用汽车碾，只为尽快把党和政府的关怀送到灾区。孔繁森对人民群众的爱，是一种超越民族、亲情、血缘和个人功利的人间大爱，是一种"俯首甘为孺子牛"的公仆之爱，是一种不求回报的奉献之爱。在艰险的工作生活环境中，孔繁森历经危难志不移，越是艰险越向前，早已把生死置之度外，随时做好了为人民牺牲一切的思想准备。他常说"活着就干，死了就算"，这是他爱民无我的充分体现。

结 语

黄河流域红色文化是中国共产党领导人民在争取民族独立、国家富强和人民幸福的伟大实践中孕育的宝贵精神财富，承载着共产党人的初心和使命，彰显出中华民族坚韧不拔、团结协作的精神风貌。在新时代背景下，黄河流域红色文化中蕴含的不屈不挠的革命意志和自力更生的奋斗精神，激励着我们勇于担当、锐意进取，团结一致、攻坚克难，敢于应对国内外一切困难与挑战，推动中国式现代化稳步前进，不断取得新的胜利。

思考题

1. 新的历史时期，继承和弘扬黄河流域红色文化有哪些形式？

2. 沂蒙精神的内容是什么？

3. 请结合焦裕禄的事迹与精神，谈谈如何把小我融入大我？

下编

第 五 章

兴利除害：古人的治河智慧

本章导读

　　千百年来，黄河奔流不息，滋养生灵万物，孕育了源远流长的文化和灿烂辉煌的文明。不过，黄河承载了文明，也带来了灾难。中华民族在享受黄河的滋润与恩惠的同时，也多次经受洪水泛滥的巨大苦难。为了黄河安澜，千百年来人们不断探索治理黄河之道。本章主要介绍黄河水患的成因及历史上的黄河灾害与治理。通过梳理古人不同历史时期的治河实践，感悟中华民族的治河智慧。

第一节　黄河水患的类型与成因

九曲黄河，奔腾万里，是中华民族的母亲河。同时，黄河造成的灾害也十分严重，素有"三年两决口，百年一改道"之说。黄河的灾害主要有两种：洪灾和凌汛。

一、黄河的洪水灾害

据历史文献记载，在新中国成立前将近3000年的时间内，黄河下游决口泛滥1500多次，较大的改道有二三十次，其中特别重大的改道可以归结为6次。[①]黄河的洪水如猛兽般汹涌，浊流四溢，摧毁农田、淹没家园，给沿黄民众留下了深刻的灾难记忆。

（一）历史上的黄河决溢灾害

黄河以"善淤、善决、善徙"而著称，上古时期即"洪水横流，泛滥于天下"。关于历史上黄河决溢的次数，说法不一。民国时期，沈怡在《黄河年表》中提出，黄河历史上共发生决溢1573次；黄河水利委员会编的《人民黄河》提出，黄河决溢1593次。由于文献记载不完全和统计标准不同，这些数字是否准确难以确定，不过大体上可以看出，历史上黄河决溢问题非常严峻。[②]

尧在位时，黄河时常发生洪水。相传，为了治理黄河，尧召集部落首领，征集治河能手，后经推举，鲧成为治河领袖。鲧以"障洪水"的方式应对，最后因治河失败而受到制裁。舜继位后，任用鲧的儿子禹来治水。大禹

---

① 辛德勇著：《简明黄河史》，生活·读书·新知三联书店2023年版，第19页。
② 牛建强、殷继龙：《命运多舛：历史时期的黄河水灾》，《黄河报》2018年1月30日。

一改前人以堵塞为主的做法，采用"疏导法"，利用水自高向低流的特性，疏通壅塞，把洪水引向低下的分支、洼地和湖泊，从而取得成功。

战国时，黄河下游两岸堤防已形成规模，洪水受到一定控制，但泥沙持续淤积。到西汉时，随着黄河下游人口增多，堤内滩区出现许多村落，人们耕种沃土，致使行洪河道日益狭窄。河道状况的恶化，给泄洪和防洪带来许多隐患。汉哀帝时便有"河水高于平地"的记载，说明当时黄河某些河段已经成为地上河。

关于汉朝洪水灾害的记载屡见不鲜。两汉出现水灾的年份共83年，两汉之际最大的一次河患，发生于王莽始建国三年（11），黄河在魏郡元城（今河北省邯郸市大名县东）决口，泛滥的河水一直往东流去。王莽为了保护其在元城的祖坟，主张不堵决口，任凭洪水在兖、豫（今鲁西、豫东一带）境内泛滥。结果，黄河、济水和汴水各支流纷纷泛滥，兖州、豫州数十县受灾，灾情延续了60年之久。

东汉永平十二年（69），王景"筑堤理渠"，系统地修筑大堤，稳定了黄河河床。直至唐末约800年的时间，黄河都处在安流期中。在这一时期，黄河也发生过大的水灾，但是因为西晋以后，黄河流域陷入长期的分裂和混乱之中，所以少有关于此后100多年黄河水灾的记载。隋代结束了长期分裂的局面，黄河治理重新受到重视，有关黄河水灾的记载明显增加。唐代也是如此，自贞观七年（633）到咸通十四年（873），有大水记载的年份达29年，仅开元年间就有7次之多。

进入五代，长期的战争和政权的频繁更迭使统治者无暇顾及黄河问题，黄河水灾更加频繁。据统计，50余年间，出现决溢的年份达18年，决溢的地方达三四十处。

北宋时期，黄河空前肆虐，受灾地域之广、灾害程度之深，均超过五代，河道的决溢和移徙创有史以来最高纪录。南宋建炎二年（1128），为阻止金兵南侵，东京留守杜充决开黄河，河水自泗入淮。从此，黄河开始了长期南泛入淮的历史。

在元朝统治期间，黄河向南决口增多，淮河水系受到扰乱，水灾日益频繁。

至元二十五年（1288），黄河在阳武决口（今河南原阳）22处，主流向南泛滥，由涡河入淮。大德元年（1297），黄河在杞县蒲口（今河南杞县境内）决口，河水泛滥，影响南北数郡县，造成大面积的破坏。至正四年（1344），黄河在白茅堤和金堤决口，18个州县城郭被淹，洪水直通会通河段，对大运河构成了严重威胁。

明代的黄河灾害也十分严重，给沿岸地区带来了巨大的破坏和损失。崇祯五年（1632），山西、河南地区经历了一场异常严重的大雨，黄河水暴涨。洪水汹涌至陕州上河头街（今河南省三门峡市境内），淹没了海拔高达307米的河神庙。明后期，潘季驯采用"束水攻沙"策略，收束河道，增加水流冲力，以此冲刷河床泥沙，达到部分清淤的效果。此外，他还组织堵塞决口，增筑南岸大堤，让黄河由汴入泗，再由泗入淮。至此，黄河河道基本固定下来，不再有大规模的迁徙。

清代黄河干流上发生过两次特大洪水。乾隆二十六年（1761），花园口附近形成数百年未遇的洪峰，洪水汹涌而下，黄河两岸决口多达26处，河南、山东、安徽三省有28个州县被淹。道光二十三年（1848），黄河又发生了一次更大的洪水，这次洪水来势极猛，黄河边流传的一首民谣，"道光二十三，黄河涨上天"，生动地描述了当时洪水滔天的景象。这次洪水使黄河在中牟县（今属河南郑州）决口，40余州县受灾。20世纪50年代曾对这次洪水遗留的痕迹进行实地调查，据数据估计，这一年经过陕县（今河南省三门峡市陕州区）的最高洪峰流量为36000立方米/秒。这是黄河历史上可调查的最高洪峰流量的最大数据。这次洪水是黄河一千年来所未有的特大洪水。总体上看，明清两代黄河水灾的发生频率是空前的，频繁的决溢让沿岸的百姓深受其害。

表5-1-1　公元前206年—公元1938年黄河决溢年数统计表[①]

年代	决溢年数（年）
两汉（前206—220）	15
魏晋南北朝（220—589）	9

---

① 水利部黄河水利委员会《黄河水利史述要》编写组编：《黄河水利史述要》，水利电力出版社1984年版，第30页。

年代	决溢年数（年）
隋唐五代（581—960）	39
北宋（960—1127）	66
金元（1127—1368）	55
明代（1368—1644）	112
清初至道光年间（1644—1850）	67
近代（1851—1938）	50

（二）黄河洪灾的原因

黄河是一条河情非常特殊又极其复杂难治的河流，有着不同于其他大江大河的几个显著特点。

1. 水少沙多，水沙异源

"跳进黄河也洗不清"是句家喻户晓的俗语，之所以有这样的说法，是因为黄河的泥沙量巨大。古籍中有"河水一石，其泥六斗"的描述，可见黄河泥沙含量之高。无论是年输送沙量，还是平均含沙量，黄河在全世界的大江大河中都排名第一，这也给黄河的治理带来了极大的挑战。

表5-1-2　世界各大河流含沙量对比表

	年净流量 （亿立方米）	年输沙量 （亿吨）	含沙量 （千克/立方米）
长江	9600	4—5	0.54
黄河	580	12—39	32—40
恒河	5500	4—6	0.7—1.1
密西西比河	5800	3—4	0.5—0.6

黄河多年平均天然径流量为580亿立方米，只有长江天然径流量的1/17。而根据多年观测得到的平均值，黄河下游河道的年输沙量达到惊人的16亿吨，是长江的3倍。如果人们将黄河水中含有的泥沙全部提取出来，筑

成高度、宽度都是1米的土堤，其长度可绕赤道27圈。[①]

极高的含沙量导致黄河在经过平原地段的河道时，造成严重的淤积、改道，留下一处处至今还能触摸到的历史伤口。

河南郑州的黄河博物馆里，陈列着两张在禹门口（位于山西省河津市西北部）城门前拍摄的照片。这两张照片分别拍摄于1935年和1996年，尽管照片的拍摄角度大致相同，但经历了半个世纪的沉积，黄河的泥沙几乎已将城门掩埋，证明了黄河泥沙淤积对这片土地的巨大影响。

1935年（左图）和1996年（右图）的山西禹门口黄河河道

"九曲黄河万里沙"，据研究，黄河下游的泥沙主要来源于中游地区，特别是黄土高原。黄土高原地区年均产沙量占黄河流域产沙总量的97%。在黄河的不同河段，泥沙的分布和水量呈现出显著的差异。据统计，在黄河河口镇至龙门河段，水量占比为14%，沙量占比为55%；龙门至潼关河段，水量占比为21%，沙量占比34%，水少沙多特征非常明显。[②]

回望历史，黄土高原并非今日这般千沟万壑的景象。5000年前，黄土高原气候温暖适宜、水草丰美，当时的人类还处于部族社会，人口稀少。古人依赖黄土高原的森林和草原，采集野果，狩猎野味，养育人口，为后来华夏文明的发展提供了条件。进入封建社会后，生产力得到大幅度提高，人们开

---

① 王建平主编：《黄河概说》，黄河水利出版社2008年版，第28页。

② 张云等：《悬河——一道奇特的河流地貌景观》，《自然资源科普与文化》2022年第1期。

始了对黄土高原的开垦。

秦和西汉时期，强制推行移民政策，对黄土高原的开发利用产生重大影响。秦代共进行过两次大规模的移民戍边，一次在秦始皇三十三年（前214），一次在秦始皇三十六年（前211），总共向河套和黄土高原地区迁移了几十万人，在此增设40多个县。[①]汉武帝时期，向这一地区移民超百万。随着大量内地移民涌入，这里的土地利用情况发生了很大变化，原来以务农为生的百姓，迁到这一地区后依然靠耕垦土地来维持生计。农业的过度开发，使黄土高原植被减少，绿野消逝、黄土裸露，逐渐带来了严重的生态环境问题。

由于黄河流域大部分位于北温带大陆性气候区，降水量季节分布不均，夏秋两季集中了全年约70%的降水。黄河流经黄土高原时，由于支流增加，水量相对增多。黄土高原的土质疏松，植被覆盖稀疏，极易渗水。黄土遇到水，便会迅速分散、崩解，再加上地形以陡坡为主，夏季频繁的暴雨对这一地区的泥沙冲刷极强，导致黄河在这一段含沙量大幅增加。据统计，每年7—10月黄河来沙量约占全年来沙量的90%，且主要集中在汛期的几场暴雨洪水中，有时一场暴雨就可以改变黄土高原局部的面貌。缺少植被的黄土地表被水流强烈切割，形成沟谷，又加速了水的侵蚀过程，最终导致黄土高原的土地在洪水的冲刷下支离破碎。上、中游经历暴雨之后，便会出现洪峰，洪水与泥沙俱下。大量河水携带泥沙冲入河道，对下游构成严重威胁。河道无法宣泄，导致河面上涨，危及堤防，甚至造成堤坝决口。

2. 下游成为"地上悬河"

黄河携带大量泥沙进入下游，流经华北平原。由于下游地势低平、河道变宽，水流变得缓慢，泥沙大量沉积于河床。

人们为了防范水患，只好修筑一定高度的河堤。然而，黄河从中上游携带而下的泥沙持续在河床上堆积，天长日久，原有的河堤渐渐不足以阻挡河水的泛滥，人们只能把河堤不断往上加高、往外加宽。于是河床和河堤就展

---

① 辛德勇著：《简明黄河史》，生活·读书·新知三联书店2023年版，第84页。

开了较量，河床往上抬高，河堤就跟着提升。现行下游河道，河床一般高出背河地面4—6米，高的达10米以上，形成了"人在河底走，抬头见帆船"的"悬河"奇观。目前，黄河的"悬河"段已经超过800千米，约占整条黄河长度的六分之一。

河南开封处于黄河的"豆腐腰"上，是最脆弱的位置。位于开封市北的悬河，大堤高达15米，河面与地面的高度差为8到13米不等，相当于2至4层建筑的高度。

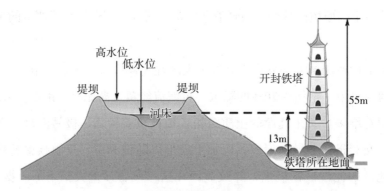

黄河下游的地上悬河

悬河景致新奇，但危害很大。首先，高悬的河水内部蕴藏着巨大的冲击动能，特别是在汛期，一旦发生溃坝，激烈的水流会迅速冲下高悬的河床，对决口处的村庄、农田乃至城市造成毁灭性的破坏。这种情况会带来重大的经济损失，却极难进行有效的预防。其次，由于河床的高悬，黄河下游河段常常保持较低的流量，这就加剧了河槽内的泥沙淤积，相应地增加了发生河灾的危险。高悬的河流使得河岸外侧露出大面积负重壁面，这不仅降低了堤坝抵御洪水威胁的能力，也增加了地洞和老鼠洞等引起堤坝破坏的风险。黄河下游的悬河，如同悬挂在人们头顶的利剑，给区域内人民的生命安全和经济发展带来了严峻的挑战。

3. 黄河河道新老结合、弯折较多

大约在夏商至战国之前，黄河流域的气候相对湿润，降雨丰沛，森林草木茂密。当时，黄河下游河道以放射形在华北平原上肆意漫流，形成了多股大型河道，被称为"九河"。那个时期，黄河河床泥沙淤积很慢，决口的可能性也很小，于是早期人类的活动就逐渐向黄河流域靠拢。

人类迁徙到黄河流域居住后，原本的黄河古河道逐渐被人们修筑出来的堤防阻断，导致只有一小部分河水被分流，剩下的全部汇集了起来，形成了我国古代历史记载中的"河"，"九河"不复存在。黄河的水沙条件也发生显著改变。随着黄河含沙量的增加，洪峰频次和洪峰流量显著减少，河水中含有的泥沙被局限在中小型的黄河河槽中，导致主河槽以及嫩滩等位置一直在淤积泥沙，最终造成黄河河床边界的改变。

"九曲黄河"中的"九曲"，并非实指九个弯曲，而是形容黄河弯道之多、之曲折。陕北民歌里也唱到"天下黄河九十九道弯"，也说明黄河弯曲很多。黄河自河源至河口，有许多大的弯曲。黄河干流主要的大湾有6个，包括唐克湾、唐乃亥湾、兰州湾、河套湾、潼关湾和兰考湾，其中180度的大湾3个，90度的大湾2个，45度的大湾1个，小的弯曲就很多了。

河流进入弯道时，水流受到地形的约束，会因惯性冲击弯道的外缘，导致外侧河岸受冲刷更为严重，而内侧沉积较多。这种水流的不均匀性和不稳定性，使河道在局部弯道区域形成湍流或水流积滞，极易引发局部河道堵塞。当洪水季节来临，暴涨的水量在弯道处更难顺畅排出，因水流无法迅速通过弯道而积压，导致河道水位迅速抬升。如果河道两侧的堤防难以承受洪水的冲击，就极易发生溃决，形成水患。此外，弯道还容易使洪水在短时间内汇聚，形成强大的水流冲击波，破坏堤防或其他防洪设施。这种放大效应在洪水泛滥时尤为明显，水流不仅容易在弯道处打破河道束缚，还可能迅速扩散到河流两侧的低洼地带，造成大范围的洪灾。历史上，黄河下游的多个大弯道区域常常是水患高发区。例如，河南开封附近的黄河大弯道，在历史上多次发生河堤决口，引发大规模洪水。

以上三点就是黄河特殊的河情，也是其洪水多发的原因。

二、黄河的凌汛灾害

冬春之交的黄河有时也会出现另一种灾害——凌灾。黄河开河时，水流由低纬度向高纬度流淌，易卡冰形成冰坝，引发水位急速抬升，导致冰凌冲毁堤坝。

（一）历史上的黄河凌汛灾害

由于发生冰塞冰坝的河段、位置、时间不确定性较大、形成速度快、堤防溃决风险大，在科技水平落后的古代，防范凌汛十分困难，因此有"凌汛决口，河官无罪"的说法。历史上有明确记载的第一次黄河凌汛决口发生在西汉。《汉书·文帝纪》中记载，"十二年冬十二月，河决东郡"。此后，一直到清咸丰五年（1855）的2000多年中，有明确记载的凌汛决溢10多次，主要发生在山东、河南境内。在1855年至1955年这100年间，有29年发生了凌汛决溢事件，导致近百处决口，几乎每三年半就会有一年出现凌汛决溢灾害。

内蒙古、山东皆为黄河凌汛的重灾区。新中国成立前，黄河内蒙古河套河段平均每两年就有一次较大的凌汛灾害发生。但因为该区域人口少，经济欠发达，灾害的影响相对下游来说较轻。下游山东地区的凌汛灾害影响较大，1900年1月，山东滨州窄河道冰凌壅堵，形成冰坝，堤防接连决口7处，滨州、惠民、阳信、沾化等州县被淹。1929年2月，利津县冰坝堵塞河道，造成决口，淹没利津、沾化两县60余村。那次决口"水势浩荡，冰积如山"，房屋倒塌无数，人口、财产损失难以计数。

（二）黄河凌汛灾害发生的原因

凌汛灾害主要是受气温、水温、流量与河道形态等几个因素的综合影响而形成的。

气温方面，低纬度河道冷的时间晚，回暖早，零下气温持续时间短；而高纬度河道冷的时间早，回暖晚，零下气温持续时间长。相应的冰情变化是低纬度河道封冻晚，解冻早，封冻时间短，冰薄；高纬度河道封冻早，解冻晚，封冻时间长，冰厚。黄河开河时，水流带着融化的冰块，由低纬度向高纬度流淌时，融冰水加河槽蓄水，挟带大量冰块急剧下泄，而下游河段可能因气温差异还没有解冻，在上游来水的动力作用下，容易卡冰，形成冰坝，

阻塞河道，致使水流不畅，
水位急速抬升，冰凌冲毁堤
坝，造成严重的凌汛灾害。

黄河河道自上而下近乎
呈"几"字形，在宁夏至内
蒙古河段、河南至山东河段，
是从低纬度流向高纬度。因
此，黄河凌汛多发生在宁夏、
内蒙古和山东河段。

黄河凌汛

黄河在中华民族孕育和发展的过程中发挥了重要作用，同时，它的桀
骜不驯也给沿岸百姓带来了不小的灾难。这种看似矛盾的现象，是历史的选
择，也是自然的结果。正是这种苦难，磨砺了中华民族的坚韧品格，使得黄
河文化在黄土地上生生不息、源远流长。

第二节　历史上的治河实践

黄河宁，天下平。自古以来，治理好黄河就是兴国安邦的大事。一部治黄
史，半部中国史。中华文明史，从某种程度上说也是与洪水不断斗争的历史。

为了治理黄河，除害兴利，历代先贤提出过多种治河方略，进行过艰苦的
治河实践与探索，发展了治河技术，为后世的黄河治理提供了有益借鉴。历史
上的治河实践与探索，是黄河文化中的重要组成部分。

一、春秋之前的黄河治理
——大水漫流，被动疏导

远古时期的黄河水患记载较为零散，对其的认识主要依赖于古代文献、

神话传说和考古发现。考古学家在龙山文化遗址中发现多处洪水沉积层，表明远古时期黄河流域确实存在严重的水患。新石器时代以来，直到春秋以前，黄河下游保持着一种自然状态，频繁改道、四处漫流。在这几千年的时间里，黄河流经河北平原（包括豫北、冀南、冀中、鲁西北地区），在渤海湾西岸入海。由于黄河下游没有修筑堤防，河床被泥沙淤高，每遇到汛期就免不了漫溢泛滥，有时候还分成多股分流入海。《尚书·禹贡》记载的"北播为九河"，大致描述了黄河这种自由散漫的状态。由于改道过于频繁，当时黄河下游的河道应当布满整个河北平原。

相传在尧舜禹时代，黄河流域连续出现过特大洪水。《尚书·尧典》中记载，"汤汤洪水方割，荡荡怀山襄陵，浩浩滔天"，洪水所到之处，聚落被毁、人畜伤亡，百姓苦不堪言。这是古代文献中关于黄河水患较早的记载。

面对黄河严重的灾情，有关部落的首领聚集在一起，召开了一次部落联盟议事会议。会议决定由禹的父亲鲧来主持治水。鲧选择的方法是"障"，也就是"堵"，通过筑堤防洪。他筑起高高的堤坝，意图将居民区和田地围起来，从而隔离洪水。然而，经过长达九年的努力，水患并未得到根本控制，反而因为堤坝的崩溃造成了更大的灾难。

后来，鲧的儿子禹被任命为新的治水领袖。禹并未急于行动，而是先对中国的主要山脉和河流进行了详尽的考察。基于对中国山川地理的深入了解，他将中国分为九个州，包括冀州、青州、徐州、兖州、扬州、梁州、豫州、雍州和荆州。此外，禹还整理了山川名录，并根据不同地区的风俗和物产制定了贡赋制度。这些成就被记载在《尚书·禹贡》中："禹别九州，随山浚川，任土作贡。"这是对古代中国最早的地理认知。

在仔细研究了山脉与河流的基本情况后，大禹从父亲鲧治水的失败中吸取教训，并确立了自己的治水理念——治水先治土。他把九州的土地和河流视为一个有机整体，强调只有土地和水系相互和谐、依存，才能从根本上解决水患问题。大禹摒弃一味堵塞的方法，转而采用疏导的策略。通过"高高下下，疏川导滞"的方法，加深河道的深度，拓宽河道的宽度，引导积聚的洪水进入经过疏通的河道或低地，最终流向大海。此外，大禹在增强河流排

浙江绍兴大禹陵

泄能力的同时，也充分利用湖泊和低洼地区进行分洪，截留部分洪水，以减少对居住区和河道本身的威胁。

经过大禹的精心治理和疏浚，河道终于畅通，洪水下泄，水患得到了缓解。原本洪水泛滥的地区逐渐干涸，变得适宜农耕，人们从丘陵高山上走下来，恢复了往日的生产生活。大禹利用水往低处流的自然规律，进行科学合理的治理，效果非常显著，为后世治水提供了重要借鉴。

根据《史记·夏本纪》的记载，大禹在治理洪水的过程中，左手持"准绳"，右手用"规矩"。准绳和规矩，是大禹的测量和绘画工具。为了精确测量，大禹在河闸处设立水文标杆，于山丘之上安置水准标杆，还借助步数来估算长度，并进行相应的计算。古往今来，留下了很多关于大禹治水的感人传说。相传，禹用神斧劈开龙门，凿通积石山和青铜峡，使河水畅通无阻；他治水13年，三过家门而不入，连自己刚出生的孩子都没时间去爱抚；他不畏艰苦，身先士卒，励精图治，是中国历史上流传下来的第一位成功治理黄河水患的英雄。这些传说不仅让人们对大禹治水有更多的了解，还展现了大禹在人民心中的崇高形象。

从古至今，人们对大禹的丰功伟绩都赞誉不绝。如《左传》中说："美哉禹功！明德远矣。微禹，吾其鱼乎！"《孟子·告子下》中称："禹之治水，水之道也。"《汉书·宣元六王传》也记载："昔禹治鸿水，百姓罢劳，成功既立，万世赖之。"这些文字是对大禹无私奉献精神的崇高赞誉。在《公无渡河》中，李白以生动的笔触描绘了大禹治理黄河的壮丽场景："黄河西来决昆仑，咆哮万里触龙门。波滔天，尧咨嗟。大禹理百川，儿啼不窥家。杀湍湮洪水，九州始蚕麻。"这些诗词歌赋、传记碑文不仅数量众多，而且内容丰富，进一步彰显了大禹治水事迹在中华文化中的重要地位。

2019年，水利部正式公布了一批治水名人，其中大禹排在第一位，这充分体现了大禹在中华民族治水历史上的重要地位。大禹不仅是中华民族治水的鼻祖，更是治水精神的起源和象征。

二、春秋时期到西汉末年的黄河治理
——筑堤防洪，固定河道

大禹平息水患之后，黄河下游出现了一个相对稳定的安流期，人们大量向黄河下游迁徙，使得下游人口密度增加。黄河下游的良田沃土被广泛开垦。为了防御水患，春秋时期开始筑堤防洪，到战国时期堤防形成相当规模。

《汉书·沟洫志》中对战国时期各国修筑黄河大堤的情况进行了记述："齐与赵、魏，以河为竟。赵、魏濒山，齐地卑下，作堤去河二十五里。河水东抵齐堤，则西泛赵、魏，赵、魏亦为堤去河二十五里。虽非其正，水尚有所游荡。"可以看出，黄河东岸是齐国所修的堤防，距离河床二十五里；西岸是赵、魏两国所修的堤防，距离河床也是二十五里。当时黄河下游地广人稀，因此堤距较宽。长堤有力地限制和固定了黄河河道，改变了其原始漫流的状态。战国中期黄河下游全面筑堤以后，固定下来的河道就是《汉书·地理志》里记载的西汉大河。不过，黄河被约束于两岸大堤中，河道运动由自由泛滥转变为以淤积为主。泥沙沉积在河道中，逐渐将下游河道抬高，经过三百多年的堆积，到西汉时成为地上河，开始频繁决溢。

由于河床不断被泥沙淤高，河道开始出现大幅度的改徙。汉文帝十二年（前168），黄河在今天的河南省延津县西南决口，洪水东南流，顺着泗水南流入淮，由淮入海，这是历史上黄河夺淮的开始。虽然这次决口很快被堵塞，没有导致改道，但是黄河南流夺淮已见端倪。36年后，汉武帝元光三年（前132），黄河在东郡濮阳县瓠子（今河南省濮阳市濮阳县西南）决口，洪水又一次夺泗经淮入海。这次决口没有被及时封堵，洪水在黄淮平原泛滥达20余年。元封二年（前109），汉武帝下决心堵塞决口，发卒数万人，并亲临决口处，命令随从官员自将军以下都背柴草参加堵口，经过士卒的英勇奋战，决口终于被堵住。

西汉时期，黄河堤防的重要性被提升到前所未有的高度。朝廷设立了专门负责治河的官职，如"河堤使者"等，沿河郡县长官都有防护河堤的职责，专职防守河堤的人员有数千人，河防工程已达到相当规模。然而，黄河仍然频繁发生决溢，给沿岸的百姓带来深重灾难。为了解决黄河水患问题，汉哀帝下诏，广求治河的人才和建议。绥和二年（前7），贾让应诏上书，这就是著名的"贾让三策"。

贾让在提出治河见解之前，深入研究了前人的治河历史，充分了解黄河的水文特性和沿岸的地形地貌。为了更加准确地了解情况，他亲自到黄河下游一带进行实地考察。通过深入调查和实践，贾让敏锐地发现，水患的根源并非在于水本身，而是人类活动对河道的侵占。在此前提下，他有针对性地提出了以"不与水争地"为核心的治河理念。而所谓的三策，不是平行的三个方案，而是解决黄河痼疾的上、中、下三种选择。

贾让"治河三策"是历史上流传下来的最早的系统治河思想，东汉史学家班固以1000余字的篇幅将其完整记入了《汉书·沟洫志》。

贾让的上策是让河流改道，掘河北流。这是一个大胆的人工改河构想，旨在让悬河下游的冀州（今河北中南部及河南、山东部分地区）百姓撤离，随后掘开黎阳县遮害亭（位于今河南省鹤壁市浚县境内）的黄河大堤，让河水北流，在河南濮阳、山东德州、河北沧州一带自由选择入海的通道，最后形成固定的黄河河道，这是以疏导为主的方法。贾让认为，采取这一措施后，黄河西临大山（太行山余脉），东邻金堤（西汉东郡、魏郡、平原郡黄河石堤，位于今山东、河北、河南境内），受两重约束，势必无法泛滥很远，一个月以后就会安定下来。

反对者认为，改河将毁坏无数城郭、田庐和冢墓，会引发民众不满。贾让从经济角度进行了深入剖析：每年沿河十个郡县的河堤维护费用近亿，一旦发生决堤，损失更是无法估量；相比之下，只需花费几年河堤修缮的费用，便可为迁徙的百姓提供安置，从而一劳永逸地解决黄河的威胁，这样一算，显然是徙民、改道比较划算。贾让的治河上策在历史上第一次提出了"移民补偿"的概念，十分难得。贾让坚信，这一上策的实施将确保"河定民安，千载无患"。

中策是修筑水门，分流洪水。贾让主张在冀州穿渠，目的主要是分水，把多余的洪水引进漳河，减轻下游河道的泄洪负担。他主张在上策所选择的地方，向东北新筑一道石堤，在堤上多建几处水门，并在东边新筑的渠堤上建若干分水口门，组成许多分水渠。当汛期到来时，打开西方淇水口方向的高水门，就可使洪水及时分流到渠中；当旱期到来时，水位下降，打开东方遮害亭方向的低水门，就可使河水缓缓流进渠中，通过东边渠堤上的若干分水门，灌溉冀州大片土地。这种策略不仅能在旱季引水灌溉，还能在涝季分减洪水，真正实现水资源的合理利用。贾让认为，虽然中策的效果不如上策显著，但也能达到"富国安民，兴利除害，支数百岁"的长远目标。

下策是加高堤防，维持河道。贾让认为，这样进行小修小补，即使花费很大气力，也不会有好的效果，所以称之为下策，是不得已而为之。

当时西汉王朝已经风雨飘摇，即便改道的想法最富有创见，但在当时不可能被采纳，也不可能被付诸实践；即便分流河水是万全之策，但实施起来也实属不易。所以最终朝廷选择了贾让最不赞成的下策。

贾让在2000多年前提出的人工改河、分流洪水和巩固堤防的"治河三策"，是我国治河史上第一个兴利除害的综合性治河规划。贾让不仅提出了防御黄河洪水灾害的对策，还涉及灌溉、放淤、治碱、通航等多方面的治理措施，并且第一次提出了"移民补偿"的概念，其中的合理成分至今仍有现实意义。《读通鉴论》中称赞道："治河之策，贾让为千古之龟鉴。"

西汉晚期，河道淤积加剧，致使悬河形势严峻，再加上滩区围垦严重，堤距缩窄，黄河水患日益增多。王莽始建国三年（11），黄河在魏郡元城以上决口，河水一直泛滥到清河郡（治所在今河北省邢台市清河县）以东，水灾延续了将近60年。

三、东汉至隋唐时期的黄河治理
——重塑河道，河汴兼治

进入东汉以后，黄河、济水、汴渠交错乱流的局面愈演愈烈。汉明帝继位以后，几次想改修堤防，但意见不一，直到永平十二年（69），才作出治河的决定。

汉明帝选拔治水人才，王景受到推荐。王景，字仲通，祖籍琅琊不其（今属山东省青岛市），自幼博览群书，善于筹划。汉明帝召见王景，向他询问黄河、汴渠的治理方略。王景全面分析东汉的水系情况，详细剖析黄河、汴渠情势，陈述治理方法的利弊。明帝大为赞赏，将他珍藏的《山海经》《河渠书》《禹贡图》等有关书籍、史料赐给王景，当年夏天就征发数十万士兵，实施治河工程。

王景在接到治理任务后，并没有盲目开工。他深知，只有深入研究、审慎行事，才能确保治理工作的成功。因此，他首先对河道进行了详尽的测量，以掌握黄河的走势和特性。在此基础上，他精心绘制了河势图，这为后续的治理工作提供了重要参考。同时，王景还深入研究历代治河方略，借鉴西汉水利专家贾让的"治河三策"，将工作重点聚焦在两个方面：重塑河道，厘清黄河与汴渠间的关系。

其一，重塑河道。王景敏锐地观察到，以往黄河河道弯曲冗长，导致下游水流缓慢，泥沙淤积严重。这不仅影响黄河的通航能力，更对沿岸百姓的生命财产安全构成严重威胁。为了从根本上解决问题，王景决定开辟一条新的、直且短的河道。确定了比较合理的引水入海路线，并在两岸新筑和培修大堤。这条新的入海路线从荥阳到千乘海口，距离更短，而且地势较低，改变了地上悬河的状况，使黄河主流低于地平面，减少了溃决的可能。这次修筑大堤，固定了黄河第二次大改道后的新河床，为东汉以后黄河的长期安流奠定了坚实基础。

其二，厘清黄河与汴渠间的关系。汴渠作为沟通黄河与淮河的关键水上通道，每逢洪水季节便遭受严重冲刷，航道状况堪忧。如果引水口控制不好，进入汴渠的水过多，汴渠堤岸就有溃决的危险。王景于是采取了"十里立一水门，令更相洄注"（《后汉书·王景传》）的办法。具体做法是：在汴渠引黄段的百里范围内，约每隔十里开凿一个引水口，实行多水口引水，并在每个水口修起"水门"，也就是闸门，人工控制水量，交替引河水入汴渠。这样，当渠水较小时，可以开启多个水门以增加水量；而当渠水过大时，则可以关闭部分水门以调节水量。这种巧妙的设计，不仅解决了多泥沙、善迁徙河流的引水问题，还可通过控制水门数量调节引入汴渠的水量，展现了王景在水利技术上的卓越才能。

此外，王景还注意到，在取水口荥阳以下，有濮水、济水等支流汇入黄河。为了充分利用这些支流的水资源，并减少黄河河床的淤积量，他连通这些支流，并在汴渠与各支流相通处设立水门。这样，在洪水来临时，各支流的水门既能够削减洪水流量，又能够分走大量泥沙，从而减缓了黄河河床的泥沙淤积速度。这一举措对于保障黄河的长期安流具有重要意义。

经过王景的精心治理，汴渠这条非常关键的漕运血管得以保持通畅，为东汉时期的社会经济发展提供了有力保障。同时，王景的治水思想和实践也为后世提供了宝贵的经验和启示。

王景的治河逻辑，可以概括为以下几个步骤：首先，减少黄河奔流时间，以降低河灾发生的频率，为百姓筑起一道安全屏障；其次，将黄河"孤立"出来，避免影响其他水流，从而保持水系的和谐稳定；最后，采取逐级分解的策略，逐步降低下游治理的难度，确保每个区域的治理与维护工作都在可控的范围内，实现治理的高效与可持续。

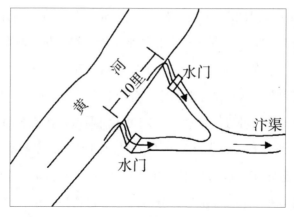

黄河水门运用示意图

　　随着治河、治汴工程宣告结束，泛滥近60年的黄河水患终于得以平息。兖、豫两州大量土地干涸露出，百姓的生产生活秩序也逐步得到恢复。放水以后，滚滚黄河顺利流入汴渠，灌溉两岸田地，被淹过的几十个县的土地都变成了良田，进而增加了当时东汉政权的收入，国库得以充实。至此，王景治河告一段落。

　　王景治河后，魏晋南北朝、隋、唐、五代十国乃至北宋，虽然不时有黄河漫溢和决口的记载，但总体上看，没有发生过一次重大的黄河改道，出现了历史上少有的长达千年的相对安定时期。因此，有"王景治河，千年无患"的说法。

四、宋元时期的黄河治理
——分流泄洪，分段治理

　　黄河安流约千年，到了北宋，进入多事之秋。北宋时建都开封，濒临黄河与汴渠，黄河水系给开封带来了便利的交通，开封成为当时世界上著名的大都会。但同时，黄河堤防决溢频繁，给沿河人民带来深重的灾难，也严重威胁北宋王朝的统治。北宋王朝对治理黄河水患相当重视，投入了很多的人力、物力。当时中央设置了权限较大的都水监，专管治河，河工技术也有很大发展，是我国治河的重要发展时期。

当时，除在黄河两岸修筑长堤外，还在堤上修木龙、石岸等护岸工程，并大力推广埽工。"埽工"是宋代兴起的水工建筑物，既能护堤，又可用于堵口。其制法是以草绳、梢枝、芦荻为原料，掺以碎石，以巨大的竹索横贯其间，称为"心索"，然后卷起来捆住。直径1至3、4米不等，长度约100米。放置在堤身险要处，名为"埽岸"。《宋史·河渠志》中有详细的记载。

北宋庆历八年（1048），黄河在澶州商胡埽（今河南省濮阳市东昌湖集）决口，改道北流。嘉祐七年（1062），黄河又在大名（治所位于今河北省邯郸市大名县东）第五埽决口，分流向东。自黄河分东、北流起，北宋朝廷内部争论不休，但一直未找到切实有效的解决办法。于是黄河时而决向东流，时而决向北流，民力消耗不计其数，人民生灵涂炭。直至北宋灭亡，黄河始终北、东两流互变，前后达80年之久。

宋金对峙时期，黄河下游平原战火不断，河水又分成多股，忽南忽北，决溢次数频繁。金代至元初，黄河下游长期没有一条固定的河道。元朝至正四年（1344），黄河在白茅堤（今山东省菏泽市曹县西北）和金堤决口，导致黄河中下游地区水患严重，百姓流离失所，这种情况延续了7年之久。元代乃贤在《新堤谣》一诗中写道："年来河流失故道，垫溺村墟决城堡。人家坟墓无处寻，千里放船行树杪。"河患频发，严重影响农业生产和社会稳定，成为元朝政府亟须解决的问题。元朝至正十一年（1351），元顺帝任命贾鲁为都水监，主持治河工作。

贾鲁（1297—1353），字友恒，河东高平（今属山西）人，著名河防大臣和水利专家。经过详细考察，贾鲁提出了"疏、浚、塞"相结合的治河方案。贾鲁这次治河是分段治理，包括疏通故道、培筑旧堤、修补缺口等工程。山东境内的白茅堤，河南境内的黄陵冈一带，都是贾鲁修治的重点。他前后只用了5个多月时间，修缮了将近300里长的地段，修好缺口170处。贾鲁在黄河大汛期间，堵住了1个险要的决口。该决口南北宽400多步，3丈多深，黄河的水8/10从这里冲溃而出。贾鲁用粗大的竹缆和绳索，把27只装满石子和杂草的大船连在一起，同一时间迅速沉船，堵住缺口。又在沉船上加筑草埽，使决口合龙。堵口时，河水猛涨，水势汹涌，惊险万分。

贾鲁非常镇定，从容指挥，迅速完成了这一抢险工程。这一方面表明元代治河技术相当发达，另一方面也展现了贾鲁的机智、勇敢和魄力。

贾鲁在治理黄河的同时，对河南境内的几条水道也加以修治。原来豫西有几条小河，有的流入黄河，有的积为沼泽。贾鲁堵塞流入黄河的小河河口，避免黄河水涨时发生倒灌，酿成灾害。同时，又为这些河流谋求出路，免得积涝侵蚀黄河堤脚，造成河堤内溃。他利用旧有的河道，疏通了一条新河，把豫西几条小河的水引导到这里，流入周家口以南的沙河，再入淮河。河南民间为感恩贾鲁，将这条新河命名为"贾鲁河"，至今它仍发挥着水利灌溉作用。

"贾鲁治黄河，恩多怨亦多。百年千载后，恩在怨消磨。"清人曹玉珂的《题贾鲁故宅》一诗反映了后人对贾鲁治河的复杂评价。贾鲁治河虽然短期内引起了一些争议，但长远来看，其治河成果造福了后世。贾鲁治河是元朝一项重要的水利工程，通过科学的治河方案和有效的组织实施，成功解决了黄河水患问题，对后世产生了深远影响。贾鲁的治河实践，不仅展示了其卓越的水利才能，也为后世治河提供了宝贵经验。

五、明清时期的黄河治理
——束水攻沙，综合治理

为了南粮北运，元代开凿济州河和会通河，初步打通了南北大运河。明代再加修整，大运河基本完成。清初，又在江苏北部开凿新渠，以避黄河之险。但由于大运河中途与黄河下游相交，因此黄河一泛滥，运道必然中断，北京立刻就面临缺粮的威胁。因此，元、明、清三朝治河的目的，首先是保漕运。

明代的治河机构逐渐完备，以工部为主管，总理河道直接负责，沿河各省巡抚以下地方官吏均负有治河职责。总理河道可提督军务，直接指挥军队。随着人们对黄河认识的不断加深，明代河工技术也有长足进步，涌现出不少治河专家，其中最著名的是潘季驯。

潘季驯（1521—1595），字时良，浙江乌程（今浙江省湖州市吴兴区）人，是我国历史上第一位拥有兵权且历任工、刑、兵三部尚书的杰出人物。他治理黄河前后达27年，历经嘉靖、隆庆、万历三朝，其间四次出任总理河道，主持治河工作。

潘季驯深谙黄河的特性，创新性地提出了"筑堤束水，以水攻沙"的治河理念。这一理念的核心在于，通过筑堤约束水流，使水流加速，利用水流的冲力冲刷河底的泥沙，进而减少河床淤积，达到治理黄河的目的。这一理念不仅在当时具有极高的实践价值，而且对后世的黄河治理也产生了深远影响，潘季驯也被称赞"功不在禹下"。

嘉靖四十四年（1565），潘季驯开始整治黄河河道。当时形势十分复杂，黄河既是水患之源，又是漕运之床，治与导、限与放的矛盾非常尖锐。然而，潘季驯并没有被这些困难吓倒。

欲治河水，须知河水。潘季驯乘船行驶在汹涌的黄河水中，测量水的流速和深度，几度凶险难测。经过一次次实地调查，他得出的结论是："黄流最浊，以斗计之，沙居其六。若至伏秋，则水居其二矣。以二升之水载八升之沙，非极汛溜，必致停滞。"（《河防一览·河议辨惑》）他敏锐地发现，造成黄河泛滥的主要原因是泥沙淤积，由此提出治理黄河的根本在于治沙。泥沙被水流裹挟而来，如果水被分流，就会兜不住泥沙，导致淤积。如果水能够保持高速的流动，会将泥沙压在水下滚动，不会淤积，这就是"束水攻沙"治理方案的原理。不过，当时许多人反对筑堤束水，主张"分流杀势"。对此，潘季驯据理力争，认为分流杀势只适用于水清的河流，对黄河则不适用，应该"筑堤束水，以水攻沙，水不奔溢于两旁，则必直刷乎河底"（《河防一览·河议辨惑》）。这一理论是有科学道理的：水流的流速越快，携带泥沙的能力就越强。流速与其挟带泥沙的能力之间是三次方的关系，即如果流速从每秒1米增加到每秒2米，则水挟带泥沙的能力将增大到8倍。

扫码观看视频"治水名臣——潘季驯"

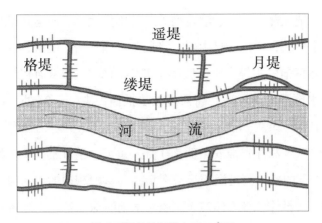

潘季驯设想的堤防布置示意图

为了达到束水攻沙的目的，潘季驯十分重视堤防。他总结历代劳动人民的实践经验，创造性地把堤防工程分为遥堤、缕堤、格堤、月堤四种，因地制宜地在大河两岸周密布置，配合运用，效果十分明显。他打破了单纯把筑堤视为消极防御措施的传统观念，把它作为和洪水、泥沙作斗争的积极手段，开创了治河史上的新篇章。

潘季驯是中国古代治河理论的集大成者，著有《河防一览》一书。该书详细叙述了治理黄河的基本策略和技术手段，体现出16世纪中国河工技术的高超水平。其束水攻沙思想，在治河理论上实现了从分流到合流，由单纯治水到重点治沙两个重大转变，总结和利用了水沙运行的规律，水沙综合治理在治河历史上是一个重要转折点。潘季驯因其在黄河治理上的卓越贡献，被誉为"千古治黄第一人"。

从此以后，黄河结束了数百年来多支分流的局面，基本上形成了从河南东南部至徐州，再延伸至江苏云梯关的主河道。在这之后的300年间，黄河的主流河道一直很稳定，这是潘季驯束水攻沙治理思想得到贯彻的结果。直到今天，水利界依然把防洪和治沙结合在一起。

从明朝后期开始，由于政治腐败、内忧外患，政府已经无暇顾及黄河治理，致使河政败坏，堤防连年失修。清朝初期，战火连绵不绝，黄河下游的河堤失修，水患频发，成为清朝国家治理体系中的一大隐患。康熙前期，河患仍然有增无减，几乎年年决口，甚至一年决口数次，给人民带来深重的灾难。康熙皇帝把三藩、河务、漕运列为三件国家大事。漕运是维持大清帝国正常运转的生命线，运道一旦中断，将危及全国政治、经济、军事大局，治河也成为康熙案前的头等大事。康熙十五年（1676），黄河和淮河同时发生洪水，黄河水倒灌进洪泽湖，高家堰无法抵挡，决口达34处。运河堤也崩溃，决口长达300余丈。淮水全部决入里下河地区（位于江苏省中部），不再自清口（位于今江苏省淮安市西南）流入黄河。清江浦（今江苏省淮安市清江浦区）以下的黄河河道淤积日益严重，与黄河相通的运河河道也因淤积而漕运不通。康熙十六年（1677），经大学士明珠推荐，康熙帝直接任命安徽巡抚靳辅（1633—1692）为河道总督。靳辅还有一位得力的幕友，名为陈潢（1637—1688），辅佐他治理黄河。

靳辅，字紫垣，辽阳（今辽宁省辽阳市）人，清代治河名臣。陈潢，字天一，浙江钱塘（今浙江省杭州市）人。在治理黄河的过程中，靳辅非常重视陈潢的意见，陈潢也尽心尽力，两人合作，相得益彰。

靳辅到任后，与陈潢一起深入实地，了解黄河和淮河的堤防情况以及损坏的原因。经过两个多月的调查，他们认识到运河河道的畅通与黄河下游河道的整治关系密切，并认为以往"防河保运"的传统理念是错误的，提出"彻首彻尾"全面治理黄河、淮河的新见解。

靳辅、陈潢认为，黄河水患频发的根本原因是泥沙长年淤积导致河床高于两岸。所以，他们继承潘季驯"筑堤束水，以水攻沙"的思想，将治沙作为治河的关键，提出"治河者必以堤防为先务"（《河防述言·堤防》）。具体做法是：在黄河下游两岸大筑缕堤、遥堤、月堤、格堤，以缕堤扼束河水，借水力冲沙；以遥堤、月堤、格堤拦蓄汛期冲决出缕堤的洪水，让其回归河道。

针对黄河"上流河身宽，下流河身窄"的状况，靳辅、陈潢在江苏砀山（今属安徽省宿州市）以下至睢宁（今属江苏省徐州市）间的狭窄河段两岸增建多处减水坝、开凿涵洞或引河，引水至河道宽阔处，以保障涨水时堤坝不受损。如遇黄河、淮河并涨，即开黄河北岸减水坝；若黄河水涨而淮河水落，则南北两岸的减水坝并开，把南坝分出的洪水引入洪泽湖，使沙沉湖底，清水再从清口流入黄河。这是靳辅、陈潢继承潘季驯加筑高家堰逼淮注黄之外，又一利用清水刷黄的创造性尝试。

靳辅、陈潢在堵塞决口时，总结出"川"字形疏通河道的方法。即在堵塞决口之前，先在旧河床上的水道两侧3丈处各开一条宽8丈的深沟，加上中间的水道，形成"川"字形。堵决口、挽正流后，三条水道的急流很快便将中间未挖的泥沙冲走。在疏浚河口时，他们还创造出带水作业的办法。经过靳辅、陈潢的治理，黄河两岸21处大决口全部被堵塞，河道基本疏通，初步实现了水归故道。

靳辅撰写的《治河方略》《靳文襄公奏疏》和陈潢撰写的《河防述言》，都成为我国水利史上的治水名著，对于后世人们治理江河有着重要的参考价值。

靳辅去世后50年内，黄河没出现大的水患，南北交通顺畅，社会稳定、经济发展，为清代康乾盛世奠定了坚实的基础。

通过不同历史时期的治河实践可以看出，尽管时代背景各异，具体的治理方法随着社会发展而不断变化，但疏堵结合、重视实践的核心理念没有改变。回顾几千年的治河历史，我们可以发现，这一过程总体上是积极向上且成效显著的。然而，由于黄河水患成因复杂多样，受当时生产力和科技水平的制约，黄河水患问题始终未能得到根本性的解决。直到新中国成立后，黄河治理才开启了新的篇章。

第三节　古代治河中的中国智慧

黄河养育了我们的生命，更锻造了民族精神。在母亲河的摔打磨炼中，历朝历代的水利人前赴后继，鞠躬尽瘁。他们以不惧风雨的勇气、不畏艰险的力量、不屈不挠的抗争，为后代留下了宝贵的精神财富和无穷的精神力量，成为黄河文化中浓墨重彩的一笔。在黄河治理中体现出来的中国智慧，不仅是对自然的敬畏与顺应，更是对民族精神的传承与弘扬。

一、疏堵结合的辩证策略

中国治水的历史，体现了"疏导"与"堵塞"相结合的辩证智慧，疏堵结合是治水成功的基本策略。

大禹治水是中国古代治水史上的标志性事件。面对肆虐的洪水，大禹摒弃了父亲鲧"障"的策略，转而采用"疏"的方法。但是，大禹治水不是单纯疏导，也采用了筑堤障蔽的手段。《淮南子》在歌颂大禹治水的功绩时说"禹之时天下大雨，禹令民聚土积薪，择丘陵而处之"，讲的就是当时人们躲到丘陵高地上避水，又用土木修筑堤埂来阻遏水浸的情形。①大禹带领民众开山凿渠，疏通河道，使洪水得以顺畅地流入大海；同时，在关键区域修筑堤防，防止洪水泛滥。大禹的治水实践，不仅成功平息了水患，更为后世治水提供了宝贵的经验，即治水需顺应自然，疏堵结合方能奏效。从"障"到"疏"是治河方略的一次发展，但"疏"是在"障"的基础上发展而来的，主张"疏"并不等于放弃"障"，在"疏"的基础上，历代又发展了系统的河岸堤防，实现了由限洪到防洪的飞跃。

元朝贾鲁受命治河，他深刻认识到单纯依靠"疏"或"堵"都无法彻底解决黄河水患。因此，他提出了"疏、浚、塞"并重的综合治理方案。一方面，他组织大量人力物力，疏浚河道、清除淤积，恢复河道的自然形态；另一方面，他在关键河段修筑堤防、堵塞决口，防止洪水泛滥。贾鲁采用疏堵结合的方法，在短短7个月内就结束了泛滥七八年之久的黄河水患。

清代靳辅、陈潢治河，沿用明代潘季驯的治河方略，在黄河下游修筑坚固的堤防，束窄河道，提高水流速度，利用水流的冲刷作用清除河床淤积的泥沙。同时，二人也注重疏浚河道，保持河道的畅通无阻。在治理过程中，靳辅还根据黄河水情的变化灵活调整治河策略，实现了疏堵结合的动态平衡。

---

① 辛德勇著：《简明黄河史》，生活·读书·新知三联书店2023年版，第118页。

从大禹到贾鲁再到靳辅、陈潢，中国古代治水先贤们通过不断的实践探索，逐步完善了疏堵结合的治水智慧。疏导是为了让河流保持正常流动，如果发生堵塞，需要及时进行疏导。而堵塞是为了让河流归于正途，如果河水溢出或者流向错误就需要堵塞。堵塞和疏导看似矛盾，实际上是相辅相成、相互依存的。

疏堵结合的智慧就在于辩证地看待治水策略，既看到"疏"的重要性，即顺应自然规律，疏通河道；又看到"堵"的必要性，即利用人工手段，控制洪水泛滥。在实践中，治水者根据具体情况灵活运用疏堵之道，既注重系统性规划，又强调动态调整与灵活应对。这种辩证智慧的运用，不仅成功解决了黄河水患问题，也为后世治水提供了宝贵的借鉴和启示。

二、人水相谐的治水理念

在治理黄河的漫长历史中，人不仅是在和水对抗，更多的是在寻求与水和谐共存的方式。人水相谐的理念贯穿于中国古代治水思想中，是治水成功的重要原因。追求人水和谐的实质就是追求"利人"与"利水"的统一，即顺应、尊重水性，又利用、改造水，实现对水的防御、索取、控制。[①]

大禹治水因势利导，遵循河流的自然秉性，以"疏"代"堵"，治河13年，黄河不再肆意流淌，终归大海。西汉的贾让在治水实践中发现，水患的根本原因不在于水，而在于人侵占了河道，于是他提出"不与水争地"。他在"治河三策"的上策中提到，"徙冀州之民当水冲者，决黎阳遮害亭，放河使北入海。河西薄大山，东薄金堤，势不能远泛滥，期月自定"，并"使秋水多，得有所休息"（《汉书·沟洫志》）。他因势利导，依据河势让黄河水顺畅入海，遵循河流的自然规律，力图实现人与黄河的共生共存。中策是修筑水门，分流洪水。通过设置水门的方式，在旱季引水灌溉，在涝季

---

① 朱海风：《论历代治黄方略中的"中国智慧"》，《华北水利水电大学学报（社会科学版）》2024年第1期。

分减洪水，对水资源进行合理利用。今天经济发展的规模和复杂程度与两千多年前已不可同日而语，但贾让"利人""利水"相结合的治理思路仍具有一定的现实意义。

东汉王景治河，一方面重塑河道，另一方面厘清黄河和汴渠的关系。他在加固堤防的同时，堵塞决口，又重视水门设计、分洪减灾。他的科学规划和精心施工，使黄河河道得以稳定，洪水得到有效控制，土地涸出地面，百姓的生产生活秩序逐步得到恢复，为人民群众带来了实实在在的利益，实现了"利人"与"利水"的结合。

明代潘季驯在前人治河的基础上，提出"筑堤束水，以水攻沙"的治河方略，把过去单纯的防洪转变为治水与治沙相结合，不仅有效减轻了黄河下游的洪水威胁，还通过冲刷河床，改善河道条件，为航运和农业灌溉提供便利。他的治水思想，既体现了对人民利益的深切关注，也展示了对黄河水性的深刻理解和巧妙利用。

这些在治河实践中孕育发展的治河思想和治理方略，都遵循中国传统哲学中的"天人合一"思想，体现了追求人水和谐的治理理念。古人在治理黄河时已然认识到，治水不能仅仅着眼于消除水患，更要关注人民的生产生活需求，要通过科学合理的规划和工程措施，实现人与自然的和谐共生。贾让、王景、潘季驯等治水名家的实践，正是这一原则的生动体现。他们坚持"利人"与"利水"相结合，既驯服了洪水，又促进了社会的发展和进步，为后世留下了宝贵的思想遗产和实践经验。

三、水国一体的治理保障

黄河的安危，直接关系到国家的兴衰和人民的福祉。历代统治者都高度重视黄河治理，并将其视为治国安邦的头等大事。"治水"与"治国"融通联动，是治水成功的切实保障。

早在春秋时期，管仲就提出"善为国者，必先除其五害"，他强调，"五害之属，水最为大。五害已除，人乃可治"（《管子·度地》），将水害视为国家治理中最为严峻的挑战，在中国历史上第一次提出了治水是治国安邦的头等大事。①西汉时期，汉武帝亲自指挥黄河瓠子堵口工程，不仅展现了皇帝对治水的重视，也体现了国家治理黄河的决心和力度。从将军到普通官员，都参与到这场艰苦的工程之中，最终成功堵住决口，保护了沿岸的百姓。唐太宗开创贞观之治，其中的重要举措就是兴修水利。面对黄河泛滥，他亲自到洛阳视察水灾。清朝，康熙在位期间，将"河务"列为治政的三大要务之一，他六次南巡，亲自视察河工，这不仅是出于对水利治理的重视，也是对国家长治久安的期盼。

治水即治国，治水之道也是重要的治国之道。历代善治国者都把水利作为施政的重点。由于治水涉及大规模的工程建设，跨越广大区域，需要强大的协调和组织动员能力，只有国家强大、君王高度重视，才能有效应对重大治水挑战，确保治理成效。春秋战国时期，黄河下游有上百个诸侯国，都对黄河的漫流、泛滥、改道无能为力，这是因为大国以邻为壑，不可能共同修建水利工程，共享灌溉之利。西汉时期，国力强盛，正是在国家政权的统一组织下，像瓠子堵口这样的大型防洪工程才得以顺利完成。东汉王景对下游河道进行了统一规划，组织数十万人系统修建下游堤防，疏浚淤塞河段。举全国之力，用了一年多的时间让大河归漕。如果没有国家的高度重视和强有力的支持，2000年前的中国不可能完成这样的超级工程。明清两代都设立河道总督，投入巨大的人力、物力、财力，加强治理管理，依靠中央政府强有力的组织，实施了大量黄河、运河治理工程，以维持经济稳定和社会长治久安。在长期的治水实践中，逐步完善了负责水利建设和管理的机构，形成了一套完整的治水体系，为治水提供了制度保障和组织保障。

中国古代重大治水工程，大都是依靠国家统一规划和管理强力推进的。可见，只有国家统一强盛，才能从全局的角度统筹考虑和有效组织实施大规模治水活动；同时，治水又反过来巩固和维系着国家的统一兴盛，在保障粮

---

① 陈茂山、郭利娜：《从中国治水史深刻领会中华文明的连续性》，《黄河　黄土　黄种人》2024年第11期。

食生产、发展经济、维护社会安定团结等方面发挥着不可替代的作用。

综上所述，历史上黄河治理的智慧，凝聚了中国古代治水者的辩证思维和实践经验。从"疏堵结合"的辩证策略，到"人水相谐"的治水理念，再到"水国一体"的治理保障，都为我们今天的黄河治理提供了宝贵的启示。弘扬黄河文化中蕴含的治水智慧，不仅有助于解决当前的水利问题，更能激励我们传承民族精神，推动社会持续发展。

结　语

高山仰止，景行行止。千百年来，中华民族赓续不断，坚持探索治河之道，先贤们在与黄河的周旋中改变着自我，改变着黄河，也改变着中国。岁月流转，治水先贤们主持兴建的各种治河工程大多已不复存在，但他们在实践中发现和总结的治河理论，展现的百折不挠、担当负责、求真务实的精神，至今仍然迸发着激荡人心的强大力量，为后人所颂扬、传承。

思考题

1. 黄河出现洪水灾害的原因有哪些？

2. 从水草丰美到千沟万壑，黄土高原的环境变迁给我们带来什么启示？

3. 面对黄河治理的复杂挑战，我们可以从大禹治水的事迹中汲取哪些经验？

4. 历史上的黄河治理中蕴藏着哪些"中国智慧"？

第六章

治河有方：共产党人的治河探索

本章导读

　　黄河，从远古走来，它雄浑的气势、磅礴的力量让古往今来的人们赞叹不已，它的桀骜不驯也始终困扰和威胁着人们的生活。中国共产党将治理黄河作为安民兴邦的大事，高度重视对黄河的治理、保护与开发。从1946年战火纷飞中军民"执枪荷锹"的治河壮举，到新中国成立后标本兼治的治河理念，再到世纪之交综合治理的战略转型，中国共产党领导的人民治河事业翻开了一页页崭新的篇章，续写了中华民族治理黄河的壮丽史诗。本章主要介绍党的十八大以前，党领带人民治理黄河的艰辛探索与不懈奋斗，再现中国共产党人用血汗浇铸的安澜之路，解码在艰苦治河实践中凝结出的中国智慧。

第一节　1946—1949年以防洪 为目标的治河方针

　　民国时期，黄河治理面临着来自自然与社会的双重压力。当时，黄河下游河道因长期淤积形成"地上悬河"，由于战乱频发，各种水利设施年久失修，造成黄河决溢不断，给中下游地区的民众带来了深重灾难。其中1933年爆发了特大洪水，黄河堤防出现决口上百处，民众受灾情况十分严重，灾民达1.8万人。[①]

　　在内忧外患的局面下，各界热心人士依旧关心治河事业，提出了关于治理黄河的各种见解和建议。民国建立之初，孙中山先生就提出运用近代技术治理黄河的构想。后来，随着国民政府黄河水利委员会的成立以及治黄经验的逐步积累，李仪祉、张含英等专家在深入探究黄河特性、总结治河经验的基础上，针对黄河治理中的突出问题提出了一系列卓有建树的治河意见，初步形成了"上中下游综合治理、除害兴利并举"的新治河思想，开辟了黄河治理的新道路。[②]此外，随着西方水利技术的传入，民国时期的治河技术也有不少划时代的创造，设立黄河水文站，建立测量队，开辟水土保持试验区，并且还首次测绘完成下游河道地形图，首次进行河床质、悬移质泥沙颗粒分析等。[③]

　　民国时期的黄河治理是中国传统治河向现代水利转型的重要阶段，但受限于当时的社会条件，治理效果并不理想，但这一阶段在机构改革、技术引进与科学规划等方面进行的尝试，为中国共产党带领人民治理黄河积累了宝贵经验。

---

　　① 全国政协文化文史和学习委员会主编：《黄河画传》，江苏人民出版社2023年版，第385页。

　　② 《民国黄河史》写作组著：《民国黄河史》，黄河水利出版社2009年版，第3页。

　　③ 黄河水利委员会编：《民国黄河大事记》，黄河水利出版社2004年版，第1页。

1946年，中国共产党领导人民开始了治理黄河的事业。中华人民共和国成立之前，抵御洪水一直是黄河治理的首要任务。中国共产党带领人民群众艰苦奋斗，在解放区成立冀鲁豫黄河水利委员会，揭开人民治河的序幕。冀鲁豫黄河水利委员会提出"确保临黄，固守金堤，不准决口"的治河方针，在解放战争时期发挥了至关重要的作用。正是在这一方针的指导下，党带领人民在山东菏泽东明高村抢险战斗中取得巨大成功，为后续的治理黄河工作奠定了坚实的基础。

一、冀鲁豫黄河水利委员会成立

抗日战争胜利之后，中国人民面临着重建家园和恢复国家秩序的艰巨任务。在这一关键时期，国民党政府倒行逆施，反而策划和准备内战，试图通过武力统一全国，而且提出了"黄河回归故道"计划，企图通过改变黄河的流向来影响军事和政治局势。这一计划如果实施，可能会对黄河流域的生态环境和当地居民的生活造成严重影响。在这一历史时期，中国共产党以大局为重，在坚持和平解决国内矛盾的同时，高度重视黄河治理工作，积极筹建解放区黄河治理机构。

（一）揭开人民治理黄河的序幕

1938年5月下旬，日军沿陇海铁路西进占领开封，准备沿平汉铁路进攻武汉。郑州是当时国民党军在华北地区控制的最后一座军事重镇。它地处平汉、陇海铁路枢纽处，又处在山区和平原交界地段，扼守黄河天堑，在政治和军事方面都具有极其重要的地位。

1938年6月9日，蒋介石下令，在郑州东北花园口附近炸毁黄河大堤，以黄河水阻挡日军。花园口决堤，虽迫使日军放弃了进攻武汉的计划，却给黄河下游地区民众带来深重灾难，受灾面积54000平方千米，受灾人口1250万人，死亡89万人。[1]

---

[1] 黄河水利委员会勘测规划设计院编：《黄河规划志》，河南人民出版社2017年版，第487页。

1938年花园口扒口处纪念碑

花园口决口后，黄河一直泛滥于黄淮之间的广大地区。泛区两岸虽然修筑了防泛新堤，但因新修防泛堤标准较低，遇较大洪水常常决堤成灾，泛滥范围扩大，泛区几百万人无家可归。泛区群众多次呼吁束水归槽，防治河患，而国民党政府却以"军事第一，胜利第一"为由，"维持泛区现有形势，分流入涡颍，并泛滥于涡颍之间，不得束水归槽"，使黄河"毫无约束"地泛滥于豫皖苏平原。①

1945年抗日战争胜利后，蒋介石集团积极策动内战。因考虑到黄河的战略意义，国民党政府便以黄河回归故道为名，企图"以水代兵"淹没和分割冀鲁豫与渤海解放区。中国共产党考虑到黄河南行泛流势必给豫、皖、苏人民带来沉重灾难，便以大局为重，同意黄河回归故道，并提出必须先复堤和迁移河床居民而后堵口的合理主张。为了维护故道沿岸人民利益、争取治河主动，当时的晋冀鲁豫边区政府和山东省政府一方面同国民党方面就黄河问题谈判，另一方面开始筹建解放区黄河治理机构，着手修堤整险、迁移河床居民等工作。②1946年2月，中国共产党在山东菏泽成立冀鲁豫黄河故道管理

① 王化云著：《我的治河实践》，河南科学技术出版社1989年版，第20—21页。

② 于玉民：《人民治黄从这里起步》，载山东档案信息网2022年3月16日，http://dag.shandong.gov.cn/articles/ch05087/202203/ba574490-aeae-40e0-b754-2b6dc4fbd063.shtml。

委员会，不久改称冀鲁豫黄河水利委员会，领导故道堤防修复工作。从此，解放区在炮火硝烟中拉开了人民治理黄河的序幕。

（二）组织解放区军民抢修故道堤防

自1946年初国民党决定堵复黄河花园口决堤口门以来，中国共产党代表便就引黄归故问题与国民党方进行多次交涉，但国民党当局从未放缓堵口进度。因此，冀鲁豫黄河水利委员会成立后的首要任务就是组织解放区军民抢修故道堤防。1946年6月1日，冀鲁豫行署发布修堤命令，要求"沿河各县政府应立即动员群众开工修堤，将堤上獾穴、鼠洞、缺口等修补完毕，完工后即开始修理河岸大堤"。复堤任务分三期完成：第一期，修补旧堤至1938年改道前的情形；第二期，加高培厚，整理险工；第三期，裁弯取直，整治河道。在各级党组织、人民政府、黄委会的周密部署下，冀鲁豫解放区沿河18个县的23万民工，在西起长垣、东到齐禹的近300千米堤段上展开了轰轰烈烈的复堤整险工作。到1946年7月10日，冀鲁豫解放区共完成修堤土方770余万立方米，使残破的大堤初步恢复至改道前的情形。[①]沿黄军民和广大黄河建设者饱含革命热情，不辞辛苦、任劳任怨，克服种种困难，为修复堤防做出重要贡献。

在解放战争的硝烟炮火中，解放区人民"一手拿枪、一手拿锨"，开展了轰轰烈烈的"反蒋治黄"斗争。为了修复千疮百孔的堤防，广大人民群众自动献砖献石，有的连自己家的门墩、石碾、墙砖都拆下来送到工地；他们冒着敌人的枪林弹雨抢修堤防，不怕牺牲、前赴后继，终于，解放区军民抢赢了时间、抢赢了敌人，确保黄河归故后堤防没有决口，保护了解放区人民的生命财产安全。中国共产党领导的人民治河事业首战告捷，成功谱写了人民治理黄河的第一曲凯歌，同时为中国人民的解放事业做出了巨大贡献。

---

① 于玉民：《人民治黄从这里起步》，载山东档案信息网2022年3月16日，http://dag.shandong.gov.cn/articles/ch05087/202203/ba574490-aeae-40e0-b754-2b6dc4fbd063.shtml。

二、"确保临黄，固守金堤，不准决口"的治河方针

"确保临黄，固守金堤，不准决口"的治河方针是冀鲁豫黄河水利委员会提出的第一个人民治理黄河的方针，也是解放战争时期党带领人民在山东菏泽东明高村进行抢险的重要指导方针。

（一）第一个人民治理黄河方针的提出

1947年3月11日，冀鲁豫黄委会在山东省聊城市东阿县召开治黄工作会议，部署故道复流后的黄河治理事宜，会上明确提出了"确保临黄，固守金堤，不准决口"的方针，得到与会代表的一致同意。

这是第一个人民治理黄河方针，这个方针是从解放战争的需要出发，不是在分析黄河洪水和防洪工程的基础上提出的。因为当时不知道黄河可能出现多大的洪水和堤防工程能达到的防洪能力，这可以说是一个政治方针。但是，它极大地鼓舞了解放区人民"反蒋治黄"的热情，广大干部群众从上到下都憋着一口气，拼死拼活也要保住黄河的安全。在三年的"反蒋治黄"斗争中，该方针对鼓舞人民、团结人民起到了巨大的作用。[1]

（二）第一个人民治理黄河方针的实践——高村抢险

"确保临黄，固守金堤，不准决口"的治河方针旨在确保黄河安全，防止决口灾害的发生。该治河方针实施后，黄河下游的决口次数明显减少，金堤河段也得到有效的治理和维护，防止了因金堤河决口而引发的洪水灾害。为了确保黄河和金堤河不决口，相关部门进行了大规模的渗水段险点加固、塌坡段堤防加固等工作，提高了堤防的抗洪能力。在"确保临黄，固守金堤，不准决口"的治河方针指导下，中国共产党带领人民群众完成了高村黄河抢险工程。

---

[1]　王化云著：《我的治河实践》，河南科学技术出版社1989年版，第41页。

1948年是解放战争发生根本变化的一年，战争形势由战略防御转为战略进攻。国民党反动派以破坏冀鲁豫解放区这一段黄河为重点，妄图造成黄河大决口，淹没解放区。高村险工处于号称黄河"豆腐腰"的河段，也是黄河下游从游荡型宽浅河道变为窄河道的过渡段下端。河床由宽变窄，导致河水集中，急流冲刷堤坝，形势险要。敌人盘踞此处时，堤坝上碉堡、战壕纵横，加之黄河改道的侵蚀破坏，原有工程已不能抵御洪水的袭击。

从1948年6月19日至8月底，中国共产党带领人民群众进行了两个多月的抢险斗争。7月7日至17日，每天都有数次飞机轰炸，其间，炸死炸伤抢险军民20多人，倒塌房屋45间，烧毁物料无数。7月19日，国民党又出动两个团的兵力奔袭高村险工，打死打伤数名抢险民工，破坏工程，烧毁物料。7月31日，解放军成功打退敌人，抢险随即复工。其间，时任华北联合行政委员会主任的董必武代表解放区救济总会就黄河抢险问题向世界公谊会、红十字会发出紧急呼吁，揭露国民党妄图破坏大抢险、水淹解放区的阴谋。8月12日，由于水大流急、淘刷猛烈，堤身被冲走、坝基塌陷，形势万分危急。

为确保堤防不决口，冀鲁豫行署黄委会决定：一是在临堤先修400米护岸埽，保护大堤安全；二是在背水面赶修后戗，帮宽堤身；三是在大堤外突击修补围堤，作为第二道防线；四是在对岸柿子园村东边挖引河，改善河势；五是调增郓城、范县、长垣等县的8个工程队参加抢险。

东明人民全县出动，同时急调车辆和物资，及周边各县大批工程人员前来增援，共调动民工十几万人。经过激战，8月底黄河险情转危为安，避免了一场大灾难，支援了解放区，保卫了下游成百上千万人民的生命财产安全。[①]

这是东明县党和政府及东明人民面对危急的险工形势、疯狂的敌军空袭完成的一项艰巨任务，也是冀鲁豫解放区广大军民英勇奋斗的结果。这是黄河治理史上的一曲凯歌，是人民治理黄河的一大胜利。

---

① 《1948年高村黄河大抢险》，载东明县人民政府网站2017年9月11日，http://www.dmzf.gov.cn/2c9080888317c945018354be76390137/2c9080848483cc9401848dcb17030003/1593564033682767872.html。

1949年6月，成立华北、中原、华东三大解放区统一的治河机构——黄河水利委员会，新中国成立后变更为水利部直属的流域机构。1950年1月，中央人民政府决定将黄河水利委员会改为流域机构，统筹规划全河水利事业，管理黄河的治理与开发，这标志着人民治理黄河事业进入新的历史阶段。①

治河人物——王汉才

这一时期涌现出了很多为治黄事业奉献青春岁月甚至献出宝贵生命的治河人物，其中王汉才便是杰出代表。

1945年日本投降后，国民党发动内战，并阴谋堵塞黄河花园口口门，企图让黄河归故淹没解放区，以配合其军事进攻。为粉碎国民党的阴谋，解放区一方面派出代表与国民党方谈判，一方面成立治河机构，积极进行黄河大堤的修防工作。在这种形势下，王汉才出任长垣黄河修防段段长，担起了修复堤防的重任。

王汉才任段长时，黄河故道已断流8年，由于连年战乱，堤防工程早已千疮百孔、残破不堪，仅长垣境内亟待修复的堤段就有30多千米，其中20多千米还在国民党占领区。在这样的背景下，王汉才带领广大民工积极开展复堤抢险自救运动。此时的国民党，不但不组织修复占领区内的堤段，反而费尽心机地阻挠人民群众的修堤行动。于是，王汉才带领长垣县万余名民工深入国民党占领区抢修堤防。他们"一手拿枪、一手拿锹"，敌人不来就修堤，敌人来了就打仗，冒着生命危险开展复堤工程。1947年7月15日，王汉才带领民工在大车集一带复堤时，突遭盘踞在长垣县城的国民党军偷袭，当场死伤民工30多名。王汉才临危不惧，沉着指挥民工成功撤退，但他与工程队队长岳贵田、工人李光山却陷入重围，不幸被捕。敌人对他们用尽酷刑，最后将他们带至长垣县城南金寨村全部活埋。王汉才牺牲时，年仅36岁。他壮烈牺牲40年后，1987年

---

① 胡志扬、项晓光主编：《非凡七十年：黄河报（网）纪念人民治理黄河70年新闻作品集》，黄河水利出版社2017年版，第15页。

4月6日，中共长垣县委、县政府在他的故乡建起了"王汉才烈士纪念碑"，以纪念这位治黄先烈。[①]

评语

在漫长而艰辛的治河历程中，像王汉才这样的无数共产党人投身于黄河治理这项伟大的事业。他们不畏艰难险阻，不惧个人得失，甚至不惜牺牲自己的生命，以无私奉献的精神和坚定的信念，为治理黄河、保护家园、造福后代贡献了自己的全部力量，彰显出中国人民面对自然灾害时坚韧不拔和勇于担当的精神。

第二节　1949—2002年以标本兼治为目标的治河方略

新中国成立后，在党中央、国务院的亲切关怀下，经过流域内广大干部、群众和全体治河职工的团结奋斗，治理黄河事业有了很大发展，取得巨大成就，彰显出中国共产党带领人民治河护河不懈奋斗与奋发进取的精神风貌。

一、"宽河固堤，确保安全"的治河方针

自1946年起，经过三年防洪斗争的实践，治理黄河的工作人员逐步对黄河下游的河道形势和堤防工程情况有了较多了解，因此，新中国成立初期，在下游实行了"宽河固堤"的方针。在这个方针的指导下，采取了一系

---

① 孙立研、张昆：《为人民治黄损躯的王汉才》，载黄河网2021年6月17日，http://yrcc.gov.cn/hhwh/wxyc/202312/t20231220_370383.html。

列加宽河道和巩固堤防的措施，大大改善了河道形势和堤防工程状况，提高了防洪能力，为战胜1958年大洪水奠定了基础。

（一）"宽河固堤"治河方针的提出

水利部于1949年11月8日至18日召开第一次全国水利会议，会上明确提出了全国水利工作的基本方针和任务。1950年召开的治理黄河工作会议，是新中国成立后第一次全河工作会议，黄河水利委员会的委员们出席会议。会上交流了情况，制定了1950年的治黄方针与任务，这是一次大统一、大团结的会议，对统一治河思想、推进人民治黄事业的发展都起了重要作用。[①] 黄河由分区治理走向统一治理是一个历史性的转折。当时黄河治理迫切需要一个统一的指导方针和治理目标，以便协调各方面的工作。经过广泛征求意见和反复讨论，会议确定1950年的治理方针是：以防范比1949年更大的洪水为目标，加强堤坝工程，大力组织防汛，确保大堤不发生溃决；同时观测工作、水土保持工作及灌溉工作亦应认真、迅速地进行，搜集基本资料，加以研究分析，为根本治理黄河创造足够的条件。这是结合黄河的具体情况提出的全国水利建设方针。[②] 根据这一方针，从1950年起，结合下游河道特点和堤防工程状况，提出了"宽河固堤"。

（二）"宽河固堤"治河方针的实施

通过坚强的领导、正确的决策以及充分的准备，党领导人民群众开展了大规模的修防工作，实行"宽河固堤"，对实现防洪斗争全胜起到了重要作用。具体实施了大堤加高培固工程、堤旁植树种草、废除河道内民埝、开辟滞洪区、组织群众防守等措施，且加强了堤防管理和人防体系。正是依靠"宽河固堤"和强大的人防力量，初步改变了下游的防洪形势，为保证伏秋大汛不决口，特别是为战胜1958年大洪水奠定了基石。[③]

---

① 王化云著：《我的治河实践》，河南科学技术出版社1989年版，第82、84页。

② 黄河水利委员会编：《王化云治河文集》，黄河水利出版社1997年版，第38页。

③ 牛建强编著：《黄河文化概说》，黄河水利出版社2021年版，第136页。

二、"除害兴利，蓄水拦沙"的治河方略

新中国成立后，在黄河下游采取"宽河固堤"方针保证防洪安全的同时，党和政府积极进行根治黄河水患的研究和探索。黄河是世界上含沙量最多的河流，因此黄河治理难在治沙，治理黄河的关键也在治沙。这一时期，党把治河重点放在治理黄河泥沙问题上，同时开始部署黄河流域水利开发工作，提出通过"蓄水拦沙"达到综合性开发的目的，主张把洪水和泥沙拦蓄在黄土高原的广大土地上、千沟万壑中和干支流水库里，实行"节节蓄水，分段拦泥"，达到"综合开发，除害兴利"的目的。1955年全国一届人大二次会议通过《关于根治黄河水害和开发黄河水利的综合规划的决议》，把治黄工作推进到一个全面发展的历史新阶段。[1]

（一）"除害兴利，蓄水拦沙"治河方略的提出

1952年5月，时任黄河水利委员会主任王化云在其拟的《关于黄河治理方略的意见》（以下简称《意见》）中提出四个方面的内容：治黄的现状、治黄的目的、治黄方略、10年开发轮廓和几项建议。他提出，治理的目标是"除害兴利"，治黄的总方略是"蓄水拦沙"，实现的方法是在干支流上修建水库。为了防止水库淤积，干流上修建的水库要大，支流上修建的水库要多，同时配合开展水土保持工作。从1953年起，10年内在干流上修建三门峡或王家滩水库，在支流无定河、延水、泾河、北洛河、渭河上修建10座水库。在水库工程完成前，下游应继续巩固堤防，确保陕县发生23000m³/s的洪水不发生溃决。建议中央尽早制定治黄方略，建立开发黄河委员会，统一领导，聘请苏联专家设计三门峡水库，使规划与设计相配合。[2]王化云的《意见》为黄河治理方略和理念的提出奠定了基础。

① 王化云著：《我的治河实践》，河南科学技术出版社1989年版，第126页。

② 黄河水利委员会黄河志总编辑室编：《黄河大事记》，河南人民出版社2017年版，第246页。

20世纪50年代，我国社会主义建设事业蓬勃发展，迫切需要充分利用黄河的水沙资源。在这样的形势下，"除害兴利，蓄水拦沙"的方略被正式提出。①

（二）黄河治理开发规划的通过

"治黄河者治天下"，1952年10月下旬，毛泽东在新中国成立后的第一次出京巡视，就来到黄河，发出了"把黄河的事情办好"的号召，揭开了新中国治理黄河的序幕，这在人民治理黄河的历史上是意义重大、影响深远的。这一简短的嘱咐，彰显了领导人对黄河安澜的深切期盼，是党和国家发出的伟大号召，成为激励黄河两岸民众的一种精神力量。

1955年7月30日，在第一届全国人民代表大会第二次全体会议上，与会的1000多位代表举手通过《关于根治黄河水害和开发黄河水利的综合规划的决议》，批准黄河综合规划的原则和基本内容。时任国务院副总理的邓子恢在《关于根治黄河水害和开发黄河水利的综合规划的报告》中说："根治黄河水害和开发黄河水利的综合规划，同我们所正在讨论的整个社会主义建设计划的其他项目一样，确是一个伟大的计划，确是我们全国人民值得为它来艰苦奋斗的计划。"②报告还提出治理黄河的总任务是："不但要从根本上治理黄河的水害，而且要同时制止黄河流域的水土流失和消除黄河流域的旱灾；不但要消除黄河的水旱灾害，尤其要充分利用黄河的水利资源来进行灌溉、发电和通航，来促进农业、工业和运输业的发展。总之，我们要彻底征服黄河，改造黄河流域的自然条件，以便从根本上改变黄河流域的经济面貌，满足现在的社会主义建设时代和将来的共产主义建设时代整个国民经济对于黄河资源的要求。"③

---

① 牛建强编著：《黄河文化概说》，黄河水利出版社2021年版，第136、137页。

② 黄河水利委员会勘测规划设计院编：《黄河规划志》，河南人民出版社2017年版，第501页。

③ 黄河水利委员会勘测规划设计院编：《黄河规划志》，河南人民出版社2017年版，第490页。

这次全国人民代表大会审议通过的规划，是中国历史上第一个全面、系统、完整的综合性黄河治理开发规划，中国共产党领导人民治理黄河从此进入一个新的历史阶段。此后，陕西、山西、甘肃等地大规模植树造林，修建水土保持工程，极大地改善了黄河中游地区的自然生态。此外，开展了规模空前的水利基础设施建设，建设了三门峡水利枢纽，刘家峡、盐锅峡、青铜峡等大型水电工程，人民胜利渠、景泰川提灌工程等引黄灌溉工程，总库容超过580亿立方米，流域内建成蓄水工程1.9万座，有效调节了水资源的时空分布，在防洪、发电、灌溉等方面发挥了重要作用。

工程案例1

人民胜利渠是新中国成立后在黄河下游兴建的第一个大型水利工程，位于黄河、沁河冲积平原，被称为"新中国引黄第一渠"。1950年1月，黄河水利委员会在开封召开第一次全流域治黄工作会议，明确：为了打破"黄河百害、唯富一套"的传统定论，决定在新乡引用黄河水灌溉农田，以弥补卫河水的不足。同年，中华人民共和国政务院批准了《引黄灌溉济卫工程计划书》，为纪念治黄事业的新突破，命名为"人民胜利渠"。工程于1951年3月开工，1952年第一期工程竣工，并开始受益。①

人民胜利渠建成后，拉开了黄河下游地区大规模开发利用黄河水沙资源、发展引黄灌溉的序幕，使临黄地区水生态环境和农耕条件得到根本改善，并迅速发展成为我国最大的连片自流灌溉区，彻底改变了中国农业生产布局。

"以前我们这儿全是盐碱地，老百姓都说'冬春白茫茫，夏秋水汪汪，只听蛤蟆叫，就是不打粮'。引来黄河水以后，都变成好地了。"原阳县（属河南省新乡市）祝楼乡新城村村民祝忠民说起黄河水，掩饰不住内心的欢喜。人民胜利渠开灌前，豫北地区频受洪、涝、旱、渍、盐碱、风沙等自然灾害影响，农业生产条件极其恶劣。在全国闻名的老盐碱区获嘉县（属河南省新乡市）丁村，地下水含盐量很高，水又苦又咸，难以饮用，群众戏言

---

① 河南省水利厅编：《河南水利300问》，河南人民出版社2014年版，第122页。

人民胜利渠施工现场

"喝了丁村水,两眼活见鬼",饮水安全令人担忧。人民胜利渠兴建后,灌排体系不断完善,进入灌区的水沙也有效压制了盐碱、改良了土壤,使原来的碱荒地、沙荒地、沼泽地逐步变成了麦棉轮作或稻麦双收的高产稳产田,实现了粮食丰产、人民幸福、生态改善。

据统计,改革开放40多年来,人民胜利渠共引水225亿立方米,社会经济效益达247亿元。目前,灌区内每公顷土地年均粮食和棉花产量达到14250千克、1125千克,分别为开灌前的10.7倍和5倍,豫北平原一跃成为全国闻名的商品粮生产基地。黄河水还催生了"原阳大米""延津小麦"等全国知名农业品牌,使灌区群众把香甜的饭碗牢牢端在了自己手里。黄河水送入"苦水区"后,人民群众无不乐开了花。①

案例评语

人民胜利渠虽顺利引水开灌,但黄河"斗水七沙",一些外国水利专家对引黄灌溉前景并不看好,甚至还有人预言,人民胜利渠最多运行30年就会

---

① 秦素娟:《人民胜利渠:从胜利走向胜利》,载中国水利网2018年11月15日,http://www.chinawater.com.cn/newscenter/ly/huangh/201811/t20181115_725077.html。

淤死。虽然有此类言论，但人民胜利渠一直都没有停止前进的脚步。在引黄灌溉人的努力下，人民胜利渠充满活力，并走向壮大。人民是历史的创造者，在黄河治理与开发方面，沿黄人民不畏艰险、排除万难，为治黄事业做出重要贡献。引黄灌溉济卫工程是沿黄人民的胜利，也是中华民族的胜利。

工程案例2

三门峡水利枢纽工程的兴建，是中国共产党领导人民在治黄上除害兴利、综合开发的一次重大实践。三门峡水利枢纽位于黄河中游下段干流上，在河南省三门峡市东北约17千米处，连接豫、晋两省。坝址以上流域面积68.8万平方千米，占全流域面积的91.5%。[①] 1957年4月13日，在雄壮的国歌声中，时任黄河三门峡工程局局长刘子厚宣布："黄河三门峡水利枢纽工程开工。"数万水利建设者奋战3年，该工程于1960年9月基本建成投入使用。经过蓄水运用，发现库区因泥沙淤积出现"翘尾巴"现象，渭河口出现拦门沙。因此，从1962年汛期开始，水库运用方式从"蓄水拦沙"改为"滞洪排沙"。1965年至1973年三门峡工程经过两次改建，增加泄流排沙设施，降低泄水孔高程，加大泄流排沙能力，并采用独特的"蓄清排浑"运用方式，使整个库区呈现出年内进库泥沙与出库泥沙平衡的状态，继续发

三门峡大坝工地一角·人定胜天　油画　吴作人　绘

_____

① 黄河水利委员会黄河志总编辑室编：《黄河水利水电工程志》，河南人民出版社2017年版，第180页。

挥防洪、防凌、灌溉、供水、发电等综合作用。三门峡水利枢纽的兴建，为"上拦下排，两岸分滞"防洪体系的构建奠定了物质基础。自投入运用以来，三门峡大坝始终践行"确保黄河岁岁安澜"的伟大使命，抵御了6次洪峰流量大于1万立方米每秒的大洪水，战胜了6次影响黄河下游防洪安全的凌汛，在保障黄河长治久安中贡献了"三门峡力量"。[①]三门峡水利枢纽工程的实践，使人们对黄河水沙规律特殊性的认识得到了提高，为多沙河流的开发治理提供了宝贵经验。

黄河安澜，是中华民族的千年梦想。党和国家领导人对治黄事业倾注了特别的关注，对三门峡大坝建设倾情倾力。周恩来、刘少奇、朱德、邓小平、陈云、彭德怀、陈毅、李先念、习仲勋等都曾亲临三门峡大坝工地现场视察。这是中国治理黄河事业的宝贵历史时刻，也是激励三门峡建设者的强大精神力量。"三门峡上英雄汉，动地惊天大史诗。"时至今日，大坝建设者们的创业精神依然令人感动。

案例评语

三门峡水利枢纽工程的建成，有效控制了黄河下游的洪水，减少了洪水灾害，保障了沿岸地区的安全。这是新中国成立以来治理黄河事业的一个缩影，它不仅为黄河的治理提供了宝贵的经验，也为其他河流的治理提供了可以借鉴的范例。通过这一工程，我们深刻认识到，只有坚持党的领导，坚持科学规划，坚持人民立场，才能在治河事业中取得真正的胜利，实现人与自然和谐共生的美好愿景。

三、"上拦下排，两岸分滞"的治河方针

王化云在《治黄工作基本总结和今后方针任务》中总结了人民治理黄

---

① 《永远的丰碑》，载三门峡市人民政府网站2023年4月13日，https://www.smx.gov.cn/4033/616420512/1121386.html。

河的主要工作及经验教训，从失误和挫折中认识到，"黄河治本不再只是上中游的事，而是上中下游整体的一项长期艰巨的任务"，"下游也有治本任务"，明确指出"在上中游拦泥蓄水，在下游防洪排沙，一句话'上拦下排'，是今后治黄工作的总方向"。[1]

（一）"上拦下排，两岸分滞"重要方针的提出

1975年8月，淮河流域发生了一场罕见的特大暴雨，给国民经济和人民生命财产带来了重大损失。据记载，溃决时最大出库瞬间流量为7.81万立方米每秒，在6小时内向下游倾泻7.01亿立方米洪水。溃坝洪水进入河道后，又以平均每秒6米的速度冲向下游，在大坝至京广铁路之间形成一股水头高达5—9米、流宽12—15千米的水流。原驻马店地革委生产指挥部指挥长刘培诚总结当时的情况：一是雨型恶劣，降水量大；二是水库缺乏准备，防汛措施不得力；三是水库标准太低；四是通讯中断，上下失去联系。根据气象资料分析，这样的暴雨完全有可能降落到三门峡以下的黄河流域。

黄河防洪问题再一次引起了党中央、国务院的高度重视。遵照国务院领导关于严肃对待特大洪水的批示，1975年12月中旬，水利电力部在郑州召开了黄河下游防洪座谈会。会议认为，黄河下游花园口站有可能发生4.6万立方米/秒的洪水，建议采取重大工程措施，逐步提高下游防洪能力，努力保障黄淮海大平原的安全。

会后，水利电力部和河南、山东两省联名向国务院报送了《关于防御黄河下游特大洪水意见的报告》，指出，当前黄河下游防洪标准偏低，河道逐年淤高，远不能适应防御特大洪水的需要，拟采取"上拦下排，两岸分滞"的方针，即在三门峡以下兴建干流水库工程，拦蓄洪水；改建北金堤滞洪区，加固东平湖水库，增大两岸分滞能力；加大下游河道泄量，增辟分洪道，排洪入海；加速实现黄河施工机械化。[2]1976年5月，国务院以

① 王化云著：《我的治河实践》，河南科学技术出版社1989年版，第200页。
② 黄河水利委员会黄河志总编辑室编：《黄河大事记》，河南人民出版社2017年版，第369页。

国发〔1976〕41号文件予以批复。自此,"上拦下排,两岸分滞"正式成为指导黄河治理,特别是黄河下游防洪工程建设的重要方针。[①]

(二)"拦、排、放、调、挖"综合治理方略的通过

党的十一届三中全会以来,邓小平同志始终以务实的精神关心着黄河治理与开发,推动法治化建设和组织机构建设相结合,将环境保护上升为基本国策,从而奠定了中国黄河治理开发的制度化和体系化的基础。

20世纪80年代初,推广"户包治理小流域",开创了"千家万户治理千沟万壑"的崭新局面,在长期实践中总结出"山顶植树造林戴帽子,山坡退耕种草披褂子,山腰兴修梯田系带子,沟底筑坝淤地穿靴子"等治理模式。"三北防护林"体系建设工程,构筑起黄河岸边的"绿色城墙"。1978年,党中央、国务院作出了在西北、华北、东北地区建设三北防护林体系的重大战略决策。后来,邓小平亲笔为工程题词——"绿色长城"。这一工程有利于降低黄河岸边的风沙危害和控制水土流失。实践也证明,"治水之本在于治山,治山之要在于兴林"是符合客观规律的。

黄河治理开发的法治化建设取得重大进步,环境保护首次被纳入国民经济和社会发展计划。1979年9月《中华人民共和国环境保护法(试行)》颁布,1983年正式把环境保护确定为中国的一项基本国策,1987年发布中国首个五年环境规划——《"七五"时期国家环境保护计划》,提出要努力控制长江、黄河、珠江等七大江河的水质污染。

这一时期还特别重视机构建设,完善大江大河的生态环境保护机制。1978年,建立黄河水源保护科学研究所和黄河水质监测中心站;1982年,组建城乡建设环境保护部,内设环境保护局;1987年,国务院批准《黄河可供水量分配方案》,黄河成为我国首个进行全河水量分配的河流;1988年,国务院独立设置国家环境保护局。这些机构的建立与完善、各项实施方案的制定与实施,大大推进了黄河流域的治理与开发。

---

① 赵炜:《王化云在黄河治理方略上的探索与实践》,《中国水利》2009年第15期。

20世纪六七十年代，黄河下游河道泥沙淤积加重，引起了党中央对这一问题的高度重视。基于黄河上中下游存在的问题，1979年，时任水利部副部长、黄河水利委员会主任王化云在《加速黄河治理　为实现四个现代化作贡献》一文中指出，要解决黄河泥沙，就必须以积极的态度正确看待泥沙的淤积。他认为，黄河泥沙有"功"亦有"过"，华北大平原的形

扫码阅读文章《"一代河官"王化云》

成、下游农业的自流灌溉等，即为其"功"。①1986年王化云在《辉煌的成就　灿烂的前景——纪念人民治黄四十年》一文中又概括提出了"拦、用、调、排"的治沙思想。"拦"指在中上游拦水、拦沙；"用"是用洪用沙；"调"是调水调沙；"排"是充分利用黄河下游河道比降陡，排洪排沙能力大的特点，排洪排沙入海。②

江泽民指出，黄河流域对实现中国现代化建设跨世纪发展的宏伟蓝图具有战略意义。他高度关切黄河治理开发这一重大问题，深刻意识到治理黄河历来是安民兴邦的大事，必须站在战略和全局高度，大力实施可持续发展战略。江泽民强调："治理开发黄河，对国家经济社会发展具有重大战略意义。"③小浪底水利枢纽工程"为人民治黄事业树起了一座新的历史丰碑"，实现了我国水电生产力的历史飞跃。1991年2月，江泽民对黄河小浪底水利枢纽坝址以及黄河大堤险段等进行了全面视察，对小浪底工程这一"造福人民的好事"寄予厚望。1997年10月，黄河小浪底工程截流成功。

1997年编制完成的《黄河治理开发规划纲要》对黄河治理做出了重要指示。黄河治理开发应采取"拦、排、放、调、挖"综合治理的方略，全面规划、统筹安排、长期努力，使黄河水沙资源在上中下游都有利于生产，发挥

---

　①　王化云：《加速黄河治理　为实现四个现代化作贡献》，《人民黄河》1979年第1期。

　②　王化云：《辉煌的成就　灿烂的前景——纪念人民治黄四十年》，《人民黄河》1986年第5期。

　③　《江泽民文选（第二卷）》，人民出版社2006年版，第348页。

巨大的综合效益。[①]在上述黄河综合治理方略与"上拦下排，两岸分滞"治河方针的指导下，洪水能够得到有效的控制。

1997年后，党中央发出"再造一个山川秀美的西北地区"的号召，更加注重生态建设和生态自我修复。黄河流域率先实施"退耕还林（草）、封山绿化、以粮代赈、个体承包"政策，在条件适宜地区因地制宜地进行封育和保护，发挥植被的自我修复能力。通过几代人的努力，锁定了对下游河道淤积影响最大的区域，为实施粗泥沙"靶向"治理提供了科学依据。1999年，国务院授权水利部黄河水利委员会对黄河干流水量实施统一调度，这是我国大江大河中的首例。1999年6月，江泽民主持召开黄河治理开发工作座谈会，指出："二十一世纪即将到来，我们必须抓紧思考这样一个问题，即如何从战略的高度进一步把黄河的事情办好。"[②]要求黄河的治理开发坚持经济建设与人口资源环境相协调，兼顾防洪、水资源合理利用和生态环境建设诸方面，把实现好资源持续利用与环境保护、治理开发相结合。

随着时代的发展，人们对黄河的认识逐渐深入，治河方略不断完善。由单纯防洪到治沙再到全流域综合治理，彰显了中国共产党领导人民结合黄河实际不断探索治河路径的伟大品质。

工程案例

龙羊峡水电站，位于青海省海南藏族自治州共和县和贵南县交界的龙羊峡峡谷进口约2千米处，距青海省省会西宁市147千米，坝址上距黄河源头1687.2千米。坝址以上流域面积131420平方千米，占黄河全流域面积的17.5%。龙羊峡水电站是1954年黄规会编制"黄河技经报告"确定的干流46个梯级中最上游一个梯级。[③]龙羊峡水电站由拦河大坝、防水建筑和

---

① 朱尔明主编、中国水利学会编：《命脉 新中国水利50年》，中国三峡出版社2001年版，第132页。

② 《江泽民文选（第二卷）》，人民出版社2006年版，第352页。

③ 黄河水利委员会黄河志总编辑室编：《黄河水利水电工程志》，河南人民出版社2017年版，第18页。

电站厂房三部分组成，坝高178米，坝长1226米（其中主坝长396米），宽23米，形成了一座面积383平方千米、库容247亿立方米的人工水库。龙羊峡水电站工程为大型工程，有"万里黄河第一坝"之称。

龙羊峡水电站地处黄河上游龙（羊峡）一青（铜峡）河段的"龙头"位置，控制着黄河上游近65%的水量和主要洪水来源，库容大，具有多年调节性能。根据设计分析计算，龙羊峡水库可使枢纽下游已建和拟建的不足年调节的电站获得多年调节效益，电站保证电能将跃升到年发电量的82%。它与已建的刘家峡水电站、拟建的黑山峡水利枢纽联合运行，将从根本上控制黄河上游洪水，消除凌汛威胁，满足青海、甘肃、宁夏、内蒙古四省（区）不同发展时期工农业用水的需要，并为黄河下游河段每年均匀提供70亿—95亿立方米的水量。

案例评语

龙羊峡水电站工程是国内自行设计、自制设备、自己组织施工的大型水电工程。其大坝最大高度、水库总库容、电站单机容量均为当时全国水电站之首，在发电、防洪、灌溉等方面发挥了重要作用，体现了当时国内水电工程建设的能力和水平。龙羊峡作为黄河文化的重要组成部分，彰显出了中国智慧和文化自信，为实现中华民族伟大复兴的中国梦凝聚精神力量。

第三节　2002—2012年以综合治理
为目标的治河理念

进入新世纪新阶段，胡锦涛同志提出黄河的治理要更加尊重自然，更加侧重人水依存，更加注重保护。2006年，胡锦涛指出，黄河治理必须坚持人与自然和谐相处，良好的生态环境是经济社会可持续发展的依托。要进一步把黄河的事情办好，让黄河更好地造福中华民族。2006年，从国家层面第一次为黄河专门制定行政法规——《黄河水量调度条例》，并颁布实施，防御旱灾的工程和非工程措施日益完备。同年，温家宝也指出，要遵循自然规律和经济规律，以水资源可持续利用保障经济社会可持续发展。

2009年10月，胡锦涛在视察黄河三角洲国家级自然保护区时，要求加强自然保护区建设，明显改善黄河入海口的生态环境。在这一历史时期，中国共产党通过实施一系列涉黄治黄水利工程和科学合理的调度，使黄河水成为造福水，泽被四方，水电资源也得到有序开发，黄河作为"国之大者"的战略地位更加凸显。2011年7月，胡锦涛主持召开中央水利工作会议，再次提出要把水利作为国家基建优先领域，明确了水利改革发展的若干重点任务，其中着重提出"在继续加强大江大河大湖治理的同时，加快推进防洪重点薄弱环节建设，从整体上提高抗御洪涝灾害能力和水平"[①]。目标是争取通过5到10年的努力，扭转中国水利建设明显滞后的局面，促进水利可持续发展，走出一条中国特色水利现代化道路。

进入21世纪，黄河治理的思路转变为多目标综合治理，除了防洪、供水、灌溉、发电外，还注重水资源保护。[②]"维持黄河健康生命"理念的提出、以法规做保障实施水资源统一调度、黄河调水调沙等举措均是黄河多目标综合治理的体现。

一、维持黄河健康生命

针对黄河源区和黄土高原水土流失严重的区域，党和政府已经采取了一系列生态恢复措施，包括退耕还林、退牧还草、封山育林以及治沟骨干工程，旨在保护林草植被，有效减轻水土流失问题，显著改善当地的生态环境。得益于国家的重视和黄河管理部门采取的一系列生物措施以及工程措施，生态环境治理和生态保护取得了一些积极成效，但生态环境总体恶化的

---

① 中共中央文献研究室编：《十七大以来重要文献选编（下）》，中央文献出版社2013年版，第462页。

② 张发旺等主编：《黄河治理史录》，地质出版社2021年版，第212页。

青海三江源国家地质公园黄河园区

趋势没有得到根本扭转。[1]

随着黄河流域人口的增长以及工业化和城市化进程的迅速推进，黄河所面临的压力逐渐加大。20世纪90年代以来，黄河下游持续断流的时间逐渐延长，这凸显出人与河流对水资源和土地的争夺日益激烈。这种情况导致黄河水资源供需矛盾日益尖锐，下游河道萎缩，形成了更为严重的"二级悬河"，"横河""斜河"出现的概率也在上升，同时水质污染问题也日益严重，整个黄河流域的生态环境呈现恶化的趋势。面对这样的现状，黄河的未来如何？黄河的治理、开发和管理应该达到什么样的目标？这是黄河人亟须回答的重要问题。随着人类文明的发展，人们越来越清楚地认识到，人与河流相互依存，一损俱损，一荣俱荣。只有在尊重自然规律的基础上，在开发和利用河流的同时承认并保护河流自身的生命价值，黄河流域的经济与社会才能实现持续发展，民族文化才能得以长久传承。为此，黄河委员会党组按照中央和水利部的治水新思路，立足黄河实际，汲取历代治河经验，创新思维，确立了"维持黄河健康生命"的治河新理念，并以此为中心构建了"1493"治河体系。[2]

① 郑明辉等：《黄河流域生态保护措施探讨》，《水利发展研究》2012年第7期。

② 侯全亮著：《千柳集》，黄河水利出版社2007年版，第248—249页。

"维持黄河健康生命"是一种新的治河理念，其初步理论框架体系为：一个终极目标、四个主要标志、九条治理途径以及三条黄河建设。要使黄河为全流域及其下游沿黄地区庞大的生态系统和经济社会系统提供持续支撑，首先必须使黄河自身有一个健康的生命。"维持黄河健康生命"就是要维持黄河的生命功能，这是黄河治理、开发与管理各项工作长期奋斗的终极目标。四个主要标志是"堤防不决口、河道不断流、污染不超标、河床不抬高"。"减少入黄泥沙""建设黄河水沙调控体系"等九条途径的核心在于解决黄河"水少""沙多""水沙不平衡"问题，促进以黄河为中心的河流生态系统的良性发展。原型黄河、模型黄河、数字黄河"三条黄河"治河体系是三个有效手段。

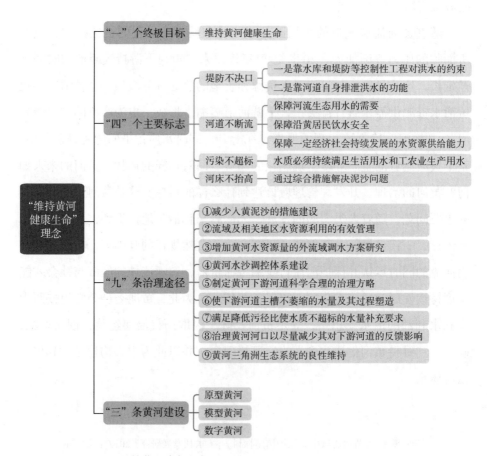

"维持黄河健康生命"的治河理念与"1493"治河体系框架图

"维持黄河健康生命"的治河理念并不是对传统治河思想的简单延续，而是在深刻反思和总结历史治河经验的基础上，结合对现实社会和黄河本身的深入研究所形成的全新理念。这一理念巧妙地将马克思主义的实践观点与可持续发展理论同治河的实际情况相结合，是治河思想上的革命。"维持黄河健康生命"治河理念的诞生标志着治河方略发生重大调整，由"治理和开发"转向"治理、开发和保护并重"。

二、黄河水量统一调度

伴随着黄河流域经济社会的快速发展，黄河耗水量猛增，水资源问题十分紧张，频频出现断流危机，而且断流时间一次比一次早，持续时日一次比一次长，断流河段也一次比一次向上延伸。有些年份，在本来应当防御大洪水的汛期，也会发生河道断流。断流不仅给流域经济带来严重损失，造成河口地区生态环境恶化，加剧水污染，进一步激化水资源供需矛盾，还使得大量泥沙淤积在下游河床，河道形态恶化，河流功能下降。

为解决黄河断流问题，进行水量统一调度已经迫在眉睫。1998年12月14日，经国务院批准，国家计委、水利部联合颁布实施了《黄河可供水量年度分配及干流水量调度方案》和《黄河水量调度管理办法》，正式授权黄河水利委员会对黄河水资源实现统一管理并对黄河水量实施统一调度。[①]2002年，国务院批复黄河水利委员会组织编制《黄河近期重点治理开发规划》，明确10年治理框架，统筹防洪、减淤、供水、生态目标。2006年，国务院颁布《黄河水量调度条例》，确立了国家统一分配水量，流域机构负责组织实施，省（区）负责用水配水，用水总量和断面流量双控制，重要取水口和骨干水库统一调度的黄河水资源管理与调度模式。[②]《黄河水量调度条例》是我国第一部大江大河水量调度行政法规，使得黄河水量调度管

---

① 侯全亮、李肖强著：《论河流健康生命》，黄河水利出版社2007年版，第260页。

② 张发旺等主编：《黄河治理史录》，地质出版社2021年版，第162页。

理上升到国家法律层面。条例将水量调度工作中一些行之有效的措施和经验制度化、法律化，为黄河水量调度工作提供了坚实的法律保障和权威依据。

根据《黄河水量调度条例》及国家制定的"八七"分水方案，黄河水利委员会着手构建了黄河水量调度管理系统。该系统旨在强化水资源的实时监测、迅速响应以及优化配置能力。同时，黄委会还探索并实施了"订单式调水"和"协议调水"等创新措施，以进一步提升调度的精准度。此外，黄委会还积极推动水权转换的试点工作，旨在发挥市场机制在水资源配置中的积极作用。在各方的共同努力之下，成功克服了连续多年干旱、生态环境恶化等一系列严峻挑战。

2012年，国务院印发《关于实行最严格水资源管理制度的意见》，强化用水总量控制、用水效率控制、水功能区限制纳污"三条红线"约束。[①]黄河水利委员会着力构建黄河流域水资源管理的严格制度体系，对建设项目实施严格的水资源论证，加强取水许可管理，并严格控制入河排污口的审批流程。同时，全面推进节水防污型社会的建设，确保流域及其周边地区的生活、生产和生态用水需求得到满足。这些举措有效促进了流域内经济社会的可持续发展，树立了中国水资源流域一体化管理的标杆。

三、黄河调水调沙

黄河是全世界含沙量最大的河流，每年携带16亿吨黄沙入海，"水少沙多""水沙不平衡"是黄河难治理的根本原因。从20世纪50年代的"蓄水拦沙"，到通过三门峡工程实践提出的"上拦下排"，从20世纪80年代提出"拦、用、调、排"治理方针，到90年代"拦、排、放、调、挖"综合处理黄河泥沙方略，人们对黄河泥沙的规律性认识不断深化，在不断的探索和实践中，黄河泥沙处理和利用取得了重大突破。然而，解决水沙不平衡问题仍然是黄河治理的重要难题。

---

① 张发旺等主编：《黄河治理史录》，地质出版社2021年版，第162页。

针对黄河水沙关系不协调造成的下游河道严重淤积问题，在黄河中游干流上兴建了控制性骨干工程，以满足灌溉、发电和调水调沙的需要，利用水库，把排不掉的泥沙暂时留在库内，水多时再排掉，使水沙适应黄河下游的排洪排沙能力。

调水调沙，就是在现代化技术条件下，利用工程设施和调度手段，通过水流冲击，将水库里的泥沙和河床上的淤沙适时地送入大海，从而减少库区和河床的淤积，增大主槽的行洪能力。自2002年起，黄河开始实施调水调沙试验，至2004年，共实施了3次调水调沙试验。

第一次是2002年进行的单库调度试验，即利用小浪底水库进行调水调沙试验。第二次是在2003年小浪底水库上游发生洪水，下游伊洛河、沁河也发生洪水的情况下，实施不同来源区水沙对接调度的试验，利用小浪底水库、陆浑水库和故县水库进行水流对接调水调沙。第三次是2004年利用万家寨、三门峡和小浪底3座骨干水库联合调水调沙的试验。3次实验均取得了较为理想的效果。[①]

以上3次试验，水沙条件各不相同，目标及其采用的措施也不相同，基本涵盖了黄河调水调沙的不同类型，为后续调水调沙由试验转向生产实践提供了坚实基础和丰富经验。

2005年开始进行生产运行，到2009年为止，先后又进行了6次生产运行，取得了丰硕的成果，同时进一步深化了人们对黄河水沙规律的认识。9次调水调沙均实现了下游河道主槽的全线冲刷，下游河道共冲刷泥沙3.56亿吨，河道主槽最小过洪能力由2002年以前的1800立方米/秒提高到3880立方米/秒，同时调整了小浪底库区淤积形态，为实现水库泥沙的多年调节、灵活调度积累了经验。[②]黄河调水调沙不仅保障了下游河道安全，也有效缓解了黄河断流。

黄河治理的终极目标是维持黄河健康生命，所有的治河手段都是为实现这个目标服务。由于黄河下游河道萎缩严重，主槽过洪能力日渐衰减，遇自

① 张发旺等主编：《黄河治理史录》，地质出版社2021年版，第171页。

② 王静琳：《黄河调水调沙工作取得了良好的生态和社会效益》，载中华人民共和国中央人民政府网站2009年7月10日，https://www.gov.cn/gzdt/2009-07/10/content_1361946.htm。

然洪水，要么流量过小，水沙关系不协调，持续淤积主河槽；要么流量过大，大面积漫滩造成灾情；要么清水运行空载入海，造成水流的能量与资源浪费。长此以往，黄河下游的健康生命形态不可能得以塑造和维持，而通过调水调沙塑造"和谐"的流量、含沙量和泥沙颗粒级配的水沙过程，则可以遏制黄河下游河道形态持续恶化的趋势，进而逐渐使其恢复健康生命形态，并最终得以良性维持。①

2002到2012这十年间，通过各项法规、条例、政策，对黄河水资源进行统一调度、科学管理，开展调水调沙工程，利用小浪底等水利枢纽协调水沙关系，维持黄河健康生命，黄河实现了从断流频仍到河畅其流、从生态退化到良性恢复的转变，为新时代黄河治理奠定了基础。

工程案例

小浪底水利枢纽位于河南省洛阳市以北40千米的黄河干流上，南岸属孟津县，北岸属济源市，上距三门峡水利枢纽130千米，下距焦枝铁路桥8千米，距京广铁路郑州黄河铁桥115千米。②小浪底水利枢纽是黄河干流三门峡以下唯一拥有较大库容的控制性工程，既可较好地控制黄河洪水，又可利用其淤沙库容拦截泥沙，进行调水调沙，减缓下游河床的淤积抬高。1991年4月，七届全国人大四次会议批准小浪底工程在"八五"期间动工兴建。小浪底工程1991年9月开始前期工程建设，1994年9月主体工程开工，1997年10月截流，2000年元月首台机组并网发电，2001年底主体工程全面完工，取得了工期提前、投资节约、质量优良的好成绩，被世界银行誉为该行与发展中国家合作项目的典范，在国际国内赢得了广泛赞誉。2002年至2008年，小浪底工程先后通过了安全技术鉴定、工程及移民部分竣工初步验收和水土保持、工程档案、消防设施、环境保护、劳动安全卫生等专项验收。2008年12月，小浪底工程通过竣工技术预验收。2009年4月7日，小浪

---

① 李国英著：《维持黄河健康生命》，黄河水利出版社2005年版，第201页。

② 黄河水利委员会黄河志总编辑室编：《黄河水利水电工程志》，河南人民出版社2017年版，第255页。

黄河小浪底工程

底工程顺利通过竣工验收。小浪底工程投运以来，发挥了巨大的社会效益、经济效益和生态效益，为保障黄河中下游人民生命财产安全、促进经济社会发展、保护生态与环境做出了重大贡献。[①]

小浪底工程规模宏大，工期紧迫，地质条件复杂，运用要求严格。尤其是存在的工程泥沙问题，以及坝址软弱泥化夹层、左岸单薄分水岭、顺河大断裂、右岸倾倒变形体等工程地质难题，更加大了工程的施工难度。面对前所未有的困难，施工人员积极引进、应用、创造新的设计、施工技术，成功完成了这一工程的建设，并创造了多项世界纪录。最值得称道的是，在不足1平方千米的单面山体内，纵横交错地开挖了108个洞室，是当时世界上地下洞群最密集的水利工程。

人工"清洗"黄河，是小浪底凝聚中国智慧的创举。从2002年开始，借助自然的力量，依靠大型水库的人工调节，通过调控水库泄水，冲刷河床，把淤积在黄河河道和水库中的泥沙随河水一起适时送入大海，减少库区和河床的淤积，让地上悬河不再抬高，增大黄河干流主槽的行洪能力。这项"黄河调水调沙理论与实践"技术，获得了2010年度国家科学技术进步奖一等奖。建成后，小浪底水利枢纽已先后有效应对2003年黄河"华西秋汛"洪

---

① 《小浪底水利枢纽》，载河南水利厅网站2021年5月27日，https://slt.henan.gov.cn/2021/05-27/2153207.html。

水，2005年和2011年秋季黄河中游洪水，2012年、2018年和2019年全汛期流域洪水等，黄河下游已连续多年安全度过伏汛期。

小浪底水利枢纽打破了"河淤堤高，人沙赛跑"的险局。小浪底与黄河干支流水库群联合调度，能有效缓解黄河下游洪水威胁，将黄河下游防洪标准从60年一遇提高到千年一遇；可滞拦上游泥沙78亿吨，使黄河下游河道的河床在近20年时间里，都不会因为堆积的泥沙而抬高，从而为上游水土流失治理和下游河道治理争取了20年的宝贵时间；利用人造洪峰，可冲刷下游河道的泥沙，起到稳定河道作用，黄河变得越来越安全。

案例评语

小浪底人顽强拼搏、力挽狂澜，使这项工程创造了一个又一个世界纪录。作为新时代大学生，应该赓续小浪底人"艰苦奋斗、自强不息"的精神，为实现中华民族的伟大复兴贡献自己的力量。

第四节　治理黄河的宝贵经验与精神品质

1946—2012年，在中国共产党的坚强领导下，黄河治理历程波澜壮阔。解放初期，黄河面临着严重的洪水威胁和河道淤积问题。党和政府提出"确保临黄，固守金堤，不准决口"的治河方针，通过加强堤防建设，进行抢险和堵口工作，确保黄河不决口，实现防洪和保堤。而后，随着国家经济的恢复和发展，黄河治理开始注重综合效益，提出了"上拦下排，两岸分滞"的治理方针，通过建设三门峡、刘家峡等大型水库、滞洪区等工程，减少黄河的泥沙淤积和洪水威胁。然而，三门峡水库建成后，出现了严重的泥沙淤积问题，影响了水库的效益。党和政府尊重科学、统筹规划，将治河方针及时调整为在"上拦下排，两岸分滞"的同时采取"拦、排、放、调、挖"等综合措施，强调泄洪和排沙的重要性。随着改革开放的深入，黄河治理越来越注重可持续发展和生态保护，提出了"全面规划、统筹兼顾、标本兼治、综合治理"的治理方针，强调综合治理和可持续发展，推进节水灌溉和产业结构调整，减少对黄河水资源的过度开发和浪费。进入新世纪，黄河治理面临新的挑战和机遇，如气候变化、水资源短缺、生态退化等。国家进一步强调"维持黄河健康生命"的治理理念，注重生态保护和恢复，推进科技创新和信息化建设，提高黄河治理的现代化水平，实现人与自然的和谐相处。

从1946年至2012年，黄河治理方针经历了从侧重防洪保堤到注重综合效益，从强调泄洪排沙到注重可持续发展和生态保护，再到强调维持黄河健康生命的演变历程。这一演变反映了国家对黄河治理逐渐深刻的认识和不断创新的治理理念，也为新时代继续推进黄河治理工作，"维护黄河健康生命，促进流域人水和谐"提供了宝贵经验。

一、1946—2012年治理黄河的宝贵经验

1946—2012年，在中国共产党领导下，治理黄河的思路随着对黄河认识的加深而不断深入，积累了宝贵的治河经验。

（一）坚持党的领导

这一时期在黄河治理方面所取得的显著成就，充分展现了中国共产党在促进黄河流域人与自然和谐共生方面的远见卓识与坚定决心。同时，这些成就也反映了党对保护和治理黄河工作的全面、整体和协同考虑。尤其值得一提的是，在国民党多次故意扒开黄河大堤，试图把洪水作为战争手段的危急关头，是中国共产党领导军民英勇抢险、加固堤防，成功实施了"宽河固堤"的战略。在新的历史时期，为了持续推进黄河的治理、开发与保护工作，我们必须继续坚持党的统一领导，共同努力维护黄河的健康生命。

（二）坚持人民立场

治理黄河的进程反映出治河是为了人民、治河依靠人民。从"要把黄河

的事情办好"到"维持黄河健康生命",中国共产党始终践行以人民为中心的发展思想。在历次战胜黄河大洪水的过程中,中国共产党始终尊重人民的主体地位。在解放战争初期,无论是"一手拿枪、一手拿锨"开展反蒋治黄斗争,还是"献砖献石"开展治河修险运动,都体现了中国人民的智慧和力量。

（三）坚持科学规划

根据不同时期的经济社会发展状况和黄河治理需求,中国共产党持续探索并实施科学的治河策略、开发计划及保护措施,针对黄河的治理、开发与保护制定了全面规划,并综合实施。在黄河上游,重点加强生态环境建设,并进行有序的梯级开发;在黄河中游的黄土高原区域,着力开展水土保持的综合治理工作,并建设了大型水利枢纽;而在黄河下游,则着重加固黄河大堤,并对河道进行冲刷清理。这些举措均依据黄河的独特地理特点和历史演变规律设计,通过科学规划和综合性政策措施,显著提高了黄河治理的成效。

二、1946—2012年治理黄河的精神品质

在黄河治理、开发与保护的探索中,沿黄人民群众在中国共产党的领导下,不畏艰险、不惧困难,铸就了非凡的精神品质。

（一）尊重自然、尊重规律的科学精神

"禹之决渎也,因水以为师。"习近平总书记曾引用大禹治水的典故来提醒我们,在推进黄河流域生态保护与高质量发展的过程中,必须尊重自然规律,摒弃那种试图征服水和自然的错误观念。1946年至2012年,治河工作一直致力于深入理解和把握河流演变规律以及经济社会发展的需求。根据时代的变化和形势的发展,灵活调整策略,成功开辟了一条从以治理开发为主向维护河流健康生命转变、从传统治河向现代治河转变的新路径。比如,通过三门峡水利枢纽工程的改建和运用方式的调整,最大限度地消除了不利影

响，保障了枢纽防洪功能的持续发挥，为小浪底工程处理水库泥沙淤积问题积累了宝贵经验。[①]在治理黄河的过程中，人们始终坚持实事求是、注重实效的原则，不断研究新情况、解决新问题，确保黄河治理的科学性和有效性。

（二）人民至上、为民造福的民本精神

人民性是中国共产党领导下的黄河治理事业不同于历史上其他任何时期的治水实践的最显著标识。治理黄河的出发点和落脚点都是保障人民群众的生命财产安全，改善人民的生活环境。在治理过程中，党始终把人民利益放在首位，充分听取人民群众的意见和建议，确保治理措施符合人民的根本利益。人民是历史的创造者和见证者，必须始终站稳人民立场，把人民作为治黄事业的基本力量和基本依靠，坚持全心全意为人民服务的根本宗旨，践行以人民为中心的发展思想，矢志不渝为人民谋幸福。只有这样，人民治河事业才能不断从胜利走向胜利。

（三）不屈不挠、勇往直前的奋斗精神

在漫长的历史长河中，黄河既是滋养华夏大地的母亲河，赋予我们无尽的生机与希望，有时它的奔腾肆虐，也给沿岸人民带来了极大的挑战与磨难。然而，正是这些挑战与磨难，激发了中华民族不屈不挠、勇往直前的斗志。面对黄河决口和改道带来的灾难，中华民族展现出战天斗地的坚韧意志，实现了"堤防不决口、河道不断流、污染不超标、河床不抬高"的治河目标。

（四）立足整体、统筹考虑的全局精神

1946年至2012年，黄河治理体系从单一到综合，从初期偏重下游防洪转向全流域系统治理，彰显出系统治理、统筹考虑的大视野。黄河作为中国

---

① 中共水利部党组：《中国共产党领导人民治理黄河的经验与启示》，《中国水利报》2021年9月4日。

的第二长河，流域面积广大。治河工作者立足整体，综合考虑黄河上中下游、左右两岸的协同发展，从流域的整体性出发，制定了一系列符合黄河实际情况的治理策略，确保各项治理措施的有效性和协调性，坚持立足整体、树立系统观念，形成综合治理、系统治理、源头治理的合力，助力新时代黄河的治理、保护与开发。

结　语

人民治黄是中国共产党百年奋斗史上的光辉篇章，是党领导人民重整河山、改天换地的历史缩影，是"中国共产党为什么能、马克思主义为什么行、中国特色社会主义为什么好"的生动诠释。在治理黄河的过程中，涌现出的模范典型和工程奇迹，已成为黄河文化的重要组成部分和宝贵遗产。新时代大学生要弘扬黄河文化，赓续红色血脉，坚定文化自信，为实现中华民族伟大复兴的中国梦凝聚精神力量。

思考题

1. 解放区军民"一手拿枪、一手拿锨"铸就了哪些治河精神？

2. 针对黄河水少沙多、河道淤积等问题，黄河治理方针是如何演变的？

3. 治河理念从治理、开发到治理、开发与保护并重的转变对新时代黄河流域的发展有何启示？

第七章

继往开来：新时代黄河发展蓝图

本章导读

　　中国共产党为推进黄河治理开展了一系列实践，彰显着深厚的黄河情怀。特别是党的十八大以来，以习近平同志为核心的党中央提出，"保护黄河是事关中华民族伟大复兴的千秋大计"，将黄河流域生态保护和高质量发展上升为国家重大战略。本章主要讲述十八大以来中国共产党如何推动实施黄河重大国家战略实践，黄河文化与中华民族伟大复兴的内在逻辑，怎样推进新时代黄河文化创造性转化、创新性发展，如何拓展新时代黄河文化育人路径等问题。

第一节　让黄河成为造福人民的幸福河

"让黄河成为造福人民的幸福河"是习近平总书记的殷切期望，也是黄河流域生态保护和高质量发展重大国家战略的使命所在。党的十八大以来，习近平总书记高度重视黄河流域的保护、发展，走遍黄河上中下游，先后在郑州、济南、兰州召开黄河流域生态保护和高质量发展座谈会，强调黄河流域生态保护和高质量发展是关乎中华民族伟大复兴的重大国家战略，对黄河流域的保护与发展进行战略布局，形成一系列新理念、新思想、新战略，谱写了黄河流域发展的新篇章。

一、黄河流域生态保护和高质量发展顶层设计

以习近平同志为核心的党中央强调，"保护黄河是事关中华民族伟大复兴和永续发展的千秋大计"，围绕解决黄河流域长期存在的主要矛盾和重大问题，在推进生态保护修复、完善治理体系、高质量发展等方面开展了大量卓有成效的工作，并在此过程中总结凝练和创新发展了党领导人民治理黄河的宝贵经验，对于指导黄河流域生态保护治理实践、探索人与自然和谐共生的中国式现代化道路具有重要启示意义。

请扫描观看视频
"习近平的黄河情怀"

2019年9月18日，习近平总书记在河南郑州主持召开黄河流域生态保护和高质量发展座谈会，明确提出黄河流域生态保护和高质量发展的目标任务，并将其上升为重大国家战略。2021年10月8日，中共中央、国务院印发《黄河流域生态保护和高质量发展规划纲要》。该纲要是指导黄河流域生态保护和高质量发展的纲领性文件，规划坚持生态优先、绿色发展，量水而

行、节水为重，因地制宜、分类施策，统筹谋划、协同推进，通过优化国土空间开发保护格局，促进人口和城市科学合理布局，构建与水资源承载能力相适应的现代产业体系，旨在通过系统治理和科学规划，推动黄河流域在生态保护、经济发展、社会进步等方面的全面提升，保护传承弘扬黄河文化，为实现中华民族伟大复兴的中国梦提供有力支撑。

为加强黄河流域生态环境保护，保障黄河安澜，推进水资源节约集约利用，推动高质量发展，第十三届全国人民代表大会常务委员会第三十七次会议在2022年10月30日通过了《中华人民共和国黄河保护法》（以下简称《黄河保护法》），并于2023年4月1日起施行。《黄河保护法》明确了黄河流域生态保护和修复的法律框架，框定了黄河保护、治理、发展的行为准则，确保黄河治理有法可依；强调对黄河流域生态环境的全面保护，推动黄河流域生态系统的良性永续循环；通过立法手段，强化黄河流域的法治保障，明确黄河流域的管理体制和责任分工，推进黄河流域各类生产生活、开发建设等活动合理合法开展。《黄河保护法》的出台，不仅为黄河流域的生态保护和高质量发展提供了法律保障，也为推动黄河流域的经济发展、文化传承和区域协调发展提供了有力的法律支撑。

黄河流域生态系统是一个上中下游相互作用、流域内外唇齿相依、左右两岸相融共生的整体，各种生态要素的平衡关乎整个生态系统的稳定。习近平总书记指出，黄河流域面临的困难与问题"表象在黄河，根子在流域"，强调"黄河流域生态保护和高质量发展是一个复杂的系统工程"，指出治理黄河流域面临的困难与问题"要充分考虑上中下游的差异"，提出系统提升上游水源涵养能力，加强中游水土保持，推进下游湿地保护和生态治理；建立跨省区协调机制，打破行政壁垒，实现上下游、左右岸、干支流的协同治理；严格执行《黄河保护法》，明确各方责任，强化法律约束力，为中华民族永续发展提供坚实保障。

国家出台的这一系列关于黄河流域生态保护和高质量发展的纲要、法规，形成了系统逻辑架构。从宏观战略定位上，把黄河流域生态保护和高质量发展明确为重大国家战略，纳入国家"江河战略"框架。在中央层面建立黄河流域生态保护和高质量发展统筹协调机制，审议重大政策、规划和项目，协调跨区域问题；设立推动黄河流域生态保护和高质量发展领导小组，全面指导战略实施。

在环境保护领域，实施山水林田湖草沙一体化治理，支持重要生态系统保护和修复重大工程，进行分区分类治理：上游的重点是增强水源涵养能力，保护三江源、祁连山等关键区域；中游的重点是强化水土保持，治理黄土高原水土流失；下游的重点是推进河口湿地保护和生态修复。在高质量发展领域，紧密结合黄河流域比较优势和发展阶段，以生态保护为前提，优化调整区域经济和生产力布局，促进上中下游各地区合理分工。严格限制高耗水、高污染项目布局，支持战略性新兴产业培育，推动传统产业清洁生产改造。依托强大国内市场，加快供给侧结构性改革，加大科技创新投入力度，根据各地区发展基础，做强特色产业，加快新旧动能转换，推动制造业高质量发展和资源型产业转型，建设特色优势现代产业体系。在黄河长治久安领域，紧紧抓住调节水沙关系这个"牛鼻子"，围绕以疏为主、疏堵结合、增水减沙、调水调沙，健全水沙调控体系，研究修订黄河流域防洪规划，强化综合性防洪减灾体系建设，构筑沿黄人民生命财产安全的稳固防线。在黄河文化保护传承领域，着力保护沿黄文化遗产资源，延续历史文脉和民族根脉，深入挖掘黄河文化的时代价值，加强公共文化产品和服务供给，更好地满足人民群众的精神文化需要。

二、黄河流域生态保护取得新成果

党的十八大以来，习近平总书记先后到黄河流域各省区进行考察，发表了一系列重要讲话，作出一系列重要指示批示，强调黄河流域生态保护和高质量发展是一项系统性工程，要以这一重大国家战略推动美丽中国建设、实现中华民族永续发展。在此指导下，上中下游在生态保护方面均取得了显著成果。

（一）上游水源涵养能力不断提升

黄河上游包括青海、甘肃、宁夏、内蒙古四省（区），是黄河水量的主要来源，"到达兰州时，水量已达317亿立方米，这已经是黄河总水量的70%"①。其中，青海是黄河发源地，"在青海境内的干流长度达到1694公里，占黄河总长度的31.0%，流域面积15.31万平方公里，占黄河流域总面积的19.3%。黄河在青海的年平均出境水量约为264.3亿立方米，占黄河多年平均天然径流量的49.4%"②。

党的十八大以来，习近平总书记高度重视青海的生态环境保护，2016年、2021年两次亲临青海视察、两次参加全国人大青海代表团审议并发表重要讲话，作出一系列重要指示批示，明确指出青海"最大的价值在生态、最大的责任在生态、最大的潜力也在生态"，"青海生态地位重要而特殊，必须担负起保护三江源、保护'中华水塔'的重大责任"。牢记习近平总书记的殷殷嘱托，青海坚持生态保护优先，扛起生态保护重大责任，统筹江河流域保护和发展，坚定不移做"中华水塔"守护人，交出生态文明建设新答卷，开启青海生态建设和高质量发展新篇章。2021年10月，三江源国家公园正式设园。三江源国家公园是中国面积最大的国家公园，面积达19.07万平方千米。三江源区湿地面积由3.9万平方千米增加到近5万平方千米，20世纪60年代消失的千湖竞流景观再现三江源头。通过多方努力保护与修复，到2022年，青海森林覆盖率、草原综合植被盖度分别提高到7.5%、57.8%。野生动物种群数量明显增加，藏羚羊由最低时的不足3万只恢复到7万多只，雪豹种群数量恢复性增长。荒漠化土地、沙化土地"双缩减"，湿地面积稳居全国首位，湿地保护率为64.32%，高于全国平均12个百分点，全省地表水出境水量超900亿立方米，"中华水塔"更加坚固丰沛。③通过退耕还林、湿地修复等措施，黄河源头区湿地面积累计恢复超过1000平方千米。2022年，"青海省黄河出境水量285.56亿立方米，比多年平均出境水量增加8.04%，其中黄河干流出境大河家

① 单之蔷：《黄河日记》，《中国国家地理》2017年第10期。

② 贺勇、贾丰丰：《青海统筹推进黄河源头山水林田湖草沙系统治理 着力巩固黄河上游生态安全》，《人民日报》2023年10月10日。

③ 万玛加、王雯静：《青海：青藏高原国家公园群 建设正当时》，载三江源国家公园网2022年10月12日，https://sjy.qinghai.gov.cn/park/mszx/25354.html。

断面、大通河出境峡塘断面均为Ⅰ类水质，水质状况优；黄河支流清水河入黄口、街子河入黄口、巴燕河入黄口、则塘均为Ⅱ类水质，水质状况优；湟水河出省断面边墙村为Ⅲ类水质，水质状况良好"[①]。青海为黄河贡献了质优量大的黄河水，为黄河流域可持续发展提供了坚实保障。

甘肃省也是黄河上游重要的水源涵养区、补给区。黄河甘肃段长913千米，占黄河干流总长度的16.7%。截至2023年，"通过各种举措的实施，黄河流域甘肃境内41个国考断面水质优良比例达到92.68%，黄河干流出境断面水质连续7年达到Ⅱ类"[②]。"黄河百害，唯富一套"，河套地区是黄河勇闯大漠深处造就的一片富饶之地，这里的乌梁素海，承担着黄河水量调节、水质净化、防凌防汛等重要功能，是我国北方多个生态功能交汇区，是控制京津风沙源的天然生态屏障，被称为黄河生态安全的"自然之肾"。然而，随着河套灌区的开发，农田退水、城市生活污水、工业废水、沿山洪水等的排入，湖区水体一度污染严重，富营养化、盐渍化和沼泽化问题突出，进而威胁黄河水环境，生态治理迫在眉睫。"党的十八大以来，内蒙古自治区不断加大对乌梁素海投入力度，打通补退水通道，累计投资35260万元，实施了一批补退水通道工程建设和湖坝堤防工程建设。……2020年补水6.25亿立方米，2021年补水5.98亿立方米，2022年补水6亿立方米，超额完成年度补水任务。"[③]如今，乌梁素海这颗祖国北疆的"塞外明珠"正在重新绽放璀璨的光彩。

（二）中游水土保持得到加强

黄河中游的陕西和山西，是黄土高原的主要分布区，也是黄河泥沙的主要来源区。根据黄河沿岸各水文站多年实测的记录，"自河口镇至龙门河段

[①] 贺勇、贾丰丰：《青海统筹推进黄河源头山水林田湖草沙系统治理 着力巩固黄河上游生态安全》，《人民日报》2023年10月10日。

[②] 成静：《黄河正成为造福人民的幸福河》，载中国发展网2023年9月19日，http://www.chinadevelopment.com.cn/sh/2023/0919/1859395.shtml。

[③] 成静：《黄河正成为造福人民的幸福河》，载中国发展网2023年9月19日，http://www.chinadevelopment.com.cn/sh/2023/0919/1859395.shtml。

的来沙，要占全河输沙量的55%，河水中的含沙量也增加到每立方米28千克。龙门口至潼关河段的来沙占全河的34%，黄河水到陕县的含沙量达到每立方米34千克"[①]。也就是说，黄河泥沙总量的89%来自中游地区，因此，中游的泥沙治理事关黄河的生态质量和下游安澜。

陕西省是黄河流域水土流失最严重的省份之一，省内的黄土高原区是黄河泥沙的主要来源地，也是黄河流域生态保护和高质量发展的重点区域。因此，黄土高原水土流失治理的重点在陕西，减少泥沙入河的重点也在陕西。近年来，陕西省落实"重在保护、要在治理"的要求，发布《陕西省黄河流域生态保护和高质量发展规划》，通过一系列水土保持措施，明确实施退耕还林还草、梯田建设、淤地坝建设等重点工程，取得了显著成效。2023年，陕西水土流失面积较2022年减少1261平方千米，实现水土流失面积和强度"双下降"，水土保持率增加0.61%，达到70.15%。[②]

在水土流失的具体实践层面，通过"三道防线"——"山顶环林戴帽子、山腰梯田系带子、山底沟坝穿靴子"防止水土流失。第一道防线是在梁峁坡地上，以修水平梯田为主，结合草田轮作，适当发展果园，改变地形，改良土壤，制止坡耕地的水土流失；第二道防线是在沟谷坡地上，以营造灌木林为主，相应发展用材林和人工牧草，稳定坡沟，防止冲刷；第三道防线是在沟谷中修筑防洪、拦泥、生产相结合的大、中、小型淤地坝。建成了从峁顶到沟底，层层设防、节节拦蓄的水土流失综合治理体系。陕西省通过退耕还林还草、梯田建设、淤地坝建设等措施，显著减少了水土流失面积和入黄泥沙量，改善了生态环境和农业生产条件。这些实践为黄河流域生态保护和高质量发展提供了重要经验，也为全球水土保持工作提供了中国方案。

---

① 葛剑雄著：《黄河与中华文明》，商务印书馆2023年版，第190页。

② 秦峰：《"戴帽子、系带子、穿靴子"——"三道防线"防止黄土高原水土流失》，载中国日报网2024年6月26日，https://shx.chinadaily.com.cn/a/202406/26/WS667bbab3a3107cd55d268a35.html。

（三）下游湿地保护和堤防建设成效显著

黄河下游河南和山东河段，由于大量泥沙淤积，河道逐年抬高，形成"地上悬河"，大部分河段靠堤防约束，山东东阿艾山以下河段素有"窄肠子"之称。历史上下游河道多次改道，1855年黄河在河南兰考东坝头决口后，改为走现行河道。山东地处黄河下游，是黄河入海的地方。2021年10月，习近平总书记到山东视察，在济南主持召开深入推动黄河流域生态保护和高质量发展座谈会，为黄河流域生态保护和高质量发展把脉领航，并要求山东努力在推动黄河流域生态保护和高质量发展上走在前。山东省委、省政府印发了《山东省黄河流域生态保护和高质量发展规划》，描绘长远蓝图；形成以《山东省黄河保护条例（草案）》为基础，以《山东省东平湖保护条例》等为骨架的地方性法规制度体系；山东还持续推进黄河下游湿地保护，加快建设黄河下游标准化堤防，在确保大河安澜、维护生态稳定等方面取得了一系列成就。

黄河下游生态环境保护明显改观。黄河三角洲是黄河流域下游生态保护和防洪减灾的重点区域，2021年10月，习近平总书记在考察黄河入海口时指出，黄河三角洲自然保护区的生态地位十分重要，要抓紧谋划创建黄河口国家公园，科学论证、扎实推进。保护区积极开展生态补水等工作，生态环境得到改善，到2023年，在黄河三角洲落脚的鸟类由原来的187种增加到373种。湿地资源已经成为东营市最有价值的生态产品。[①]

标准化堤防建设进一步加强。黄河下游由于泥沙淤积，河床逐年抬升，且下游两岸防洪保护区内人口密集、城市遍布，因此，下游堤防是特别重要的1级堤防。新中国成立以来，先后3次进行大复堤，并于2002年开始建设标准化堤防。党的十八大以来，黄河水利工程建设迎来新的高峰。黄河水利委员会连续实施黄河下游近期防洪、黄河下游"十三五"防

[①]《人与自然和谐共生的新山东·东营篇｜以生态方式治理生态　全面推进绿色低碳生态城市建设》，载齐鲁网·闪电新闻2023年5月31日，https://sdxw.iqilu.com/w/article/YS0yMS0xNDcwNDEwOQ.html。

洪两期防洪工程建设，累计完成堤防帮宽、加固504千米，新建、硬化防汛路909千米，新建和改建险工41处、控导66处。[①] 2022年10月，集防洪保障线、抢险交通线、生态景观线于一体的黄河下游标准化堤防全面建成。这有利于保持黄河下游伏秋大汛岁岁安澜，建设的防浪林、行道林等，大幅度提高区域植被覆盖率，利于防风固沙，改善区域生态环境；堤顶防汛路和上堤、控导等防汛道路建设，也为沿黄群众创造了极为便利的交通条件。

三、黄河流域高质量发展取得新成效

黄河成为"幸福河"的关键在于以河流的良好生态支撑经济、社会高质量发展，满足人民的美好生活需要。长期以来，黄河流域发展不平衡不充分问题突出，部分区域经济发展迟缓，流域内重化工等传统产业集聚，民生改善任务繁重。因此，推动黄河流域高质量发展势在必行。黄河流域各地区因地制宜落实好"四水四定"要求，以高质量发展为目标，加强水资源节约集约利用，促进能源结构转型，促进传统产业转型升级，发展特色产业促进乡村振兴，增进黄河流域民生福祉，提高人民生活品质，推动高质量发展取得新成效。

（一）制定节约措施，集约利用水资源

水资源短缺是制约黄河流域发展的一个重要原因，黄河流域人口众多，生产生活用水需求巨大。因此，立足水资源短缺矛盾，黄河流域各省（区）坚持量水而行、节水优先，坚持以水定城、以水定地、以水定人、以水定产，用水方式正在逐渐由粗放向节约集约转变。

探索水权市场化交易模式。2021年山东与河南签订《黄河流域（豫

---

① 牛少杰：《黄河下游标准化堤防全面建成》，载中华人民共和国中央人民政府网2022年10月2日，https://www.gov.cn/xinwen/2022-10/02/content_5715652.htm。

大量候鸟在菏泽黄河沿线栖息

鲁段）横向生态保护补偿协议》，明确补偿的标准、计算方式以及双方的权利义务。实现水质提升与资金激励的良性双向互动，推动黄河沿线省份的协同治污。2023年8月，黄河流域水权交易平台正式上线试运行，为支撑黄河流域水权交易提供基础保障，有利于促进黄河流域水权交易规范、安全、高效开展，有利于引导水资源向高效益、高效率方向转移，实现以节水、增效为目标的水资源优化配置，提升黄河流域水资源节约集约利用效率。

加大农业和工业节水力度。甘肃省酒泉市严重缺水，属极端干旱地区。近年来，酒泉市以"深度节水、极限节水"为要求，全领域全行业全过程推进节水，特别是在高效节水特色农业方面做文章，水生态高质量发展取得了突破性进展。酒泉市肃州区总寨镇采用"信息化+水肥一体化+平台整治"，对当地的农业灌溉方式进行改造升级，共建设高标准农田4.6万亩，采取管灌、喷灌、滴灌、水肥一体化等高效节水技术，实现了"旱涝保丰收"。[1]在工业用水方面，宁夏回族自治区政府高度重视工业节水工作，采取了一系列

---

① 成静：《黄河正成为造福人民的幸福河》，载中国发展网2023年9月19日，http://www.chinadevelopment.com.cn/sh/2023/0919/1859395.shtml。

有效措施，将工业节水纳入各级政府考核目标，建立水资源管理责任追究制度。严格用水总量控制，推进水权制度改革，加大节水技术改造，发展循环经济，工业节水工作取得了显著成效。

（二）能源结构升级，实现绿色化转型

黄河流域又被称为"能源流域"，煤炭、石油、天然气和有色金属资源丰富，煤炭储量占全国一半以上，是我国重要的能源、化工、原材料和基础工业基地。以内蒙古为例，"一煤独大"是内蒙古产业发展的鲜明特征。与此同时，能源结构单一、发展方式粗放、后续发展乏力的劣势也逐渐显现。为了破解这一发展困境，内蒙古跳出简单"挖煤卖煤"的经济模式，在淘汰落后产能的同时，积极发展新能源，实现能源转型绿色发展之路，逐"绿"前行、向"新"出发。截至2024年5月底，"全区新能源总装机规模达到10158万千瓦、占电力总装机的比重达到45%，同比提高了7.3个百分点，成为全国第一个新能源总装机突破1亿千瓦的省区。形成风电整建制配套能力500万千瓦，光伏组件供给能力3050万千瓦，氢能装备产能450台套，储能装备产能200万千瓦时，风光氢储装备制造全产业链基本形成"[1]。

（三）因地制宜发展，形成特色现代产业

《黄河流域生态保护和高质量发展规划纲要》中指出："黄河流域最大的短板是高质量发展不充分。沿黄各省区产业倚能倚重、低质低效问题突出，以能源化工、原材料、农牧业等为主导的特征明显，缺乏有较强竞争力的新兴产业集群。"黄河岸边的山西运城盐湖是中国最古老的盐产地之一，自春秋时期即开始大规模产盐，曾长期占据中原盐业的主导地位。但至2010年后，运城年产盐量不足2万吨，经济价值急剧下降、生态恶化，采盐导致盐湖面积萎缩，生物多样性锐减，周边土壤盐渍化，地下水污染严重，成为威

---

① 康丽娜：《从基础薄弱到国家重要能源基地》，《内蒙古日报》2024年9月11日。

胁生态环境的突出问题。随着黄河流域生态保护和高质量发展国家重大战略的实施，"盐运之城"面临新的发展契机。近年来，运城通过"退盐还湖、产业重构、生态修复、文旅赋能"等创新举措，成为黄河流域生态保护与高质量发展的优秀典型案例。2020年9月，运城市全面停止了盐湖范围内的工业生产活动。老旧工业厂房被改造成市民休闲的好去处，盐湖生态修复如火如荼，电子信息、装备制造等新兴产业培育壮大。

山东地处黄河下游，作为工业大省，2017年传统产业占工业总产值的70%以上，单位GDP能耗超过全国平均水平，二氧化硫、氮氧化物排放量居全国前列。自黄河流域生态保护和高质量发展战略实施以来，山东标本兼治、多措并举，加速产业转型升级。山东省能耗强度、碳排放强度持续下降，黄河流域生态环境问题排查整治成效明显。

（四）推进乡村振兴，文旅产业蓬勃发展

千百年来，黄河给沿岸群众带来福祉，也因泛滥造成很多灾难。由于历史、自然条件等原因，黄河流域经济发展相对滞后，特别是上中游地区和下游滩区。因此，黄河流域生态保护和高质量发展不仅事关黄河安澜，还关乎群众的生活品质，关乎社会稳定、民族团结。

积极发展富民乡村产业，加快发展农产品加工业，探索建设农业生产联合体，因地制宜发展现代农业、服务业。宁夏贺兰山东麓立足当地实际，大力发展特色葡萄种植，已成为中国最大的酿酒葡萄集中连片产区，截至2023年底，酿酒葡萄开发面积超过60万亩，年产葡萄酒1.4亿瓶，占国产酒庄酒酿造总量的近50%。宁夏还积极推动"葡萄酒＋文旅"融合，建设葡萄酒文化互动体验馆、美食街区等，年接待游客超过300万人次，旅游带动的葡萄酒销售额占总销售额的50%，葡萄酒产业每年为当地农村居民提供了超过13万个就业岗位，带动了村民就业。①

---

① 徐元锋、张文：《宁夏着力发展葡萄酒产业——贺兰山下酿芬芳》，《人民日报》2024年8月13日。

第二节　黄河文化与中华民族伟大复兴

在文化传承发展座谈会上，习近平总书记强调："中国文化源远流长，中华文明博大精深……只有全面深入了解中华文明的历史，才能更有效地推动中华优秀传统文化创造性转化、创新性发展，更有力地推进中国特色社会主义文化建设，建设中华民族现代文明。"[1]推动黄河文化保护传承弘扬，不仅是铸牢中华民族的根和魂、增强文化自信的必然要求，而且是建设中华民族现代文明的题中之义，是为中华民族伟大复兴提供强大精神动力的必然要求。

一、铸牢中华民族的根和魂

黄河文化是黄河流域劳动人民在长期生产生活实践中创造的物质文化和精神文化的总称，是一个内涵丰富、覆盖广泛的文化复合体。2019年9月18日，习近平总书记在黄河流域生态保护和高质量发展座谈会上明确指出："黄河文化是中华文明的重要组成部分，是中华民族的根和魂。"[2]习近平总书记从中华民族伟大复兴千秋大计的战略高度，从区域协调发展的战略全局，从解决黄河生态和安澜的根本问题出发，为黄河保护和发展指路领航、把关定向，对切实保护、传承、弘扬黄河文化作了科学定位，提出了实践性遵循和方向性指引。新时代保护、传承、弘扬黄河文化，要以习近平总书记关于黄河文化的系列重要论述为指导，深入探讨黄河文化的价值功能与精髓要义，积极推动黄河文化教育。

① 习近平著：《在文化传承发展座谈会上的讲话》，人民出版社2023年版，第1页。
② 习近平：《在黄河流域生态保护和高质量发展座谈会上的讲话》，《求是》2019年第20期。

第一，保护传承弘扬黄河文化有利于增强文化自信。文化自信是更基础、更广泛、更深厚的自信，是一个国家、一个民族发展中最基本、最深沉、最持久的力量。坚定的文化自信源于深入的文化感知和深刻的文化认同，以具体文化符号、厚重文化记忆以及独特文化形象为支撑。作为中华优秀文化的典型代表，黄河文化不仅体现了黄河流域的风土人情和文化风貌，而且彰显着中华民族的壮阔历史和辉煌成就，在整个中华文明体系中具有母体和发端的地位与意义，既是中华民族的"魂"之所附，又是中华民族伟大复兴的文化根基。习近平总书记明确指出，要"深入挖掘黄河文化蕴含的时代价值，讲好'黄河故事'，延续历史文脉，坚定文化自信，为实现中华民族伟大复兴的中国梦凝聚精神力量"[1]。新时代推动黄河文化创造性转化和创新性发展，必然深化对中华优秀文化的思想认同和情感认同，为坚定文化自信提供强有力的支撑。

第二，保护传承弘扬黄河文化有助于推动凝心聚力。习近平总书记在文化传承发展座谈会上的重要讲话中指出："中华文明长期的大一统传统，形成了多元一体、团结集中的统一性。"[2]作为中华文明的典型代表，黄河文化鲜明地蕴含着"向内凝聚"的统一性追求和"大一统"的政治凝聚力。从历史来看，黄河文化的形成就是多民族文化、多地域传统相互交融、兼收并蓄的结晶。黄河流域各民族相互交流、碰撞、交融，形塑了辉煌的黄河文化，熔铸了多元一体的灿烂文明，为各民族交流交融、团结统一提供了典型示范。从现实来看，黄河文化承载着中华民族的集体记忆，凝聚着中华儿女共同的情感认同，对于唤起中华儿女的爱国热情与民族情感具有独特作用。在新时代，大力弘扬黄河文化，对于增强中华民族共同体意识具有不可替代的作用。

第三，保护传承弘扬黄河文化是践行时代使命的需要。大力弘扬黄河文化就是积极践行新时代的文化使命，是对推进黄河流域生态保护和高质量发

---

① 习近平：《在黄河流域生态保护和高质量发展座谈会上的讲话》，《求是》2019年第20期。

② 习近平著：《在文化传承发展座谈会上的讲话》，人民出版社2023年版，第3页。

展国家战略的有力贯彻。在新时代文化发展、文明传承中，大力弘扬黄河文化具有举足轻重的作用，有助于塑造文化传承发展的有力引擎，为践行好新时代的文化使命注入强大动力；有利于盘活黄河流域文化资源，推动黄河流域文化产业繁荣发展，形成黄河流域产业发展的强大"增长极"。

二、弘扬黄河文化，凝聚中华民族共同体意识

一个国家、一个民族的强盛，总是以文化兴盛为支撑的，中华民族伟大复兴需要以中华文化发展繁荣为条件。近年来，习近平总书记多次实地考察黄河流域社会发展情况，并强调黄河是中华民族和中华文明赖以生存发展的宝贵资源，"要推进黄河文化遗产的系统保护，守好老祖宗留给我们的宝贵遗产"[1]。落实党中央黄河国家发展战略，推进黄河文化遗产的系统保护，必须切实把握习近平总书记关于黄河文化重要论述的思想精髓。

第一，黄河文化表征着中华民族独特的精神基因。习近平总书记强调："要治理好今天的中国，需要对我国历史和传统文化有深入了解，也需要对我国古代治国理政的探索和智慧进行积极总结。"[2]作为中华文明的源头与摇篮，黄河文化形塑了中华民族的精神品格，孕育了中华民族的传统美德，表征着中华民族的独特精神基因。这种独特的精神基因孕育于黄河流域劳动人民的生产生活实践当中，诞生于黄河流域中华儿女改造自然、战胜灾害的伟大创举当中，成熟于民族交流交融的文化融合之中，并历经时代变迁、岁月更迭，逐渐内化为中华民族的基本价值共识，成为中华优秀文化主体性的有力例证。这种独特的精神基因集中表现为勤劳勇敢的进取精神、自强不息的无畏品格、开放包容的积极心态、团结兼爱的相处之道以及博大精深的深邃思想，成为中华民族屹立于世界民族之林的坚

---

[1] 习近平著：《在黄河流域生态保护和高质量发展座谈会上的讲话》，《求是》2019年第20期。

[2] 习近平著：《论党的宣传思想工作》，中央文献出版社2020年版，第89页。

强精神支撑。[1]

第二，黄河文化蕴含着中华民族积极的行为准则。习近平总书记指出："千百年来，奔腾不息的黄河同长江一起，哺育着中华民族，孕育了中华文明。"[2]黄河文化源远流长、博大精深，包含着丰富的思想观念、道德情操、审美品格和科学智慧，蕴含着中华民族深沉的行为准则。黄河文化催生的思想观念、价值取向，对中国社会的政治、经济、文化、教育、科学技术等方面有着深远影响。在不同族群和文化的交流过程中，黄河文化形成了兼收并蓄、开放包容的特质，反映在不同时期的史书、艺术作品以及科技工具中，以物质形式或精神形式展现出来，并深深影响着人们的社会生活和精神世界建构。秉承着黄河文化基因的儒家思想，更是助推了民族大融合的历史进程，不断推进黄河文化与其他诸种文化共同发展，同时对中华优秀传统文化和中华文明产生了深刻影响。

第三，黄河文化凝结着中华民族崇高的精神追求。习近平总书记强调："九曲黄河，奔腾向前，以百折不挠的磅礴气势塑造了中华民族自强不息的民族品格，是中华民族坚定文化自信的重要根基。"[3]在几千年的历史长河中，中华儿女在生产生活实践中不畏困难、不惧风险，敢于改造自然、勇于战胜挫折，逐渐形成了自信、自强、自立的精神品格，展现了中华民族崇高的精神追求。这既彰显了黄河赋予中华儿女的独特精神印记，更是中华民族创造辉煌历史文化无比生动的写照。

---

① 吴衍涛：《深入挖掘黄河文化蕴含的时代价值》，《黄河 黄土 黄种人》2024年第17期。

② 习近平：《在黄河流域生态保护和高质量发展座谈会上的讲话》，《求是》2019年第20期。

③ 习近平：《在黄河流域生态保护和高质量发展座谈会上的讲话》，《求是》2019年第20期。

第三节 推进新时代黄河文化创造性 转化、创新性发展

党的十八大以来，习近平总书记走遍黄河流域，始终牵挂着这条中华民族的母亲河，多次强调要推动保护、传承与弘扬黄河文化。2024年9月，习近平总书记在甘肃省考察时强调，要"深入挖掘黄河文化的时代价值，充分展示中华民族自强不息、坚忍不拔的民族品格和奋斗精神"①。坚持推进黄河文化的创造性转化、创新性发展，是贯彻落实习近平总书记关于黄河文化重要指示批示精神的重大举措，也是国家推进实施的重大文化工程。

一、推进黄河文化创造性转化、创新性发展的意义

坚持推进黄河文化的创造性转化、创新性发展，是新时代文化强国建设的重要举措。充分认识传承发展黄河文化的时代价值，有助于坚定文化自信、增强民族凝聚力、延续中华文明，为新时代黄河文化的继承与发展赋能。

第一，推进黄河文化创造性转化、创新性发展是坚定文化自信、建设新时代文化强国的现实逻辑。文化是一个国家和民族的灵魂所在，在全球化浪潮席卷世界的今天，文化的地位愈发凸显，它不仅是国家软实力的核心部分，更是衡量一个国家综合国力的重要标尺。随着国际形势的深刻变化，世界各国的竞争不仅局限在经济、政治领域，在意识形态与文化领域的交锋也变得日益激烈，成为影响世界格局不可忽视的力量。文化兴则国运兴，只有

---

① 《以进一步全面深化改革为动力　开创黄河流域生态保护和高质量发展新局面》，《人民日报》2024年9月13日。

树立高度的文化自信，才能在国与国的竞争中赢得主动权。思想是行动的先导，文化自信既是建设社会主义文化强国的思想基础和先决条件，也是根本标志与最终目的。党的二十届三中全会强调，"必须增强文化自信，发展社会主义先进文化，弘扬革命文化，传承中华优秀传统文化"①，坚定文化自信的基础就是中华民族几千年传承下来的优秀传统文化。因此，要充分认识到推进黄河文化弘扬与发展的现实意义，将黄河文化的创造性转化、创新性发展作为新时代坚定文化自信、建设文化强国的内在要求和动力源泉。

第二，推进黄河文化创造性转化、创新性发展是增强民族凝聚力、铸牢中华民族共同体意识的迫切需要。黄河文化的形成过程，本身就是各民族团结凝聚的历史见证。从远古时代的部落联盟，到夏商周时期的奴隶制王朝，再到秦汉以后的中央集权国家，黄河流域一直是多民族聚居、不同文化交融的核心地带。在此孕育了"三皇五帝"的传说，积累了丰富的中华民族集体记忆，在华夏儿女心中形成了"同根同源"观念且流传至今，成为提升民族凝聚力、促进民族团结的精神支柱。特别是在国家和民族遭遇重大挫折和考验的时候，黄河文化更是维系全国各民族人民团结一致的精神纽带。1939年，由光未然作词、冼星海谱曲创作的《黄河大合唱》，"表达了中华民族万众一心、共御外侮的英雄气概"②，以其磅礴的气势和震撼人心的力量，走进了一代代中国人民的内心深处，它代表的不屈不挠的斗争精神，也形塑了中华民族坚强不屈、自强不息的优秀品质。当前正处于实现中华民族伟大复兴的历史新起点上，黄河文化的传承与发展被赋予了新的历史使命，它不仅是历史的遗产，更是新时代的宝贵资源。推进黄河文化的创造性转化、创新性发展，可以增进各民族之间的了解和认同，促进各民族之间的团结和协作。

第三，推进黄河文化创造性转化、创新性发展是延续中华文明、使黄河文化焕发新活力的内在要求。就像尼罗河之于古埃及、两河之于古巴比伦、

---

① 《中共中央关于进一步全面深化改革　推进中国式现代化的决定》，《人民日报》2024年7月22日。

② 江泽民：《江泽民文选（第二卷）》，人民出版社2006年版，第350页。

《黄河大合唱》词作者　光未然　《黄河大合唱》曲作者　冼星海　《黄河大合唱》总谱

恒河之于古印度，黄河是中华文明的发源地，它不仅见证了中华文明的孕育与成长，更在漫长的历史进程中，形成了独具特色的文化体系，为后世留下了宝贵的精神财富。纵观黄河流域诞生的诸多文明，如新石器时期黄河上游的马家窑文化、中游的仰韶文化、中下游的龙山文化等，可以清晰地看到，黄河文化作为中华文明的主体，对中华民族的影响深远而广泛。新时代，推进黄河文化的创造性转化与创新性发展，要在黄河文化五千年的历史积淀中找到文化发展的突破口和创新点，提炼黄河文化推动新阶段高质量发展的时代价值和意义，探索面向未来的制度创新与理论创新，更好地担负起新的文化使命。当前，新时代中国特色社会主义文化建设的主要任务之一是推动中华文明的繁荣发展。通过推进黄河文化的创造性转化与创新性发展，我们不仅可以推动中华文明的传承延续，还能为其注入新的时代元素，让黄河文化在保留其精髓的同时，焕发出前所未有的生命力与创造力，为新时代的文化繁荣贡献无穷力量。

二、推进黄河文化创造性转化、创新性发展的方法

习近平总书记多次强调，传承弘扬中华优秀传统文化，要遵循"不忘本来、吸收外来、面向未来""古为今用、推陈出新""以我为主、兼收并蓄"等重要原则。这指出了新时代推动黄河文化创造性转化、创新性发展的原则方

法，也为坚定文化自信、建设社会主义文化强国指明了前进方向。

第一，坚持不忘本来、面向未来。求木之长者，必固其根本。习近平总书记强调，"黄河流域是中华民族和中华文明的重要发祥地"①，不忘本来，就是要坚决保护好黄河文化根脉，进行传承与弘扬，不断铸就中华文明新辉煌。但是，不忘本来并不是提倡民粹主义、守旧主义，绝不是只专注于弘扬黄河文化、对其他优秀文化置之不理，而是主张在多元文化面前不忘本、不数典忘祖。要始终以高度的文化自觉，深入挖掘黄河文化的丰富内涵，取其精华、去其糟粕，古为今用、推陈出新，在推进其创造性转化、创新性发展中将其发扬光大。实现黄河文化的繁荣发展，既需要不忘本来、培根铸魂，也需要与时俱进、走向未来。面向未来，就是向前看、向远看，瞄准、攀登和占领新时代文化发展的制高点。纵观人类文明发展史，文化的繁荣发展与国家、民族的发展状况总体上是相互支撑、彼此对应的。面向未来，就是要紧紧围绕建设中国特色社会主义文化强国和实现中华民族伟大复兴的中国梦，在继承优秀传统文化和吸收先进外来文化的基础上，不断推动黄河文化由"大"变"强"，使中国特色社会主义文化始终屹立于世界文化之林。

第二，坚持古为今用、推陈出新。推进黄河文化创造性转化、创新性发展，要坚持"古为今用、推陈出新"，这里强调的是处理好"守正"与"创新"的关系。守正和创新是文化保护传承的基石与方向，既告诉我们"从哪里来"，又指引我们"到何处去"。"守正"，守的是优秀传统文化的丰富历史内涵，守的是中华民族的宝贵精神财富。尊重自己的历史，是我们继承、发展黄河文化的前提。在当前我国经济、社会发生深刻变化，价值观念多元化的情况下，对于黄河文化的准确解读、深入研究与有效传播显得尤为重要，切不可一味追求新，而失去其文化内涵与价值准则，使之"走样"。要使人民群众在真正了解"正"为何物的同时懂得怎样"守"。黄河文化的价值，既在于坚守，也在于与时俱进地弘扬。"苟日新，日日新，又日新。"文

---

① 《以进一步全面深化改革为动力　开创黄河流域生态保护和高质量发展新局面》，《人民日报》2024年9月13日。

化因赓续而繁荣兴盛，传统因创新而历久弥新。黄河文化需要创新的时代表达，才能真正联系古今、沟通时代。在新时代，必须赋予黄河文化新的生机和新的时代面貌。要根据新形势、研究新情况、解决新问题、拓宽新思维，尤其是目前，要坚定立足新发展阶段、贯彻新发展理念、构建新发展格局、完成新的时代任务，实现黄河文化的创造性转化与创新性发展。

第三，坚持以我为主、兼收并蓄。黄河文化自古以开放包容闻名于世，具有包容万物、兼收并蓄的宽广胸怀，既有"包"的胸怀，又有"容"的智慧。追溯几次文化大融合，不难发现，中华文明在不断融合中历久弥新，彰显了中华民族"兼济天下""和而不同"的精神标识。尤其是在汉朝、唐朝和元朝三个在文化交流方面空前开放繁荣的时代，外国文化大量传入黄河流域，为黄河文化的进一步发展提供了丰富的资源。

党的十八大以来，以习近平同志为核心的党中央，高度重视对中华优秀传统文化中包容特性的阐释与运用，强调"要秉持开放包容，坚持马克思主义中国化时代化，传承发展中华优秀传统文化，促进外来文化本土化，不断培育和创造新时代中国特色社会主义文化"[①]，提出了铸牢中华民族共同体意识、构建人类命运共同体等关系中华民族和中华文明未来发展的重要创新理论，进一步彰显了中华优秀传统文化的包容性。在建设中国特色社会主义文化强国的关键时刻，更应立足"两个结合"，坚持以我为主、兼收并蓄，不断深入研究并持续激发黄河文化的包容特性，在实现中华民族伟大复兴的征程中取得更辉煌的成就。

三、推进黄河文化创造性转化、创新性发展的实践

推进黄河文化的创造性转化与创新性发展是一个复杂的现实问题，我们要从坚定文化自信、担当时代使命、坚守历史自觉、坚持世界眼光等方面探索青年助力黄河文化"两创"的实践路径，真正回答好时代和实践提出的重

---

① 《担负起新的文化使命　努力建设中华民族现代文明》，《人民日报》2023年6月3日。

大问题。

第一，坚定文化自信，讲好"黄河故事"。中国是世界文明古国，拥有丰富多彩、光辉璀璨的历史文化。黄河文化承载着中华民族的集体记忆，凝聚着中华儿女共同的情感认同，对于唤起中华儿女的爱国热情与民族情感具有独特作用。新时代大学生应坚定文化自信，成为自立自信自强的时代青年，为推动黄河文化的创造性转化、创新性发展贡献自己的力量。当代青年要用自己的笔触，记录下黄河的故事；用自己的声音，讲述黄河的传奇。在教育实践中，可以引导青年学子深入探索"黄河故事"背后所蕴含的民本思想、斗争精神、创新意识、合作观念和生态理念等，这不仅能够激发他们对民族历史的共鸣与记忆、加深情感上的认同与归属，还能够有效增强他们对文化传承的自信心与使命感。通过这一过程，青年能够从本源上领悟黄河文化的深邃广博与开放包容，从而进一步为传承与发展黄河文化贡献青春力量。新时代新征程，广大青年必须要坚定文化自信，让黄河文化在新时代焕发新的光彩，在铸就中华文化新辉煌中谱写人生新华章。

第二，担当时代使命，投身黄河流域生态保护和高质量发展。党的十八大以来，以习近平同志为核心的党中央，从中华民族和中华文明永续发展的高度，作出黄河流域生态保护和高质量发展的重大战略决策。保护、传承、弘扬黄河文化，是贯彻落实黄河流域生态保护和高质量发展重大国家战略的五项主要目标任务之一。要用好文旅融合这张牌，阐释弘扬黄河文化内涵，深入挖掘黄河文化蕴含的时代价值，与时俱进地促进黄河文化创造性转化、创新性发展，以鲜活的方式讲好"黄河故事"。青年可以为黄河文旅产业的发展注入新力量，运用年轻化思维、采用数字化传播策略，有效提升黄河文化的对外传播效能，让黄河文化在国际舞台上焕发新的生机。新时代青年要担当时代使命，争当黄河文化传播、文旅产业发展的生力军，为让黄河成为一条永远造福中国人民的幸福河贡献青春力量。

第三，增强历史自觉，凝聚中华民族强大精神力量。历史自觉源于对中华民族发展历史的清晰认知。五千多年不曾中断的黄河文化及其所承载的强大凝聚力是青年增强历史自觉的力量源泉。增强历史自觉是全面建设社会主义现代化强国、实现中华民族伟大复兴的重要保障。在治理黄河的过程中，各民族齐心协力、团结一致，展现出强大的凝聚力。这种凝聚力不仅对青年起到了激励作用，激发他们团结奋进、勇往直前的壮志，还促进了民族认同与集体情感的深度融合，为国家发展注入不竭动力。习近平总书记在清华大学考察时指出，"广大青年要肩负历史使命，坚定前进信心，立大志、明大德、成大才、担大任，努力成为堪当民族复兴重任的时代新人，让青春在为祖国、为民族、为人民、为人类的不懈奋斗中绽放绚丽之花"①。在高校文化育人的过程中，可以引导广大青年尊重黄河发展历史、涵养文化包容发展胸怀、增强历史主动，将人生道路选择同国家富强、民族复兴、人民幸福统一起来，在把握历史规律中明确发展方向，在立足当下中接续奋斗，在实干笃行中挺膺担当。

第四，坚持世界眼光，推动文化交流互鉴。伴随着经济实力的增强和国际地位的提升，中国在全球的影响力不断扩大。文化作为软实力的重要组成部分，是国家竞争力的重要体现。在全球化的今天，中国正以全新的姿态走向世界，展示着其丰富的文化底蕴。青年要积极参与文化交流互动，让更多青年了解和参与到黄河文化的传承和传播中。中国青年在文化输出过程中，应注重与其他文化的交流和融合，以开放包容的态度推动黄河文化的多元发展，向世界展示一个真实、立体、全面的中国。

第四节　利用黄河文化培育时代新人

黄河文化是中华民族的根和魂，是中华文明的重要组成部分，积累了深厚的历史底蕴，彰显了极强的时代价值。面临新任务新挑战新课题，时代赋

---

① 《坚持中国特色世界一流大学建设目标方向　为服务国家富强民族复兴人民幸福贡献力量》，《人民日报》2021年4月20日。

予了高等教育新的使命：深入推进黄河文化进校园，服务支撑黄河流域生态保护和高质量发展，传承、弘扬、保护黄河文化，积极构建黄河文化育人体系，提升黄河文化育人成效。

一、挖掘黄河文化思政元素

聚焦立德树人根本任务，推进课程育人是学校工作的重中之重。随着时代发展，思想政治教育内容伴随教育对象的变化而不断更新。高校德育教育只有不断改进和优化，才能顺应时代发展，满足学生学习诉求。

黄河文化为思想政治教育提供了有效载体，提取黄河文化精髓、深挖黄河元素、提炼黄河精神，能够帮助学生形成对黄河文化的感性认知，产生初步的认同感，推动黄河文化入脑入心，更好地进行思想政治教育。将黄河文化思想精髓与思想政治教育相结合，是培养大学生文化素养、增强文化自信与文化自觉的重要途径。

推进以黄河文化为线索的课程融合，将黄河文化多维度融入课程体系，以丰富思想政治教育内容。首先，用"精"关键课程。思政课是落实立德树人根本任务的关键课程，与黄河文化育人有着内在联结，深入挖掘思政课与黄河文化之间的内在契合点，是黄河文化融入思政课的重要前提。黄河特色地域文化为思政课教学创设了大量立体真实可感的素材，如金色农耕文化、红色革命文化、绿色生态文化等，对于思政课的教学视角拓宽、人文关怀维度拓展、亲和力和感召力提升有着重要的影响。其次，用"好"专业课程。专业课程是知识与能力、素质与技能的学习提升之所，也是政治认同、家国情怀、文化自信、德性人格等锻造修养之地，是落实黄河文化育人的关键。紧扣黄河文化主题，加强课程思政建设，将黄河文化融入各学科专业教学中，发挥黄河文化资源优势，深入挖掘各课程体系中的黄河文化素材，汲取文化营养，呈现沿黄河特色地域文化风采，有助于以黄河文化资源感染大学生、鼓舞大学生，呈现良好且长久的育人效果。再次，用"实"特色课程。立足学生成长需求和学校实际，利用地域资源优势及师资优势，深挖黄河文化中的精华部分，将弘扬黄河文化的目标和内容融入教学，结合当前师生关注的热点话题，加强课程体系建设。聚焦黄河历史沿革、生态保护、治理、经济、民俗、文学、音乐等方面，建设优质校本课程，创新课堂教学模式，打造全方位、立体化的黄河文化课程矩阵，满足学生成长和全面发展需求。

二、开展黄河文化社会实践

社会实践是高校学生利用课余时间走入社会、感知社会、认识社会、体验社会生活的方式。社会实践育人是一种将以专业性知识、通识性知识为核心的第一课堂，以职业生涯教育、文体活动、志愿服务、科技创新活动为主要路径的第二课堂与社会实际相结合，遵循青年学生成长发展规律，以学生喜闻乐见的形式呈现出来的育人形式，是高校思政教育、专业教育、双创教育等的重要内容和有效途径。强化高校实践育人工作是落实党的教育方针、深入实施教育教学改革、推动教育高质量发展的必然要求。在此背景下，高校要不断丰富实践育人路径，将红色精神引领、军事训练磨砺、一线教学带入、社会教学成长等纳入实践育人顶层设计。习近平总书记明确指出，要保护、传承、弘扬黄河文化，讲好"黄河故事"，也曾多次强调，要让陈列在广阔大地上的遗产、书写在古籍里的文字都活起来。深入挖掘黄河流域红色文化、民俗文化、农耕文化等的深层次内涵，融入社会实践育人环节，能使抽象的黄河文化更加具体。黄河文化与实践育人的融合，有助于进一步丰富高校社会实践形式，发挥黄河文化对凝聚民族精神、复兴中华文化的重要作用，坚定新时代大学生讲好"黄河故事"、发扬好"黄河精神"的信心。

推动黄河文化实践育人，要注重情感体验与激发。实践教育既能为学生内化黄河特色地域文化提供形式多样的载体，又能够与黄河特色地域文化的理论教育形成相互配合、共存共进的局面，拓宽育人的途径。当前，唯有把握建构黄河特色地域文化实践育人的有效途径，才能将我国优秀传统文化融入人才培养全过程。首先，第一课堂、第二课堂联动，协同发力。第二课堂是营造校园内黄河文化育人氛围的重要元素。在指导学生第二课堂活动时，可以大力开展能体现黄河文化精髓、饱含爱国思想的兴趣课堂、讲坛讲座、报告会等活动。通过第一课堂实现专业知识与黄河文化的有机融合，通过第二课堂开展黄河文化调研、黄河历史研究、黄河流域寻访等实践活动，引导青年大学生加深对黄河文明起源的理解，增强对千百年来逐步形成的黄河精神的认同感，培养学生继承弘扬及讲好"黄河故事"的能力，增强黄河文化在新时代的生命力。其次，学校、社会联动，畅通路径。支持学生社团开展黄河文化相关实践活动及理论研究。黄河文化实践育人需校外各方力量共同参与，并在环境、平台、资源上给予协助和保障。学生在开展社会实践过程中取得的调研数据、撰写的调研报告、收集的社情民意、掌握的一手资料经归纳整理后应当与政府、企业、社会机构对接呈送，建立良好的协作关系。再次，方案、氛围联动，扩大影响。精心设计黄河文化实践育人方案，在"质"上下功夫，避免单纯追求社会实践参与人数和活动开展数量，真正让实践活动触动思想、触及灵魂。结合学校特色、学科专业优势，借助平台讲述黄河文化蕴含的深刻内涵，在校园内营造良好的黄河文化认知氛围，提升影响力、认同感，为后续黄河文化实践育人奠定好舆论基础。

三、推动黄河文化科技赋能

黄河文化是悠久的、多彩的，也是博大的。新时代赋予了黄河更多的文化外衣与精神内核，随着科技的进步、社会的发展、观念的转变，黄河文化的内涵也更加丰富和多元。2021年10月，中共中央、国务院印发的《黄河流域生态保护和高质量发展规划纲要》提出，要提升科技创新支撑能力，在黄河流域加快布局若干重大科技基础设施，统筹布局建设一批国家重点实验室、产业创新中心、工程研究中心等科技创新平台。科技创新是推动黄河流域生态保护和高质量发展的"引擎"，对于服务区域经济社会发展具有重要意义。

强化科技赋能，将黄河文化进校园与提升科技服务支撑能力有机结合，为推动黄河流域生态保护和高质量发展提供有力支持。黄河文化中蕴含着中国之路、中国之治、中国之理的理论支撑和实践逻辑。高校作为科技第一生产力、人才第一资源、创新第一动力的重要结合点，要立足两个大局，心怀"国之大者"，努力在服务支撑黄河国家战略中做出应有贡献。首先，强化科技创新引领。围绕黄河领域关键科学问题和"卡脖子"技术难题等加强研究攻关，产出标志性成果，集聚创新资源、培育创新主体、促进成果转化，加强校地、校企交流合作与资源共享，全面提升黄河流域的创新策源能力，支撑"科技内循环"。其次，优化学科专业布局。聚焦黄河国家战略需求，对接全省十强产业，大力推动学科专业交叉融合和转型升级，构建黄河相关传统优势学科专业与新兴学科专业相互促进、互为支撑的学科专业生态系统。再次，创新人才培养模式。聚焦黄河战略人才需求，加强应用型创新人才培养模式改革，积极推动科研平台、学术活动、产业驱动融入人才培养，全力构建"教学、科研、实践、转化"一体化的科教产协同育人体系，切实提升人才供给和区域产业需求的契合度，全力打好人才培养"主动仗"，为黄河战略实施提供坚强人才保障。

四、创新黄河文化育人方法

育人属性是文化的重要属性，文化育人蕴含着独特的教育价值。黄河文化蕴含着丰富的育人价值，其兼收并蓄、天人合一、百折不挠、家国一体的文化传承，造就了刚柔并济的民族精神内核，涵养了厚德载物的民族性格，锤炼了自强不息的拼搏精神，影响了中华民族的心理性格，承载了华夏儿女的伟大创造精神、伟大奋斗精神、伟大团结精神和伟大梦想精神。创新黄河文化育人方法，不断增强传承弘扬黄河文化的思想自觉和行动自觉，是让黄河文化世代传承、九曲黄河永续流淌、中华民族生生不息的新方向。

文化的实质是"人化"。教育部明确提出"文化育人"的基本任务是要注重"以文化人、以文育人"。构建黄河文化全员全程全方位育人机制，推进黄河文化进校园，培育富有特色的文化品牌，要做好"三个结合"。首先，打好"组合拳"，将黄河文化进校园与全环境立德树人有机结合。深挖黄河文化教育资源，融入人才培养全过程，持续强化全环境、全要素文化育人，不断提升人才培养质量。加强黄河文化的宣传教育，普及黄河文化、黄河国家战略，营造浓厚的舆论氛围。强化实践体验，注重利用黄河流域"大思政课"实践教学基地、爱国主义教育基地、就业创业见习基地等平台资源，结合暑期社会实践，组织开展调研走访、研学访学，感受黄河文化的独特气质和时代价值。创新载体形式，运用现代技术手段，丰富文化的时代化表达、艺术化呈现、情境化体验，组织开展"五月诗会""高雅艺术进校园""黄河文化主题作品展"等特色文体活动，引领青年学生更好地认知黄河文化、认同中华文明。其次，弘扬"主旋律"，将黄河文化进校园与文化产业发展有机结合。文化产业是文化理念的外在表达，带有地方文化资源特色的显著特征。黄河文化是沿黄地区文化产业的精神内核，也是区域文化产业最大的竞争优势。推动文化产业转型升级，要在黄河文化资源内化深化转化上下功夫，以新模式新业态凝聚新动能新优势，以创造性转化实现创新性发展。再次，启动"新转型"，将黄河文化进校园与数字赋能有机结合。发挥信息化支撑优势，充分运用5G、互联网、大数据、人工智能等新技术新手段，加快黄河历史文化资源数字化、网络化、智能化进程，推动沿黄省区共建数字黄河公共服务平台，开发数字化体验产品，大力发展沉浸式互动体验、虚拟展示、智慧导览等新型服务。

结　语

九曲黄河，奔腾向前，以百折不挠的磅礴气势塑造了中华民族自强不息的品格，是中华民族坚定文化自信的重要根基。保护、传承、弘扬黄河文化是时代赋予高校的重大责任和神圣使命。高校要充分坚持立德树人根本任务，讲好新时代"黄河故事"，赓续历史文脉，进一步强化历史自觉，坚定文化自信，提升文化育人实效，为以中国式现代化全面推进中华民族伟大复兴凝聚精神力量。

思考题

1. 从中国共产党人带领全国各族人民推进黄河治理的故事中，你能得到什么启示？

2. 作为当代青年，如何为黄河流域生态保护和高质量发展战略做出贡献？

参考文献

著作类

1. ［宋］朱熹撰：《四书章句集注》，中华书局1983年版。

2. ［宋］张载著，林乐昌编校：《张子全书》，西北大学出版社2015年版。

3. ［宋］程颢、程颐著，王孝鱼点校：《二程集》，中华书局1981年版。

4. ［清］阮元校刻：《十三经注疏》，中华书局2009年版。

5. ［清］王夫之著：《读四书大全说》，中华书局1975年版。

6. 高明撰：《帛书老子校注》，中华书局2022年版。

7. 孙通海译注：《庄子》，中华书局2007年版。

8. 陈曦译注：《孙子兵法》，中华书局2011年版。

9. 冯友兰著：《中国哲学史新编》，人民出版社2004年版。

10. 刘星、高新满主编：《中国哲学原著选读》，东南大学出版社2020年版。

11. 陈来著：《宋明理学》，北京大学出版社2020年版。

12. 李泽厚著：《中国近代思想史论》，生活·读书·新知三联书店2008年版。

13. 葛剑雄著：《黄河与中华文明》，商务印书馆2023年版。

14. 张中海著：《黄河传》，山东人民出版社2021年版。

15. 李学勤、徐吉军主编：《黄河文化史》，江西教育出版社1999年版。

16. 辛德勇著：《黄河史话》，社会科学文献出版社2011年版。

17. 辛德勇著：《简明黄河史》，生活·读书·新知三联书店2023年版。

18. 王化云著：《我的治河实践》，河南科学技术出版社1989年版。

19. 侯全亮著：《家国黄河》，河南科学技术出版社2022年版。

20. 全国政协文化文史和学习委员会主编：《黄河画传》，江苏人民出版社2023年版。

21. 《考古学概论》编写组编：《考古学概论》（第二版），高等教育出版社2018年版。

22. 冯天瑜、杨华、任放编著：《中国文化史》，高等教育出版社2005年版。

23. 王志民主编：《黄河文化通览》（上），中华书局2022年版。

24. 杨明著：《黄河简史》，广西师范大学出版社2021年版。

25. 黄河水利委员会黄河志总编辑室编：《黄河大事记》，河南人民出版社2017年版。

26. 牛建强编著：《黄河文化概说》，黄河水利出版社2021年版。

27. 胡志扬、项晓光主编：《非凡七十年：黄河报（网）纪念人民治理黄河70年新闻作品集》，黄河水利出版社2017年版。

28. 张发旺等主编：《黄河治理史录》，地质出版社2021年版。

29. 水利部黄河水利委员会编著：《黄河近期重点治理开发规划》，黄河水利出版社2002年版。

30. 李国英著：《维持黄河健康生命》，黄河水利出版社2005年版。

31. 郭兴全、杨伟宏著：《延安精神与全面从严治党》，人民出版社2021年版。

32. 俞为民、孙蓉蓉编：《历代曲话汇编：新编中国古典戏曲论著集成（清代编）》，黄山书社2008年版。

33. 张彤编著：《蒙古民族毡庐文化》，文物出版社2008年版。

34. 霍向贵主编：《陕北民歌大全》，陕西人民出版社2006年版。

文章类

1. 习近平：《在文化传承发展座谈会上的讲话》，《求是》2023年第17期。

2. 《以进一步全面深化改革为动力　开创黄河流域生态保护和高质量发

展新局面》，《人民日报》2024年9月13日。

3．袁红英：《弘扬黄河文化　铸牢中华民族的根和魂》，《光明日报》2023年3月30日。

4．陈静：《新中国成立以来党领导治黄事业的历程与经验》，《光明日报》2021年11月8日。

5．严文明：《龙山文化和龙山时代》，《文物》1981年第6期。

6．严文明：《黄河流域文明的发祥与发展》，《华夏考古》1997年第1期。

7．安作璋、王克奇：《黄河文化与中华文明》，《文史哲》1992年第4期。

8．韩建业：《先秦考古实证中华文明突出特性》，《历史研究》2023年第5期。

9．韩建业：《庙底沟时代与"早期中国"》，《考古》2012年第3期。

10．韩建业：《庙底沟期仰韶文化研究的几个问题》，《文物世界》2021年第2期。

11．张冬宁：《黄河文化的核心特征与时代价值》，《中国民族博览》2022年第11期。

12．王海飞：《论黄河文化的形成过程、内涵与形态》，《中国非物质文化遗产》2022年第3期。

13．王巍：《中华文明探源成果如何"见众生"》，《探索与争鸣》2023年第6期。

14．赵志军：《中华文明形成时期的农业经济发展特点》，《中国国家博物馆馆刊》2011年第1期。

15．黄承梁等：《中国共产党百年黄河流域保护和发展的历程、经验与启示》，《中国人口·资源与环境》2022年第8期。

16．寇江泽等：《浩荡黄河奏响新时代乐章》，《人民日报》2022年10月2日。

17．孙广清：《河南裴李岗文化的分布和地域类型》，《华夏考古》1992年第4期。

18．魏兴涛：《从文化到文明化——仰韶文化百年历程及其文明化成就》，《华夏考古》2021年第4期。

19. 王瑜、魏学文：《黄河文化"两创"的机制与路径》，《山东师范大学学报（社会科学版）》2022年第6期。

20. 中共水利部党组：《中国共产党领导人民治理黄河的经验与启示》，《中国水利报》2021年9月4日。

21. 江林昌：《中国早期文明的起源模式与演进轨迹》，《学术研究》2003年第7期。

22. 曹兵武：《大仰韶与龙山化——管窥史前中国文化格局的关键性演变》，《中原文化研究》2022年第1期。

23. 曹兵武：《百年仰韶　逐步解开华夏传统形成的奥秘》，《社会科学报》2021年12月2日。

24. 刘晓燕：《关于黄河水沙形势及对策的思考》，《人民黄河》2020年第9期。

25. 张云等：《悬河—— 一道奇特的河流地貌景观》，《自然资源科普与文化》2022年第1期。

26. 赵炜：《历史上的黄河凌汛灾害及原因》，《中国水利》2007年第3期。

27. 潘杰：《以水为魂——中国治水文化的精神传承（三）》，《江苏水利》2006年第6期。

28. 朱海风：《论历代治黄方略中的"中国智慧"》，《华北水利水电大学学报（社会科学版）》2024年第1期。

29. 张智亮：《大汶口文化的命名及其价值》，《泰山学院学报》2019年第4期。

30. 范毓周：《中原文化在中国文明形成进程中的地位与作用》，《郑州大学学报（哲学社会科学版）》2006年第2期。

31. 王震中：《从华夏民族形成于中原论"何以中国"》，《信阳师范学院学报（哲学社会科学版）》2018年第2期。

后 记

本书是齐鲁工业大学（山东省科学院）吴衍涛主持的山东省本科教学改革研究重大专项"黄河文化、黄河精神进课程教材研究"（项目编号：D2022001）的最终成果之一，也是齐鲁工业大学（山东省科学院）开设的"黄河文化"课程的配套教材。编写过程中，吴衍涛负责本书的总体设计、过程把控，并就各章节重点内容开展主题研讨，最后对全书进行审阅。各章具体分工如下：滕培圣负责编写引论部分，协助吴衍涛进行总体设计，对各章内容进行审阅、修改、完善；孔令云负责编写第一章；刘双庆负责编写第二章；孟新颖负责编写第三章；孙萍萍和马小帅负责编写第四章；程兆燕负责编写第五章；吉雪燕负责编写第六章；邓文钱负责编写第七章。本书的编写得到齐鲁工业大学（山东省科学院）政策研究室熊开峰、刘海燕、孙檬檬，山东人民出版社马洁、王星，《黄河　黄土　黄种人》杂志社都潇潇等同志的支持帮助，在此一并表示感谢。本书编写过程中，参阅了学界的系列研究成果，并做了标注，我们表达真诚的谢意。

由于我们水平有限，加上时间紧张，书中难免有疏漏和不当之处，请广大读者批评指正，我们将虚心接受、努力改正。